学前教育高职高专系列教材

丛书主编　虞永平

本册主编　吴振东

Textbooks for Preschool Education in Vocational and Technical Colleges

本册副主编　黄碧凡

幼儿园课程基础

南京师范大学出版社

图书在版编目(CIP)数据

幼儿园课程基础 / 吴振东主编. 南京 ：南京师范大学出版社，2025. 4. -- (学前教育高职高专系列教材 / 虞永平主编). -- ISBN 978-7-5651-6819-2

Ⅰ. G612

中国国家版本馆 CIP 数据核字第 2025XC1744 号

丛　书　名	学前教育高职高专系列教材
书　　　名	幼儿园课程基础
丛书主编	虞永平
本册主编	吴振东
丛书策划	徐益民
责任编辑	张　莉
出版发行	南京师范大学出版社
地　　　址	江苏省南京市玄武区后宰门西村 9 号(邮编:210016)
电　　　话	(025)83598919(总编办)　83598412(营销部)　83598372(编辑部)
网　　　址	http://press.njnu.edu.cn
电子信箱	nspzbb@njnu.edu.cn
照　　　排	南京开卷文化传媒有限公司
印　　　刷	南京迅驰彩色印刷有限公司
开　　　本	890 毫米×1240 毫米　1/16
印　　　张	15.25
字　　　数	390 千
版　　　次	2025 年 4 月第 1 版
印　　　次	2025 年 4 月第 1 次印刷
书　　　号	ISBN 978-7-5651-6819-2
定　　　价	42.00 元

出版人　张　鹏

总 序

牢筑师范教育的生命线

随着社会的不断进步和教育事业的蓬勃发展，学前教育作为国民教育体系的重要组成部分，其重要性日益凸显。《教育强国建设规划纲要（2024—2035 年）》指出，到 2035 年，我国将全面普及学前三年教育，构建覆盖城乡的学前教育公共服务体系，并形成完善的学前教育管理体制、办园体制和政策保障体系。优质教育是未来发展的重要方向，普及普惠安全优质是未来追求的目标。为了实现这一目标，必须加强高等院校学前教育专业的建设，建设高素质专业化教师队伍，以专业认证为抓手，不断提高学前教育专业的专业性，提高学前教师教育的质量，牢筑教育强国根基。

当前，我国已形成了完整的幼儿园教师培养层次和体系，包括综合性大学、师范院校和职业院校等。这些学校不管是不是叫师范院校，实际都在进行着师范教育。我国师范教育诞生 100 多年来，尤其是高等学前师范教育诞生 80 多年来，为国家培养了大批的专业人才。高等师范教育承担了传播知识、传播思想、传播真理的历史使命，同时又肩负着塑造灵魂、塑造生命、塑造人的时代重任，它是教育发展的第一资源，也是国家强盛、民族振兴、人民幸福的重要基石。有没有高质量的师范教育，有没有一支专业过硬的师资队伍，关系到 2035 年所设定的目标能不能真正实现。

但同时，我们也看到，很多高等院校在课程设置、培养目标、师资配备等方面还存在不少问题，不少院校对学前师范教育的专业性存在误区。这也进一步引导我们思考：学前师范教育的特殊性在哪？推进师范教育的关键举措是什么？师范教育跟职业技术教育的区别在哪？

基于以上背景，我们在广泛征求意见和调查研究的基础上，从全国本科及高等专科院校遴选、组织了一批思想政治觉悟高、教育理论和教学实践经验丰富、专业能力强的专家学者及一线教师，组成教材研发、编写队伍，策划出版了一套反映课程改革新成果，凸显师范教育专业性、师范性特点，具有较强针对性、实践性，主要针对高职高专院校学前教育专业的教材。在教材编写过程中，我们坚持凸显以下几点。

1. 呼唤专业性

学前教育是一门科学，是整个教育科学系统的一个部分，有自身的特点和规律，也有自己的理论和实践体系。那么，学前教师教育或者幼儿园教师培养，必然也是一门科学，必然要坚持专业性，所以必须坚持由专业的院校和专业的师资来构建专业的课程体系，用专业的态度和专业的精神来培养符合国家要求的、符合幼儿园教师专业标准基本要求的幼儿园教师。

幼儿园没有固定的课程，幼儿教师更多的是要关注幼儿的兴趣和需要，关注幼儿的实际表现，因此教师教什么、怎么教，都是根据幼儿的身心发展特点来决定的。理解和了解幼儿是幼儿园教育的起点，要把这样一种精神放在高等师范教育体系里面，让学前教育专业学生真正理解什么叫以学定教。幼儿园教师的核心职责是在观察分析的基础之上，引导幼儿进行多样化的活动，使幼儿获得愉悦的经验，所以幼儿园教师的工作没有固定的模式，需要灵活地整合，用多样化的方法和策略，有效地去支持幼儿的学习。这就意味着幼儿园教师更需要创造性，要针对幼儿的具体情况，采取适宜的措施去支持、促进幼儿的活动。这些工作都需要教师有专业的智慧、专业的素养。

当然，幼儿教师的专业性并不是到了工作岗位上才开始培养的，专业性的培养贯穿在学前师范教育的整个过程中，高等师范教育要根据《幼儿园教师专业标准（试行）》（以下简称《专业标准》）的要求，充分发挥《专业标准》的引领和导向作用，重视幼儿园教师职业特点，加强学前教育学科和专业建设，深化教师教育改革，建立教师教育质量保障体系，强化未来幼儿园教师的专业态度、专业知识和专业能力，不断提高幼儿园教师培养质量。

2. 坚持师范性

《教师教育课程标准（试行）》（以下简称《课程标准》）指出，幼儿教师是幼儿发展的促进者，教师教育课程应引导未来教师树立正确的儿童观、学生观、教师观与教育观，引导未来教师因材施教，关心和帮助每个幼儿逐步树立正确的世界观、人生观、价值观，培养社会责任感、创新精神和实践能力。也就是说，高等院校培养的幼儿园教师不仅要有专业的知识和技能，还要承担立德树人的使命，因此可以说，师范教育是塑造人的教育。

所以，无论什么学校，师范的或者非师范的，只要是在培养幼儿园教师，都应该坚持师范性，这是由学校的职能决定的。师范性跟学习相关，更与品德相关，它能够引导育人方向和教育实践，它是使未来教师感悟到内心支撑跟前行的榜样。有很多幼儿园教师，遇到困难的时候，经常能够想到在师范院校里面老师怎么指导他的，老师是怎么做榜样的，他能够从老师这些行为当中得到支撑，这就是师范性的意义。

师范教育的成效会显现在几代人的身上，所以要始终把培养人格完满的一代代新人当作教育的根本追求。一个社会的文明程度怎么样，从根本意义上来讲是由师范教育决定的。师范教育关系到社会的根基，一个社会有没有创新，有没有进取心，跟师范教育紧密相关，每一个跨出校门的人身上都折射出师范教育的质量印记。所以师范教育不只是关系到教师的数量够不够，质量高不高，还关系到整个社会中的每一个人，尤其是年轻一代的精神面貌、生活态度。师范教育的本质是完满性，所以师范教育的核心就是造就一代代完满的人，这是教育的美好期待。

《教育强国建设规划纲要（2024—2035 年）》提出，要实施教育家精神铸魂强师行动，推动教育家精神融入教师培养培训全过程，贯穿课堂教学、科学研究、社会实践各环节。教育家精神既是对教师个人素养提出了要求，更是对整个教师队伍在理想信念、道德情操、实践态度等方面的引领，也对高等师范教育在培养未来教师方面明确了方向。

3. 强调实践性

无论是专业性，还是师范性，最终都会落实到教育实践中。一名幼儿园教师踏上工作岗位面对的即是一群幼小的儿童，既要关注他们的身体，还要关注他们的情绪、行为；既要关注他们的生活，也要关注他们的学习、游戏；既要有专业的活动组织能力，还要有专业的课程建设能力。所以幼儿园教师需要比母亲更有耐心，以更专业的态度和能力，回应幼儿需求，激发幼儿思维，给予幼儿宽容。幼儿教师不仅是全科教师，需要广博的知识，还是全程、全能的教师。

所以我们的师范教育不是要培养以传播知识为主要任务的教师，而是要培养能够引发孩子积极活动的教师，能够不断在现实的生活当中去发现课程的教师，能够不断支持和促进儿童发展、具有课程建设能力的教师。课程建设能力就意味着要去设计课程、实施课程、评价课程，要去挖掘资源、创设环境、建设课程文化。高等职业教育就要为这些未来幼儿园教师打好基础，在课程设计、实践活动、见习实习、目标设计等方面落实《专业标准》《课程标准》等培养目标，让这些未来的幼儿园教师有一些基本的专业能力，为其未来的职业发展奠定基础。

本套丛书主要包含 0—3 岁阶段的幼儿教师培养和 3—6 岁阶段的幼儿教师培养两个大系列。每个系列根据各年龄段幼儿身心发展特点和养育教育特点，主要分为专业基础课程、专业核心课程、专业技能课程三个块面。教材在编写过程中遵循以下原则。

1. 科学性原则

教材是育人的载体，关系人才培养的方向和质量。本套教材以习近平新时代中国特色社会主义思想为指导，结合《幼儿园教育指导纲要（试行）》《3—6 岁儿童学习与发展指南》精神，根据幼儿园教师培养目标设计丛书整体框架，体系完整，逻辑清晰。教材编写力求基本知识、概念正确,能代表学术界对学科知识的基本理解和普遍共识,努力反映各学科、各领域的理论前沿和新成果。

2. 适宜性原则

教材定位清晰,内容深入浅出,符合高等职业院校学生年龄和身心特点,难易程度适合学生学习水平,利于学生理解和运用。教材设计了丰富的栏目,每个主题有“主题目标”“内容脉络”“主题自测”三个大栏目,帮助学生理清学习思路。各主题分为若干模块,各模块设“情境导入”“知识演绎”“案例研讨”三个必选栏目,有生动的情境,有真实的案例,阅读性强。各模块还设有“趣味研究”“实践项目”“延伸阅读”“观点讨论”等可选择的栏目,学生可根据自身学习水平和兴趣进行阅读和实践。

3. 可操作性原则

教材包括教育学、心理学、卫生学等基础学科理论课程,以及幼儿园各学科活动设计,幼儿园环境创设,幼儿园课程资源开发利用,0—3 岁婴幼儿饮食、喂养、疾病预防、卫生保健、见习实习等专业核心能力课程。学生在掌握基本理论知识的基础上,可以了解幼儿园一日生活流程,了解幼儿教师的日常工作和需要具备的专业能力,知道“怎么做”“为什么这么做”,为走上工作岗位做好准备。

本教材的编写和出版,得到了很多院校、幼儿园以及一线教师的大力支持,在此一并表示感谢。由于各种原因,本套教材难免有不完善之处,敬请广大师生不吝指正,使其日臻完善。

虞永平

2025 年 4 月

目　录

总　序 ······ 001

前　言 ······ 001

主题一　幼儿园课程概述 ······ 001

模块一　课程概念与类型 ······ 003

模块二　幼儿园课程的概念、特点与要素 ······ 011

主题二　幼儿园课程目标 ······ 021

模块一　幼儿园课程目标内涵与来源 ······ 023

模块二　幼儿园课程目标取向 ······ 031

模块三　幼儿园课程目标结构 ······ 037

模块四　幼儿园课程目标表述 ······ 044

主题三　幼儿园课程内容 ······ 049

模块一　幼儿园课程内容概述 ······ 051

模块二　幼儿园课程内容选择与组织 ······ 057

主题四　幼儿园课程实施 ······ 071

模块一　课程实施的含义与取向 ······ 073

模块二　幼儿园课程实施的途径 ······ 077

模块三　幼儿园课程实施的要求与影响因素 ······ 084

主题五　幼儿园课程评价 …… 089
模块一　幼儿园课程评价概述 …… 091
模块二　幼儿园课程评价的基本观念 …… 099
模块三　幼儿园课程评价的基本要素 …… 104
模块四　幼儿园课程评价的实例 …… 111

主题六　幼儿园课程设计(上) …… 127
模块一　幼儿园课程设计的理论模式 …… 129
模块二　幼儿园课程设计的实践样态 …… 137
模块三　幼儿园课程设计的整合取向 …… 140

主题七　幼儿园课程设计(下) …… 145
模块一　幼儿园主题课程概述 …… 147
模块二　幼儿园主题课程网络图与编制 …… 153
模块三　幼儿园主题课程环境与创设 …… 166
模块四　幼儿园主题课程的设计与实施 …… 172

主题八　中外经典幼儿园课程方案 …… 187
模块一　西方幼儿园课程经典方案 …… 189
模块二　我国幼儿园课程经典方案 …… 212

参考文献 …… 226

前　言

本人自2004年秋季首次承担学校所安排的“幼儿园课程”这门课程的教学任务工作至今，与“幼儿园课程”结缘已有二十年。刚开始负责“幼儿园课程”这门课程教学时，所选用的是冯晓霞教授主编的《幼儿园课程》，该教材应该是权威的，且是当时所能找到的体系比较完整的教科书。后来因其他原因，改选用其他非自考系列的教材，也陆续更换过几个不同版本的教材，但在实际使用时总体的感觉有二：一是有的教材可能考虑到要同时兼用于本科层次，教材的编写风格相对来说不适合专科层次在校生的学习；二是有的教材虽是标注专用于专科层次，在难度的把控方面相对较能贴近受众水平，但在体系内容的剪裁上，甚至有些观点的呈现上有失教材应具有的“专业共识”之常理。因而，编写一本相对实用、好用的专科层次的《幼儿园课程》教材非常必要。但同时我又深知教材的编写，在某种意义上难于专著的编写，因为教材在某种意义上就是一种“标准”，是对在校生接触该专业知识学习的“第一次输入”；而且，教材一旦被选用了，影响的就不是几个人而已。编写专业教材应有的专业敬畏之心，使我编写教材一事一直搁浅。促成我了却这一心愿的，是南京师范大学出版社此次编写一套真正适宜专科层次的高质量系列教材的动议。非常感谢出版社给予充分的编写时间与遴选编写人员的高度自主权，有了这两方面的自主，我也才有了编写出高质量的教材的自信。

本教材在编写过程中主要突显两大特点：一是实用性。实用性不仅体现在教材的编写体例尽量贴近学生学习的特点，也考虑到教师在使用该教材时的便捷性；而且尽量在体系内容的剪裁上做到简洁明了，尽量在保证该学科知识体系相对完整性的同时避免与人才培养方案中其他相关专业课程在内容上的交叉重复。本教材主要围绕幼儿园课程概念、幼儿园课程基本要素、经典幼儿园课程方案、主题课程等展开阐述。鉴于在校生之前的专业学习，他们对幼儿园教育教学的认识更多是停留在领域教学层面，因而，有必要通过该课程的学习，进一步强化学生对于整合课程的认识，所以，本教材淡化了对“学科（领域）课程与区域课程”方面的介绍，而是重点介绍了主题课程。二是新颖性。体现新颖性的首要原则是尊重原创性。本教材在编写过程中对凡所借鉴的文献资料均尽量如实加以标注，以示尊重与感谢，同时尽量引用最新的比较权威的文献资料；

在观点呈现上力求符合“专业共识”的前提下有新的提法，如对幼儿园课程实施本质三个维度的认识等。这两个特点是编写者力求突显的美好愿望，尚祺能如愿。

参与本教材编写的人员共来自四家幼师高专学校，参与人员所承担的编写工作说明如下。本教材主编、副主编分别由泉州幼儿师范高等专科学校吴振东、黄碧凡担任，黄碧凡负责编撰主题二内容及本教材相关教学辅助资料，六盘水幼儿师范高等专科学校潘杰负责编撰主题三内容，泉州幼儿师范高等专科学校田苗负责编撰主题四内容，铜仁幼儿师范高等专科学校李旭负责编撰主题五内容，安阳幼儿师范高等专科学校胡少金负责编撰主题八内容，吴振东负责主题一、六、七内容的编撰、教材目录架构以及全书的修改与统稿工作。本教材在编写过程中参考借鉴了同行许多专业文献资料，凡有借鉴参考均尽量一一加以注明，并向他们致以深切谢意。本教材得以如愿完成，除了要感谢诸位参编老师的通力合作，还要诚挚地感谢张莉编辑的大力支持，感谢审稿专家王乃正老师的专业指导，感谢本系列教材总主编虞永平老师的提携与帮助。

囿于编写人员学识所限，虽已尽力，但书中纰漏之处恐在所难免，敬请同行专家与读者不吝指正。

吴振东
2025 年 1 月 12 日写于泉州

主题一　幼儿园课程概述

主题目标

1. 了解课程的词源学意义、课程的三种代表性定义以及课程的主要类型。
2. 了解幼儿园课程概念的演进，理解幼儿园课程概念的内涵。
3. 理解幼儿园课程的主要特点，了解幼儿园课程的基本要素。

内容脉络

- 幼儿园课程概述
  - 课程概念与类型
    - 课程的概念
    - 课程的类型
  - 幼儿园课程的概念、特点与要素
    - 幼儿园课程的概念
    - 幼儿园课程的特点
    - 幼儿园课程的要素

模块一　课程概念与类型

情境导入

何谓课程？大家已有的生活经验所唤醒的对课程概念的理解，最具代表性的便是学生在校学习的“周课程表”，即他们在校所要学习的一门门课程，每门课程一般都有相应的教材（有的还有相应的练习册），且每门课程课时也不尽相同。“课程”一词中的“课”就是“课业”“功课”，“程”就是“进程”“历程”。“课”与“程”两字合并起来的意思便是“课业（内容）+进程”。

本模块将围绕“什么是课程”这一核心话题展开。

知识演绎

一、课程的概念

课程在学校教育中处于核心地位，教育目标、价值主要通过课程来体现和实施。但在教育领域中，课程是含义最复杂、歧义最多的概念之一。

（一）课程的词源学分析

在我国，“课程”一词始见于唐宋时期①，唐朝孔颖达为《诗经·小雅·巧言》中“奕奕寝庙，君子作之”句注疏：“以教护课程，必君子监之，乃得依法制也。”其大致意思是对于教育制度、教学课程的安排、执行，一定要由有智慧、有德行的人来掌管，才能够使其符合法则和自然规律。宋代朱熹在《朱子全书·论学》中多次提及课程一词，如“宽著期限，紧著课程”“小立课程，大做功夫”。此处，“课程”的含义是指学习的功课内容及其进程，这与当今许多人对课程的理解基

① 虞永平，原晋霞.幼儿园课程[M].北京：高等教育出版社，2014：27.

本一致。但有学者认为[①]，我国古代的“课程”实际上是“学程”，只有教学内容的规范，没有教法的规定。而近代“课程”则与“教程”相近，注重的是教学的范围与进程，而且这种范围与进程的规定，又是按照学科的逻辑体系展开的。

英语“课程”(curriculum)一词最早出现在英国教育家斯宾塞(H.Spencer)《什么知识最有价值?》(1859年)一文中。[②] 它是由拉丁语“currere”派生出来的，意为“跑道”(racecourse)。因此由这一词源导引出了对课程两种不同的认识，一种认为，“currere”的名词形式意为“跑道”，重点是在“道”上，因而课程应重在为不同类型的学生设计不同的轨道；另一种认为，“currere”的动词形式是指“奔跑”，重点在“跑”上，因而课程应重在让每个学生根据自己以往的经验来认识事物，课程是一个人对自己经验的重新认识。[③] 由此看来，英语“课程”(curriculum)从其词源上，就预示着歧义与矛盾。

（二）课程的三种代表性定义

迄今为止，学界对“课程”的界定见仁见智，据不完全统计，“课程”这一术语的定义有百余种，大致可以归为如下三大类。

1. 课程的“学科或科目说”

将课程定义为科目或学科，应该说是给课程下定义的最早思路，在历史上由来已久。如我国古代的“六艺”(礼、乐、射、御、书、数)，中世纪初欧洲的“七艺”(文法、修辞、辩证法、算术、几何、天文学、音乐)都将这些科目当作课程，可以说，西方现代学校的课程体系就是在此基础上逐渐建立起来的。因而，这种定义也是一种比较传统、影响力比较深远的观点。由课程的“学科说”进而演变为更为具体化的“课程教材说或内容说”，因为“学科或科目”的内容通常以教材以及相关形式出现。

课程的“学科或科目说”，认为课程即教学内容，课程的表现形式是各科目的教学大纲和教科书等；注重教材体系，依据科学和学问的逻辑，根据学习者的发展特征和认知水平编制成一定体系的教材，让学习者进行系统的学习；强调的是学校向学生传授学科知识体系，把课程视为外在于学习者的静态的东西，课程往往凌驾于学习者之上，割裂了知识的整体性以及知识与社会生活的联系。

2. 课程的“目标或计划说”

这种课程定义把课程视为教学过程要达到的目标、教学的预期结果或教学的预先计划。[④] 如课程论专家塔巴(H. Taba)认为课程是“学习的计划”，奥利沃(P. Oliva)认为课程是“一组行为目标”，约翰逊(M. Johnson)则认为课程是“一系列有组织的、有意识的学习结果”等。

---

① 施良方.课程理论:课程的基础、原理与问题[M].北京:教育科学出版社,1996:2.

② 张华.课程与教学论[M].上海:上海教育出版社,2000:66.

③ 郑金洲.教育通论[M].上海:华东师范大学出版社,2000:272.

④ 袁振国.当代教育学(2004年修订版)[M].北京:教育科学出版社,2004:132.

课程的“目标或计划说”认为课程是教育所要达到的目标，是对学习者通过学习所达到的结果的期望；认为课程是教育的蓝图与方案，课程的表现形式有教学计划（课程计划）、教学大纲（课程标准）、教科书；强调课程的计划性、预成性与社会目标，把课程视为教学过程之前或教育情境之外的东西，把课程目标、计划与课程过程、手段割裂开来，并片面强调前者，其缺陷也是忽略了学习者的现实经验，忽视课程的灵活性、生成性。

3. 课程的“经验活动说”

经验依赖于活动，活动产生经验。尽管在“课程经验说”之后出现了“课程活动说”，但很多研究者认为课程活动说本质上和课程经验说是一样的，并不把课程的“经验说”和“活动说”视为两种不同的观点，而将其统一为“经验活动说”。课程的“经验活动说”，把课程视为学生在教师指导下所获得的经验或体验，以及学生自发获得的经验或体验。以经验的维度来界定课程，起源于美国著名教育家杜威（J. Dewey）的进步主义教育思想，他认为“教育是在经验中，由于经验、为着经验的一种发展过程”。受杜威影响，许多人持同样的观点。如美国著名课程论专家卡斯威尔（H.L. Cassell）和坎贝尔（D.S. Campbell）认为“课程是儿童在教师指导下所获得的一切经验”；另一著名课程论专家福谢依（A.W. Foshay）认为，“课程是学习者在学校指导下的一切经验”[①]。我国也有学者指出，“最广义的‘课程’，是指受教育者在走向社会之前的过程中所经历的全部经验。但是我们通常所说的课程，是指学习者在学校的指导下获得的全部经验”[②]。

这种课程定义的突出特点是把学生的直接经验置于课程的中心位置，从而改变了课程中“见物不见人”的倾向，消解了内容与过程、目标与手段的二元对立。课程的“经验活动说”把重点放在学习者学习的实际效果上，关注学习者的学习体验和自我感悟，但由于经验的抽象性，导致在教学活动中难以对学习经验进行界定和操作；此外，有些持这种课程定义的学者也出现忽略系统知识在儿童发展中的意义的倾向。

综上所述，尽管学者们对课程的界定见仁见智，“每一种课程定义都隐含着某种哲学假设和价值取向，隐含着某种意识形态以及对教育的某种信念，从而表明了这种课程定义最关注哪些方面”[③]。但总体来讲，对课程的界定可以从广义和狭义去理解[④]：从广义上看，课程本质是一种教育性经验，是对主体产生积极影响的各种因素的总和；从狭义而言，课程专指学校场域中存在和生成的有助于学生积极健康发展的教育性因素以及学生获得的教育性经验。

---

① 张华.课程与教学论[M].上海：上海教育出版社，2000：68.

② 吕达，等.独木桥？阳关道？——未来中小学课程面面观[M].北京：中信出版社，1991：3.

③ 施良方.课程理论——课程的基础、原理与问题[M].北京：教育科学出版社，1996：1.

④ 李森，陈晓端.课程与教学论[M].北京：北京师范大学出版社，2015：6.

延伸阅读

幼儿园课程的“故事说”①

西方课程专家的“故事说”对理解幼儿园课程很有启发意义。课程“故事说”认为，课程是一个绵延不绝、不断丰富的充实的故事。每一个进入课程情境中的学习者都有他(她)自己的“古老”故事，每个人的“古老”故事有相似的地方，也有不同的地方。这就是有关学习者的原有经验。教师就是在了解这些不同的“古老”故事——学习者原有经验基础上，为他们准备并演绎一个“现代”故事，这个故事可能也应该是“古老”故事的延续。当“古老”故事和“现代”故事相遇后，形成的不是“古老”故事加“现代”故事，而是学习者在“古老”故事的基础上，对“现代”故事的自我解释和演绎，形成“个人”故事。值得注意的是，对幼儿园的幼儿来说，“古老”故事和“现代”故事的相遇是在行动中进行的，不是简单的听说过程，而是表现和尝试的过程，是生活的过程。经过这个过程，幼儿形成各不相同的“个人”故事。这种不同，既是“古老”故事决定的，也是教师和学习者对“现代”故事的演绎方式(这种演绎的主要方式应该不是讲述，而是引出或呈现行为)和演绎水平决定的。学习者的“个人”故事又成为他们“古老”故事的重要组成部分，随学习者进入新的学习情境之中。

十三种具有代表性的课程观②

美国学者奥利瓦(P. F. Oliva)曾对课程本质内涵的诸多限定作过分析与归纳，提出了13种具有代表性的课程观：① 课程是在学校中所传授的东西；② 课程是一系列的学科；③ 课程是教材内容；④ 课程是学习计划；⑤ 课程是一系列的材料；⑥ 课程是科目顺序；⑦ 课程是一系列的行为目标；⑧ 课程是学习进程；⑨ 课程是在学校中所进行的各种活动，包括课外活动、辅导及人际交往；⑩ 课程是在学校指导下，在校内外所传授的东西；⑪ 课程是学校全体教职员工所设计的任何事情；⑫ 课程是学习者在学校所经历的经验；⑬ 课程是个体学习者在学校教育中所获得的一系列经验。

课程内涵的发展趋势③

进入20世纪70年代，课程内涵的发展呈现六大趋势：① 从强调学科内容到强调学习者的经验和体验；② 从强调目标、计划到强调过程本身的价值；③ 从强调教材这一单因素到强调教师、学生、教材、环境四因素的整合；④ 从强调显性课程(manifest curriculum)到强调显性课程与隐性课程(hidden curriculum)并重；⑤ 从强调实际课程到强调实际课程与空无课程(the null curriculum)并重；⑥ 从强调学校课程到强调学校课程与校外课程的整合，课程的内涵发生了重要变化。

---

① 虞永平.学前课程与幸福童年[M].北京：教育科学出版社，2012：5－6.

② 王春燕，王秀萍，秦元东.幼儿园课程论[M].杭州：浙江工商大学出版社，2018：2.

③ 张华.课程与教学论[M].上海：上海教育出版社，2000：68－71.

二、课程的类型

课程的类型是指课程的表现形式。划分的维度不同，课程类型也不尽相同。这里介绍三种比较典型的课程类型。①

（一）学科课程与经验课程

学科课程是以文化知识为基础，按照一定的价值标准，从不同的知识领域或学术领域选择一定的内容，根据知识的逻辑体系，将所选出的知识组织为不同学科，如语文、算术、历史、音乐、美术等。学科课程是按照学科知识的逻辑体系来组织的，是最古老、使用范围最广的课程类型。西周时期学校设置的“六艺”（礼、乐、射、御、书、数），就是我国学科课程的雏形。中世纪欧洲的“七艺”（文法、修辞、辩证法、算术、几何、天文学、音乐），可以视为西方学科课程的原初形态。时至今日，学科课程在各国学校仍占据主导地位。学科课程具有逻辑性、系统性和简约性的特点，有利于知识的学习和巩固，同时也有助于组织教学与评价，便于提高教学效率。

但是，学科课程也有其明显的缺陷：一是由于学科课程是以知识的逻辑体系为核心组织起来的，容易轻视儿童的需要、经验和生活；二是儿童的生活是一个有机的整体，学科课程的“分科”逻辑与儿童生活的“整体性”样貌是有矛盾的，如果过于强调学科课程的“分科”逻辑，有可能肢解儿童完整的生活；三是每一门学科都有其相对独立和稳定的逻辑系统，因此容易忽略当代社会生活的现实需要。

经验课程也称活动课程或儿童中心课程，是以儿童的主体性活动的经验为中心组织的课程，其主要倡导者是美国教育家杜威和克伯屈（W. H. Kilpatrick）。他们认为学科教材将成人的东西强加给学生，抑制了学生的活力，主张打破学科界限，根据学生的需要、经验和问题组织学习内容，让学生“从做中学”。至今仍有许多国家的课程中保留了此类课程，如澳大利亚中学开设了木工课、戏剧课、烹饪课，我国中学开设了劳技课等。经验课程能较好地照顾学生的兴趣和爱好，密切联系生活实际，调动学生学习的积极性，丰富学生的经验，培养学生的实践能力。

经验课程存在的主要不足：一是经验课程容易忽略系统的学科知识的学习，使实施者沉醉于儿童当前的各种偶发性活动中；二是经验课程容易导致“活动主义”，忽略儿童思维能力和其他智力品质的发展；三是经验课程的组织要求教师具有相当高的教育艺术水平，这对于习惯了班级授课制和讲解教学法的教师而言会较难适应。

---

① 王春燕，王秀萍，秦元东.幼儿园课程论[M].杭州：浙江工商大学出版社，2018：8－11.

（二）分科课程与综合课程

分科课程实际上就是学科课程，其注重将科学知识加以系统组织，并以教材的形式呈现。分科课程强调不同学科门类之间的相对独立性，强调学科逻辑体系的完整性，注重学生在学习过程中对知识和技能的掌握，有利于学生获得系统的知识。但是，分科课程存在的主要问题：一是忽视学科之间的内在联系，不同学科之间彼此隔绝，缺乏沟通，影响学生综合素质与创造能力的发展；二是过细的分科割裂了知识的内在联系，造成知识学习的片面、孤立、呆板；三是科目过多容易加重学生的学业负担。

综合课程也称整合课程或统整课程，是一种多学科的课程组织模式，它强调学科之间的关联性、统一性和内在联系。设置综合课程是科学发展的结果，因为科学本来就是一个统一体，学科的划分是人为的，分科过于精细，会妨碍科学研究的视野，不利于科学的全面发展。事实上，科学研究的许多突破往往是不同学科协作的结果。相反，综合课程的设置有助于克服分科课程的局限，它强化了学科间的联系，有助于学生从整体上认识世界，形成合理的知识结构，发展学生综合运用知识解决问题的能力。

根据综合的中心主题或问题的不同，综合课程可分为学科本位综合课程、社会本位综合课程和儿童本位综合课程。

学科本位综合课程是以学科或文化知识为课程整合的基点，课程整合的核心主要源于学科。这种综合课程试图打破或超越各分科课程自身固有的逻辑，形成一种把不同学科内容有机整合为一体的新的逻辑，如相关课程、融合课程、广域课程等。

社会本位综合课程以源于社会生活的问题为课程整合的核心，其目的是使学习者适应或改进当代社会生活。这类课程的内容主要源于社会或整个人类的发展状况，学生研究社会的种种特征与问题等。如 20 世纪 80 年代以来，国际上流行的“科学—技术—社会课程（STS 课程）”“环境教育课程”都是属于社会本位综合课程的形态。

儿童本位综合课程（或经验本位综合课程）是以儿童当前的直接经验、儿童的需要和动机、儿童的兴趣和心理发展为课程整合的核心，其目的是促进儿童的经验生长和人格发展。儿童本位综合课程即经验课程。

（三）显性课程与隐性课程

显性课程是一种以直接的、明显的方式呈现的课程，是学校教育中有计划、有组织地实施的“正式课程”或“官方课程”。学校课程表所呈现的一门一门的课程就是显性课程，它包括教师有目的、有计划地组织实施的那些学科和活动。

隐性课程，也称为潜在课程、隐蔽课程、无形课程、自发课程，是学生在学习环境（包括物质环境、社会环境和文化体系）中所学习到的非预期或非计划性的知识、价值观念、规范和态度，这是非正式的、非官方的课程（非预期的学习经验）。美国学者杰克逊（P.W. Jackson）于 1968 年首次提出“隐性课程”概念。他认为，在学校里学生不仅接受了读写算等文化知识，而且获得了态度、动机、价值观和其他心理上的成长，后者是经由非学术途径潜移默化地和间接地传递给学生的。[①] 杰克逊将这种"非正式"的文化传递称为隐性课程。隐性课程提出后，在课程领域掀起了一场关于隐性课程的研究热潮。

隐性课程作为学校中普遍存在的一种现象，是一种客观存在。它的主要特点有三个。一是涉及范围的广域性。它涉及学校生活的所有方面并渗透于其中，不仅涉及学校的物质环境，而且涉及学校的精神氛围。二是实施过程的潜在性。隐性课程主要是通过间接的、内隐的、潜移默化的方式对学生产生影响，但这种影响并非完全不可预期。三是教育影响的深刻性与持久性。许多隐性课程都是通过心理的无意识层面对人产生影响的，如对情感态度的影响、对价值观念的影响都是潜移默化的。当然，这种影响既可能是积极的，也可能是消极的，且影响一经形成，就持久地影响人的心理与行为，难以改变。

有学者研究指出，隐性课程具有如下常规存在的形式和发挥作用的渠道：① 物质—空间类，包括校园建筑、活动场地、绿化美化、活动室设置、声色光、湿度、温度等；② 组织—制度类，包括学校管理制度、生活制度、评价制度、奖惩制度等；③ 文化—心理类，包括正规课程中所隐含的文化价值观、师生关系、教师的期望与态度、心理行为等。上述因素或独立，或交叉共同影响学习者的情感、价值、态度等心理与行为，与显性课程（有计划的学习经验）或相互促进，或相互补充，或相互冲突，从而形成他们在学校的全部学习经验，即共同构成学校课程的全貌——实际课程。

显性课程和隐性课程虽然有所不同，但是两者之间也存在着内在联系。一方面，显性课程的实施过程常常伴随着隐性课程，特别是当显性课程在实施过程中能够充分发挥师生双方的主体性时，那么，在课程的实施中必然存在着非计划的、非预期的教育影响，必然存在隐性课程。另一方面，隐性课程也在课程实施的过程中不断地转化为显性课程。这就是说，当人们认识到显性课程中存在的积极的或消极的隐性课程影响的时候，在后继的课程开发与实施中，会有意识地对隐性课程加以控制，这样，原来的隐性课程也就转化为有计划的、预期性的显性课程，而这些显性课程在实施过程中又会产生新的隐性课程。显性课程与隐性课程的动态转化过程是永恒的、无止境的。

案例研讨

下面这份幼儿园学期课程活动进度表由顶岗实习学生提供（本资料除隐去园名外，内容忠实呈现），请根据这份资料谈谈该园教师们对"幼儿园课程"这一概念的理解。

---

① 仇晓春，甄丽娜.关注学校隐性课程　创设对话教育生态[J].基础教育参考，2004(12)：6.

××××××幼儿园

2021—2022学年度第一学期小(四)班园本活动进度

园本内容	阶段	时间	教学内容
花儿朵朵开	第一阶段:荷花朵朵	第1周	夏日美荷(欣赏)
		第2周	荷花颜色我知道(涂色)
		第3周	莲叶无穷碧(涂色)
		第4周	好玩的撕贴(一)
		第5周	好玩的撕贴(二)
		第6周	多彩荷花(一)
		第7周	多彩荷花(二)
		第8周	家乡的荷花(一)
		第9周	家乡的荷花(二)
	第二阶段:梅花香	第10周	梅花开啦(欣赏)
		第11周	傲雪寒梅(涂色)
		第12周	枝头梅花(一)(拓印)
		第13周	枝头梅花(二)(漏印)
		第14周	梅花赞(一)(撕贴)
		第15周	梅花赞(二)(撕贴)
		第16周	红梅花(一)(黏土)
		第17周	红梅花(二)(黏土)
		第18周	冬日梅花(一)(吹墨画)
		第19周	冬日梅花(二)(吹墨画)
		第20周	枝枝梅花(一)(手工)
		第21周	枝枝梅花(二)(手工)

分析:上表初看跟小学语文学期教学进度安排相似,即每周要上哪一篇课文是固定的、事先安排好的,与学生的生活经验和兴趣无关,课程被视为外在于学习者的静态的东西,课程内容是事先选择并编排好的、成一定体系的,让学习者进行"系统地"学习的。显然,该园对"幼儿园课程"概念的理解持"学科或科目说",而非"经验活动说"取向。其次,从经验获得的广度而言,该园一个学期的园本活动安排仅让幼儿了解、熟悉与掌握两朵花(荷花和梅花),会给幼儿经验建构的丰富性带来严重的威胁,违背了幼儿园课程应帮助幼儿获得有益的、多元的新经验的初衷。

模块二　幼儿园课程的概念、特点与要素

情境导入

中小学教育和幼儿园教育等不同教育学段都在使用"课程"一词，即"中小学课程""幼儿园课程"，那么，中小学教育和幼儿园教育这两个不同教育学段所使用的"课程"这一术语的内涵是一样的吗？如果不一样，那么，"幼儿园课程"与"中小学课程"有何具体区别呢？

本模块的学习内容是幼儿园课程概念、特点及其要素。

知识演绎

一、幼儿园课程的概念

（一）幼儿园课程概念的演进

我国幼教先驱者一开始在使用"课程"一词时，就与中小学教育中的"课程"内涵是不同的。

张雪门在1926年出版的《幼稚园的研究》一书中提出："课程是什么？课程是经验；是人类的经验，用最经济的手段，按有组织的调制，用各种的方法，以引起孩子的反应和活动。幼稚园的课程是什么？这是给三足岁到六足岁的孩子所能够做而且欢喜做的经验的预备。"[①]陈鹤琴尽管没有给幼儿园课程下一个明确的定义，但他在1927年发表的《我们的主张》一文中指出："经验是发展儿童个性的工具。经验也就是学问。无论在家里或在幼稚园里，我们应当给小孩子一种充分的经验。经验的来源有二：一是与实物相接触；二是与人相接触。"[②]"小孩子能够学

---

① 戴自俺.张雪门幼儿教育文集(上卷)[M].北京：北京少年儿童出版社，1993：24.

② 北京市教育科学研究所.陈鹤琴全集(二)[M].南京：江苏教育出版社，1989：119.

的与应当学的东西，本来是很多的，但是我们不能就这样漫无限制地毫无系统地去教他。总必定要有一种组织，在相当范围内，使其成为一个系统并使各科目中间互相连接起来发生关系。”[①]可见，陈鹤琴主张应该以儿童的两个环境（自然的环境和社会的环境）为中心组织幼儿园的课程。张宗麟对课程本质的理解更为宽泛：“幼稚园课程者，由广义的说之，乃幼稚生在幼稚园一切之活动也。”

以上三位幼教前辈对幼儿园课程的定义和解释表明，我国幼教理论界从一开始就把幼儿的经验、幼儿的活动视为课程关注的重点，即幼儿园课程的“经验说”或“活动说”，认为课程是一种“动态”的存在。

但是，新中国成立后，由于学前教育界学习借鉴苏联的幼教理论与做法，把课程理解为学科知识的传授，把“教学”和“作业”引入幼儿园课程体系，当时对幼儿园课程的理解是各门学科的系统知识。最具代表性的便是1981年颁布的《幼儿园教育纲要（试行草案）》，将幼儿园教育内容与要求分为生活卫生习惯、体育活动、思想品德、语言、常识、计算、音乐、美术八个方面，并编写与之相配套的“教育部统编教材”。也就是说，对幼儿园课程的理解在20世纪50至80年代，曾偏离了先辈们所确立的课程“经验说”或“活动说”的发展轨道，滑向了类似于课程“内容说”或“教材说”的窠臼。

这一偏离所导致的严重后果是，至今仍有不少幼教工作者对幼儿园课程的理解持“学科倾向”，即将幼儿园课程视为以传授知识技能为主要任务的各种“课”的“集合”，幼教先驱们所提出的在今天看来仍十分先进的幼儿园课程观，在当前幼儿园教育实践的推进中仍然困难重重。

直至1982年，南京师范大学赵寄石和唐淑两位教授在题为《挖掘幼儿智力潜力促进幼儿智力发展——幼儿园课程研究三年小结》一文中重提“课程”一词，“课程”又回归了大众视野。[②]之后，伴随着西方先进的教育理论的不断引入，在卢乐山、赵寄石、冯晓霞、刘焱、虞永平等学者的努力下，幼教界同仁对幼儿园课程的界定力求重新回到“经验说”或“活动说”的发展轨道。

其中，对幼儿园课程持“活动倾向”的代表学者是冯晓霞教授，她认为幼儿园课程是幼儿在幼儿园教育环境中进行的，旨在促进其身心全面和谐发展的各种活动的总和。持“经验倾向”的代表学者为刘焱教授和虞永平教授，其中，刘焱教授把幼儿园课程定义为“根据幼儿园教育目标为幼儿设计和组织的、有益于其身心健康和谐发展的全部学习经验”[③]。虞永平教授认为幼儿园课程应从幼儿身心发展的特点和特定的社会文化背景出发，有目的地选择、组织和提供综合性的、有益的经验。

幼儿园课程界定的“活动倾向”，旨在凸显活动对于幼儿的重要性；而“经验倾向”的界定，

---

① 北京市教育科学研究所.陈鹤琴全集(二)[M].南京：江苏教育出版社，1989：115.

② 虞永平，张帅.从模仿借鉴到规范创新——新中国成立70年来幼儿园课程的发展[J].南京师大学报(社会科学版)，2019(6)：36.

③ 刘焱.幼儿园游戏教学论[M].北京：中国社会出版社，1999：268.

则是为了强调幼儿在课程中要有新经验的获得。应该说，“经验说”的这种界定方式更贴近幼儿园课程的内涵或内容，而“活动说”的这种界定方式更接近幼儿园课程的外延或形式。在李季湄、肖湘宁主编的《幼儿园教育》①一书中，似乎有将“经验说”和“活动说”加以整合的意图。该书所给出的幼儿园课程的定义是：“幼儿园课程是实现幼儿园教育目标的手段，是帮助幼儿获得有益的学习经验，促进身心全面和谐发展的各种活动的总和。”应该说，这个界定是兼顾了“经验说”和“活动说”，或者可以直接将之称为“经验活动说”。

那么，怎样理解“经验活动说”取向的幼儿园课程概念呢？众所周知，中小学生在校的学习场景通常是“座中学”（实验课、实践课除外），是一种“授—受”教学模式。但幼儿园所呈现的“学习场景”是与中小学大不一样的。以“经验活动说”取向的幼儿园课程为载体而展开的学习场景，则是“做中学”（“做”就是玩、操作、行动），即在园的幼儿在教师的引导或帮助下，参与各种各样的活动。

这些活动的类型，若从活动的性质来分，有运动活动、认知活动、交往活动、艺术活动、游戏活动等；从学习内容来分，有语言、数学、科学、音乐、体育、美术和社会等；从组织形式来分，有集体、小组和个别活动；从在园一日活动类型来分，有生活活动、游戏活动和教学活动；从活动中师幼间关系来分，有高结构活动（如领域集体教学活动）和低结构活动（如区域活动、游戏活动）等。因而，可以将幼儿园课程的概念理解为幼儿在园所开展或参与的各种各样活动的总和，即课程的“活动说”。

课程的“经验说”，是将课程理解为幼儿在园所获得各种经验的总和。当然，这里的“经验”指有益的经验。课程“经验说”的提出，使得人们对课程的理解从原来关注教师的“教”，转向关注学生的“学”，即回到了“‘教’是为了‘学’而服务”的这一教学关系上。课程的“经验说”所追求的课程实施效果就是关注“有教有学”，甚至是“有教优学”这一层面。

在课程“经验说”背景下，教师在教育教学实践中，不仅要备课程内容，要考虑如何将课程内容深入浅出地讲述出来；而且要备学生，即要关注学生已有经验是什么，兴趣是什么，需要是什么，以及教师所教的这些东西是不是学生需要的，所教的这些东西对学生的发展有什么好处，教师应采用什么方法教学生，才能让学生学得更好。概言之，教师需要考虑如何将“教材内容”有效地转化为学生的经验，有效地帮助学生自己实现经验的改进。教师所需要思考的这些问题，也变成评量教师教学质量或课程实施成效的重要指标。

但是，经验突出强调个人的亲身、直接体验的过程，有个人主观体验过程在内的含义。② 经验具有模糊性、主观性和个体性特点，经验有时还带有缄默性，即“只可意会，不可言传”的特征。比如，在绘本阅读学习活动中，幼儿在阅读绘本活动中的所有外显性行为，如怎样翻阅的，翻阅的时间多长，阅读时的神态与感受及表情变化等信息，教师是可以观察获取的。但幼儿在绘本阅读行为的背后，到底获得了哪些感受与体会（经验），教师很难准确地了解与把握。教师

① 李季湄，肖湘宁.幼儿园教育[M].北京：北京师范大学出版社，1997：134.

② 刘丽.反思：从自己的经验中学习[J].学前教育，2021(12)：5.

既然很难去了解与把握幼儿在活动中所获得的经验，那也就意味着教师要去把控和影响幼儿的经验建构是很有难度的。如此一来，课程“经验说”在理念上虽然很先进，但对一线教师来说，存在着不好操作、难以实施的缺点。

于是，大家就想出了一个解困的办法。解困的思路就是从经验从何而来这个角度切入。经验从何而来？经验产生于活动，活动是经验产生的载体。虽然经验是很难把握的，但经验却是在活动中产生的，而活动是看得见的，那么，就将课程的“经验说”转换为“活动说”，有时也表述为“经验活动说”。

（二）幼儿园课程概念的内涵

前文阐述了幼儿园课程概念的演进，以及幼儿园课程的“经验说”与“活动说”的关系，自此，“幼儿园课程是实现幼儿园教育目标的手段，是帮助幼儿获得有益的学习经验，促进其身心全面和谐发展的各种活动的总和”[①]便成为相对公认的关于幼儿园课程的定义。关于幼儿园课程这一概念的理解，可以从三个维度进行剖析。

从活动维度来理解，该定义在“活动”的前面分别有三个定语加以限定。一是“各种”，这里的“各种活动”当然包括集体教学活动，但其所要强调的“活动”不只是“集体教学”这类活动形式，或者说“集体教学”并不是主要的“活动形式”；在对“各种活动”的认识中，其实《幼儿园工作规程》（以下简称《规程》）明确指出，幼儿园的教育“以游戏为基本活动”。二是“促进其身心全面和谐发展的”，幼儿是在活动中发展的，不同的活动带给幼儿经验也是不尽相同的，有了多样化的活动经历，也才有了多方面的活动体验，幼儿身心全面和谐发展是离不开幼儿主动发起或参与的多样化的活动。三是“帮助幼儿获得有益的学习经验”，对幼儿园课程而言，“活动”当然是有具体内容的，但活动内容不等于幼儿在活动中所获得的经验。“有益的学习经验”，其实就是幼儿通过课程活动而获得“心理之物”或“活动之果”。在“活动”前面加上“帮助幼儿获得有益的学习经验”，就是在告诫幼儿教师在课程实施中，不能为了活动而活动，即不能止步于有无开展活动，仅关注活动形式、活动过程，还应将该活动带给幼儿什么样的有益的学习经验作为设计活动的初心。要让教师牢牢记住，活动是为了促进幼儿发展而服务的，而不仅仅是为了形式、为了快乐；幼儿园课程的理想追求应该是让幼儿在活动中所获得的经验兼具“发展和快乐”，即“在活动中有发展，在发展中有快乐”。

从经验维度来理解，该定义在“经验”前面加上了最为重要的限定词“有益的”，因为幼儿在活动中获得的经验，有可能是“有益的”，也有可能是“无益的”，甚至是“有害的”。学校教育是一种有计划、有目的培养人的实践活动，教育是要让受教育者朝着正向的方向发展，并成为对社会有用的人。而课程作为教育的载体，所带给幼儿的经验肯定是“有益的”，或者说，带给幼儿“有益的经验”，这才是课程的初衷。而且，这个“有益的学习经验的获得”不是片面的、零散

---

① 这一幼儿园课程的定义是教育部“九五”教育科学规划重点课题“中国幼儿园课程政策研究”课题组反复讨论认定的。

的，而是多元的、全面、和谐发展的。因为只有多方面的经验，才有可能促进幼儿身心全面和谐发展，即幼儿园课程蕴含着教育目标。

从课程与教育关系维度来理解，“幼儿园课程是实现幼儿园教育目标的手段”，明确界定了幼儿园课程在幼儿园教育中的地位与作用，课程是教育的载体，是教育的下位概念；幼儿园教育是通过幼儿园课程对幼儿实施德、智、体、美、劳全面发展的教育，促进幼儿身心和谐发展。

延伸阅读

幼儿园课程的“做事说”

关于幼儿园课程概念的理解，可以将幼儿园课程中的“活动”理解为“做事”，或者说，“做事”本身就是一种“活动”，“做事说”可以作为幼儿园课程“经验活动说”取向的通俗说法。这样一来，便可以将幼儿园课程理解为让幼儿做事，不仅要让幼儿做具有挑战的事，力所能及的事，有趣味的事，有思维参与的事，能激发创造的事[①]，且要让幼儿愿意去做，主动去做，快乐去做，充实去做。前者涉及的是做事的性质，即做什么事；后者关注的是做事的状态，即怎样做事。

案例研讨

有一位教师慕名前往一家以自然教育课程为特色的幼儿园进行实地参访，该教师参访完该园的环境创设与活动组织后，现场请教该园园长：“×园长，您说的你们园的自然教育课程在哪里呢？”×园长听后，不知该如何回答这个问题。请结合所学习的幼儿园课程概念，分析该参访教师为什么在实地参访后，还会向该园园长提出这样的问题。

分析：案例所描述的该教师对幼儿园课程的理解显然是停留在“教材说”的层次，她是多么希望此时×园长递给她的是一本类似小学的教材，让她一翻阅便知道该园所谓的自然教育课程到底是长什么模样。其实，一踏进幼儿园的大门，你所见到的、听到的、心里能感受到的一切，便是幼儿园课程。

二、幼儿园课程的特点

幼儿园课程是为学前儿童专门设计与开发的课程，是实现幼儿园教育目标的手段。幼儿园课程的特点是由幼儿园教育的性质、幼儿期学习与发展特点等因素所决定的。

1. 全面性

幼儿园教育是促进幼儿全面发展的教育，是向下扎根的教育，是严禁给幼儿做“定向性发

① 虞永平.高质量发展背景下的课程、学习与教师发展[J].幼儿教育(教育教学)，2021(3)：7.

展”的片面教育。幼儿园课程是实现幼儿全面发展目标的中介，因此，幼儿园课程必须以实现幼儿在身体、认知、情感、个性、社会性等方面全面、和谐发展为目标。

全面性的特点体现在课程目标的制订上，应该包含“知识与经验、过程与方法、情感与态度”等内容；体现在课程内容的选择上，涵盖德、智、体、美、劳等“五育”内容；体现在课程实施上，应该具备手段、途径与方式方法上的丰富性与多样化；体现在课程活动类型上，应该包括集体教学、游戏活动、生活活动等各种活动形式。

2. 启蒙性

幼儿阶段是人生启蒙的阶段，也是人生发展的重要阶段。幼儿的认知发展特点，决定着幼儿所接受的教育是属于综合素质培养的启蒙教育。启蒙性是幼儿接受幼儿园教育的要求，即其所进行的课程学习难度是与该年龄段的能力水平相适宜的，在学习目标上不宜设定过高的要求，尤其不应追求过高的认知目标；在所学习的内容上应该是粗浅的、基础的，而非系统的、高深的学科知识体系。

这里应该特别强调的，一是幼儿通过课程活动所建构的知识经验是粗浅的、基本的，但“粗浅的、基本的”不等于“零散的、碎片化”，应充分考虑幼儿所建构的知识经验的内在逻辑性与有机整体性。二是在日益强调文化传承这一教育功能，强调文化自信的新时代背景下，幼儿园课程的启蒙性特点，责无旁贷地担当起对幼儿进行文化认同启蒙教育，在幼儿稚嫩的心田中播下文化自信的种子的使命。

3. 直接经验性

人类获得知识经验的最初来源便是参与的生产生活活动，人类的知识经验先是直接性的知识经验，而后才有了间接性的知识经验。幼儿在建构知识经验有复演人类知识经验建构的性质。现代儿童心理学研究也发现，“做中学、学中玩”，这是幼儿主导的学习方式，也是幼儿期典型的学习特点。幼儿园课程的直接经验性，意味着幼儿园课程的实施具有鲜明的“活动性”。对幼儿而言，可以说是“无活动，不学习”，有意义的学习是在活动中进行的，理解性的学习也是以直接经验为基础而进行的。

因而，在幼儿园课程活动中，应积极为幼儿创设与环境相互作用的各种具体活动及情境，让幼儿借助于具体的情境、具体的事物，在参与、探索和交往中学习。当然，有些课程内容与要求，如与幼儿生命安全与健康方面的知识经验，不适宜采用“直接感知、实际操作和亲身体验”这一学习方式。

4. 游戏性

游戏是学龄前儿童的主要活动方式。幼儿在游戏中是自由而快乐的、诗意而充实的。游戏是幼儿成长的需要，他们可以从游戏中获得成长所需的养分，体验生命存在的价值、寻找生命的意义。幼儿的游戏体验是否丰富、是否充分，是评量童年生活质量的重要指标。《规程》明确指出，幼儿园教育“以游戏为基本活动”。在幼儿园里，幼儿最喜欢的活动便是游戏活动。在幼儿园办园质量评估中，园所游戏开展质量是评估的重要项目，往往在整个办园质量评估体系占了较大的权重。

幼儿园课程的游戏性特点，意味着在幼儿园课程活动中，游戏活动时间在一日生活与学习中应占较大的比重，且应尽量彰显幼儿在游戏活动中的自主性。在非游戏活动类型的其他课程活动中，也应将“自由、自主、愉悦、创造”这一游戏精神渗透其中。

5. 生活性

幼儿的思维是感性的、直观的，幼儿周围的现实生活，便是幼儿可感知的、具体形象的学习内容，这样的学习内容与幼儿的思维特点相吻合，属于最有效的学习内容。因此，幼儿园课程的内容与现实生活距离越近，越能激发幼儿的学习兴趣，幼儿的学习也就越有效。在幼儿园课程中，生活既是幼儿学习的内容、学习途径，也是其学习目标。

就目标而言，幼儿需要在生活中了解和掌握一些生活必备的良好习惯和技能，如懂得按需饮水等。当然，幼儿需要掌握的这些生活技能，肯定是在生活活动这样的学习场景中去掌握的。可以说，生活是检验幼儿“学习效果”的最有效途径或方式，在生活活动中最能考验幼儿能否“学以致用”“用中增智”。如通过生活活动这样的途径，有时也会发现，幼儿在某一领域的学习出现了“知而不为”的现象。这其实是从生活活动这一途径，反观课程活动质量。对幼儿来讲，生活活动中蕴含着许多需要他们学习与掌握的内容。同样的，生活活动也为他们提供了将所学的内容加以运用实践的最好的机会。

当然，生活是整体的，幼儿在生活中的学习本身统整了“目标、内容与途径”，幼儿在生活中所生发的学习活动，从来都不是简单地可以归入某一领域的学习内容。比如饮水这样的生活活动，除了可以锻炼幼儿饮水技能，还可以培养幼儿有序排队、轮流或耐心等待等社会性发展方面的良好品质，也有可能涉及数学上“量的估计”，即容器的体积问题，也可能涉及科学领域，比如不同饮水杯子材质的差异比较等。

【观点讨论】

幼儿园一日生活中的“午餐、午睡、盥洗”等生活活动内容是否属于幼儿园课程？为什么？

6. 整合性

幼儿园课程的整合性，是由幼儿身心发展的水平和学习特点所决定的。幼儿是以“整个的”方式来认知周围世界，因而，在幼儿园课程活动中，提供给幼儿学习的内容也应是以“整个的”样貌加以呈现。即幼儿园课程的内容应是整合的，应尽可能使不同的课程内容产生联系。

尽管《幼儿园教育指导纲要（试行）》（以下简称《纲要》）将课程内容相对划分为“五个领域”，但《纲要》同时也明确指出，“各领域的内容要有机联系，相互渗透，注重综合性、趣味性、生活性，寓教育于生活、游戏之中”，从不同的角度促进幼儿的全面发展；教育活动的组织形式应根据需要合理安排，灵活运用；幼儿园要综合利用各种资源，扩展幼儿生活和学习的空间等，这些要求其实都体现了幼儿园课程整合性的特点。

三、幼儿园课程的要素

课程要素是课程组织的基本线索或脉络。[①] 在不同的课程观下，具体的课程要素是不一样的。比如，“学科说”的课程要素是教学内容、知识技能等，而“经验活动说”的课程要素则是活动主体、活动对象(客体)、活动方式、活动情境等。但通常而言，我们将课程目标、内容、实施与评价这四个要素视为课程的基本要素。

课程目标是指幼儿园课程要达到的预期结果。课程目标是课程活动的出发点与归宿，是选择课程内容、实施课程及评价课程的主要依据。

课程内容是指可以达成课程目标的教育经验。课程内容需要通过一定的方式进行组织。课程内容的选择与组织决定着幼儿园课程目标能否达成，也影响着幼儿园课程的实施方式。

课程实施是帮助幼儿获得有益的学习经验、达成课程目标的过程。课程实施的途径、方法及组织形式等既由课程目标和课程内容决定，同时也会影响课程目标的达成。

课程评价既要判断课程目标是否达成，同时也要监控课程目标确定、课程内容选择与组织及课程实施的全过程，以确保及时发现问题、及时调整课程，更好地促进幼儿的发展。因此，课程四要素之间是相互影响、相互作用的关系。

延伸阅读

何谓课程理念？

在讨论课程要素时，虽然课程理念不是幼儿园课程的独立要素，但它却弥散性地、深刻地影响着幼儿园课程各要素的状况。[②] 在幼儿园课程建设中，应重视正确的课程理念的梳理与确立工作，将正确的课程理念的确立作为幼儿园课程建设的起点，并以正确的课程理念来引领幼儿园课程编制工作，指导课程目标、内容、实施与评价四要素的开发与建构的过程。因而，有必要进一步认识何谓幼儿园课程理念。

如果从字面上来理解“理念”一词，“理”有理性、理想之意，“念”则是观念、信念。“理念”便是人们关于某一事物的理性认识，且被人作为一种信条或信念的方式而存在。课程理念就是课程设计者蕴含于课程之中，需要课程实施者付诸实践的教育教学信念，它是课程的灵魂和支点。[③] 课程的理念是对课程及其实践的更具体和细微的认识，是对课程实践具有具体指导意义的一些思想和观念。课程理念及其相应的实践，能真正彰显一种课程的价值和个性。不同的课程理念反映着不同学者对课程内涵观(课程是知识还是活动)、课程价值观(课

① 王春燕，王秀萍，秦元东.幼儿园课程论[M].杭州：浙江工商大学出版社，2018：47.
② 虞永平，原晋霞.幼儿园课程[M].北京：高等教育出版社，2014：31.
③ 虞永平，原晋霞.幼儿园课程[M].北京：高等教育出版社，2014：36.

程对幼儿发展的作用)、课程教学观(课程实施过程中教师的作用及其具体体现)、课程学习观(幼儿是怎样学习的)等不同的认识。

由于对课程概念理解不一,课程理念又分为“宏观、中观和微观”三个层面。“宏观层面”的课程理念,可以视同为“教育理念”或“办园理念”。如有的幼儿园提出“让爱伴随幼儿一生成长”“尊重天性,回归本真,整合发展”“在亲历中学习,在体验中生长,在建构中发展”“在自然中释放天性,在游戏中享受快乐,在探究中体验成长”“立生命之本,启智慧之端”“沐浴阳光,快乐奔跑,让孩子的成长看得见”等,这些课程理念已涉及儿童观、教育观、发展观与质量观。

“中观层面”的课程理念,往往是涉及某一课程领域或课程内涵的某一维度,如有的幼儿园提出“传承经典,润泽童心”,这样的课程理念适合于优秀传统文化启蒙教育课程;“以玩激趣,以美育人”比较适合艺术课程;而“主动探究,互动建构,多元整合,智慧创生”比较适合科学探究课程;“快乐玩,有效学”比较适合游戏课程。

“微观层面”的课程理念,往往涉及某一课程要素或课程内涵的某一维度,如有的幼儿园提出“以玩激趣,以趣导学,以学启思,以思促能”,这样的课程理念显然相对比较微观,主要涉及课程实施与课程目标。

课程理念是课程建设的指路明灯,它会影响课程建设的方向和质量。《纲要》和《3—6岁儿童学习与发展指南》(以下简称《指南》)反复强调的是:幼儿园课程的游戏化、生活化、体验化、整体化、过程化、情景化,其中,最核心的就是游戏化、生活化、经验化。

主题自测

一、选择题

1. 关于课程的定义,以下说法不正确的是(　　)

A. 课程的“学科或科目说”强调的是学校向学生传授学科知识体系。

B. 课程的“目标或计划说”把课程视为教学过程要达到的目标、教学的预期结果或教学的预先计划。

C. “课程的经验活动说”把课程视为学生在教师指导下所获得的经验或体验,以及学生自发获得的经验或体验。

D. 在实践中,“课程的经验活动说”较好操作。

2. 关于幼儿园课程概念的理解,以下说法不正确的是(　　)

A. 幼儿园课程是包含各种各样活动的。

B. 幼儿园课程应帮助幼儿获得有益的经验。

C. 幼儿园课程唯一目的是让幼儿在园快乐生活。

D. 幼儿园课程应该有助于幼儿获得身心全面发展。

3. 幼儿园课程具有经验性，所以(　　)

A. 在课程实施上应该体现手段、途径与方式方法上的丰富性与多样化。

B. 在幼儿园课程活动中，应积极为幼儿创设与环境相互作用的各种具体活动及情境，让幼儿借助于具体的情境、事物，在参与探索和交往中学习。

C. 幼儿园课程的内容选择要贴近幼儿的现实生活。

D. 从小对幼儿进行文化认同启蒙教育。

二、简答题

1. 简述幼儿园课程的内涵、特点。

2. 简述幼儿园课程的基本要素。

主题二　幼儿园课程目标

主题目标

1. 理解幼儿园课程目标的内涵和取向，了解幼儿园课程目标的来源。
2. 了解幼儿园课程目标的不同层次和结构，以及课程目标表述要求。
3. 能初步制订单元目标和具体教育活动目标。

内容脉络

- 幼儿园课程目标
  - 幼儿园课程目标内涵与来源
    - 幼儿园课程目标内涵
    - 幼儿园课程目标来源
  - 幼儿园课程目标取向
    - 行为目标
    - 生成性目标
    - 表现性目标
  - 幼儿园课程目标结构
    - 幼儿园课程目标结构
    - 幼儿园课程目标层次
  - 幼儿园课程目标表述
    - 幼儿园课程目标表述的性质
    - 幼儿园课程目标表述的角度
    - 幼儿园课程目标表述时应注意的问题

模块一　幼儿园课程目标内涵与来源

情境导入

有个教学活动是这样设计的：一只小猪在屋子里，有12只蚊子叮着它。这时，来了6只小羊，6只蚊子飞去叮小羊了，小猪数了数，自己身上还有6只蚊子。这时，又来了3只小狗，3只蚊子飞去叮小狗了。小猪想：现在我身上还有几只蚊子呢？如果我要让自己身上的蚊子再少一些，那应该让多少只动物到屋子里来？[①] 乍一看，如果是从课程整合理念，或是从符合幼儿兴趣的角度来考量，这样的活动设计是不错的。但是如果从课程价值来审视，这样的活动会在幼儿的内心植入什么经验呢？这个例子告诉我们，在设计与实施幼儿园课程时，除了考虑幼儿兴趣和活动内容的组织方式，还应更深入去考虑课程目标这一因素。

本模块主要围绕幼儿园课程目标及其相关知识展开阐述。

知识演绎

一、幼儿园课程目标内涵

幼儿园课程目标是幼儿园课程的“指南针”和“方向盘”。在课程中，目标处于核心位置，它既是课程设计的起点，也是课程设计的终点；它既是选择课程内容、课程组织方式和教学策略的依据，也是课程评价的标准。因此，课程设计的第一步，也是最关键的一步，就是制订课程目标。

在学习幼儿园课程目标的内涵时，我们得先厘清课程目标与教育目的、教育目标之间的层级关系。

---

① 朱家雄.幼儿园园本课程再议[J].教育导刊(幼儿教育)，2006(5)：4－6.

（一）教育目的

教育目的是指一个国家教育的总体方向，它所体现的是普遍的、总体的、终极的教育价值。它往往以教育方针的形式贯彻落实。如我国宪法规定："国家培养青年、少年、儿童在品德、智力、体质等方面全面发展。"这是我国学校教育的目的，普遍适用于各级各类学校教育。由于教育目的是总体性的、高度概括的，要确保教育目的得到正确的贯彻和落实，还需要根据各级各类学校的实际情况进行具体化，即制订各级各类学校具体的教育目标或培养目标。

延伸阅读

我国不同时期对教育目的的界定①

时间	文件	颁布单位	对教育目的的表述
1985 年	《关于教育体制改革的决定》	中共中央和国务院	所有人才都应该有理想、有道德、有文化、有纪律，热爱社会主义祖国和社会主义事业，具有为国家富强和人民富裕而艰苦奋斗的献身精神，都应该不断追求新知，具有实事求是、独立思考、勇于创造的科学精神。
1993 年	《中国教育改革和发展纲要》	国务院	培养德、智、体全面发展的建设者和接班人。
1995 年	《中华人民共和国教育法》	全国人民代表大会	教育必须为社会主义现代化建设服务，必须与生产劳动相结合，培养德、智、体等方面全面发展的社会主义事业的建设者和接班人。
2012 年	《坚定不移沿着中国特色社会主义道路前进 为全面建成小康社会而奋斗》	中共第十八次代表大会	要坚持教育优先发展，全面贯彻党的教育方针，坚持教育为社会主义现代化建设服务、为人民服务，把立德树人作为教育的根本任务，培养德智体美全面发展的社会主义建设者和接班人。全面实施素质教育，深化教育领域综合改革，着力提高教育质量，培养学生社会责任感、创新精神、实践能力。
2014 年	《教育部关于全面深化课程改革，落实立德树人根本任务的意见》	教育部	要根据学生的成长规律和社会对人才的需求，把对学生德智体美全面发展总体要求和社会主义核心价值观的有关内容具体化、细化，深入回答"培养什么人，怎样培养人"的问题。
2015 年	《中华人民共和国教育法(2015 修正版)》	全国人民代表大会	教育必须为社会主义现代化建设服务、为人民服务，必须与生产劳动和社会实践相结合，培养德智体美等方面全面发展的社会主义建设者和接班人。教育应当坚持立德树人，对受教育者加强社会主义核心价值观教育，增强受教育者的社会责任感、创新精神和实践能力。

由上表可见，我国不同时期对教育目的的表述不完全一致，但都提出，所培养的人要为国家、建设、现代化等服务。党的十八大报告把"立德树人"作为教育的根本任务，《中华人民共和国教育法》(2015 修正版)也再次提到教育应当坚持立德树人，对受教育者要加强社会主义核心价值观教育，增强受教育者的社会责任感、创新精神和实践能力。对于教育目的的表述，从最

① 康琪，丁邦平.关于教育目的与教育目标、教学和课程目标关系的再思考[J].北京教育学院学报，2016(2)：39－46.

初的为社会主义建设服务的外在要求，逐渐开始关注人的自身发展——立德树人、发展学生核心素养的要求，体现了我国在关于“培养什么人、怎样培养人”的教育目的的认识上更加关注学生个体的发展。

（二）教育目标

教育目标是教育目的的下位概念，是指在各级各类学校和各个学段应具体达到的人才培养要求，是教育目的在各级各类学校中的具体化，如幼儿园教育目标、高等教育培养目标等。教育目标一般由国家教育行政部门来制定。

2016 年颁布的《规程》中规定，我国幼儿园教育的目标是“贯彻国家的教育方针，按照保育与教育相结合的原则，遵循幼儿身心发展特点和规律，实施德、智、体、美等方面全面发展的教育，促进幼儿身心和谐发展”，并对幼儿园德、智、体、美各方面教育的具体目标做了详细规定。这是幼儿园在确定课程目标时不能违背的基本原则，也是幼儿园在确定课程目标时必须考虑的第一个层次。由于教育目标或培养目标通常不涉及具体的学习领域，具有普遍性和概括性，因此，在具体的实施过程中，需要转化为更为具体的课程目标。

（三）课程目标

课程目标是教育目标的下位概念，是根据教育目的和教育规律而提出的课程具体价值和任务指标，在课程中处于核心位置。

幼儿园课程目标是对幼儿在一定学习期限内的学习效果的预期，是幼儿园教育目标的具体化。我国在 2001 年颁布的《纲要》中，把幼儿园课程分为健康、社会、语言、科学与艺术五大领域，各领域有明确的目标。如科学领域的目标为：对周围的事物、现象感兴趣，有好奇心和求知欲；能运用各种感官，动手动脑，探究问题；能用适当的方式表达、交流探索的过程和结果；能从生活和游戏中感受事物的数量关系并体验到数学的重要和有趣；爱护动植物，关心周围环境，亲近大自然，珍惜自然资源，有初步的环保意识。

《纲要》所提出的领域目标更多地指向幼儿的一般发展，是介于抽象的“教育目标”和具体的“幼儿园课程目标”之间的中间层次的目标，它既是教育目标的具体化，又对幼儿园课程目标的确定起着指导作用。应当说，领域目标依然是笼统而概括的，幼儿园必须制订出具体的、处于下一个层次的操作性课程目标，才能直接指导自己的课程实施过程。①

综上可知，课程目标与教育目的、教育目标是有内在联系的。从教育目的到教育目标再到课程目标，是从宏观到中观再到微观，也即从概括到具体的过程。在教育系统中，教育目的、教育目标、课程目标构成了一个有机整体，其实质都是对教育所期望的成果的一种表述。

---

① 吴荔红.浅论幼儿园课程目标的确定[J].学前教育研究，2007(3)：37－39.

延伸阅读

课程目标与教育目标比较[①]

当采用课程的广义定义时，课程目标与教育目标实质上是一回事，都是教育目的的具体化，只是把他们放到了教育科学的不同范畴加以讨论，冠以不同的名称而已。

从目标的角度来比较，课程目标与教育目标在具体化过程中都可以分解成相应的不同层次的目标，彼此之间存在着一致性(详见表2-2)。

表2-2　教育目标与课程目标的一致性比较

教育目标	课程目标
幼儿园教育目标	幼儿园课程长远目标
幼儿园年龄班的教育目标	幼儿园课程中期目标
学期的教育目标	幼儿园课程中期目标
月(周)计划的教育目标	幼儿园课程近期目标
一日生活，或一个活动的教育目标	具体教育活动的目标

从内容角度进行比较，课程目标可能比教育目标划分得更细致。如幼儿园课程内容可划分为五个领域，即健康、语言、科学、社会、艺术。再具体一些可以划分为若干学习范畴，如日常生活、体能锻炼、语言等。

教育目标一般从教师教育的角度表述，而课程目标可以从两个角度去表述：一是从教师的教育出发，表述期望通过教育活动帮助幼儿获得的学习成果；二是从幼儿的学习出发，指出幼儿在学习以后知道的和能够做到的。

二、幼儿园课程目标来源

一般认为儿童发展、社会生活和人类知识是制订课程目标的依据，同时也是课程目标的来源。因此，要科学地制订幼儿园课程目标，就必须研究幼儿、研究社会、研究学科，从研究信息中寻求支持。

(一) 对幼儿的研究

幼儿园课程最根本目的是促进儿童的发展。课程应以儿童的成长、发展为先，最大限度地满足儿童发展的需要，注重儿童发展阶段的价值是其应有的特点。[②]

---

① 李季湄.幼儿教育学基础[M].北京：北京师范大学出版社，1999：8.

② 王春燕.中国学前课程百年发展、变革的历史与思考[D].南京：南京师范大学，2003：13.

幼儿园课程目标是对幼儿在一定期限内的预期的学习效果，即发展状况的期望。为了建立合理的期望，就必须研究幼儿，了解他们的身心发展规律，尤其要关注他们的发展需要。这里所谓的发展需要，指的是“理想的发展”与“现实的发展”之间的距离，即“应该或能够是怎样的”和“实际是怎样的”之间的差距。前者可以从学习儿童发展心理学的知识中获得，后者可通过实际观察幼儿的身体动作、认知、情感及社会性等方面的表现来分析得出。比较实际的发展水平与理想的发展水平，可明确幼儿的发展现状、潜力与发展前景，确立一定阶段幼儿可能达到的水平及个别差异，发现教育上的需要，这样就可以对幼儿建立合理期望，从而确立什么目标是适宜的，什么目标是不适宜的。①

2012 年颁布的《指南》，通过提出 3—6 岁各年龄段儿童学习与发展目标和相应的教育建议，帮助幼儿园教师和家长了解 3—6 岁幼儿学习与发展基本规律和特点，建立对幼儿发展的合理期望，实施科学保育和教育，让幼儿度过快乐而有意义的童年。如在《指南》中提出了“具有一定的适应能力”“具有一定的力量和耐力”“手的动作灵活协调”等目标，意在引导教师和家长重视幼儿的体质、体能、动手能力等，这显然是针对当前幼儿体质下降、运动量不足、运动能力和动手能力较差的现状而提出的。

（二）对社会的研究

幼儿园课程的基本职能之一是使幼儿在度过童年的同时，为适应未来的社会生活做好准备。因此，在考虑幼儿园课程目标时必须研究社会对儿童成长的期望和要求。

社会对儿童成长的期望和要求，既直接反映在政府的教育制度、方针、法规和各种有关的政策文件中，也体现在社会经济、政治和文化的发展中，还反映在家庭的教育理念和教育要求中。理解各种政策法规，尊重家长的合理要求，把握社会生活的变化，以此为基础制订课程目标，可以提高幼儿园教育的社会适应性，培养出既符合社会需要，又能因主动适应社会而培养出成功、自主和自信的人。②

当今社会要求人民具有“文化自信”和“民族精神”，但在全球化的潮流下，西方文化有形无形地渗透到幼儿生活的各个领域，对此，教师应当具有培养“现代中国人”意识，明确社会需求与幼儿现有社会经验之间的差距，将社会合理需求纳入课程目标，弥补社会生活对幼儿发展的不利影响，促进幼儿向社会期待的方向发展。

---

① 冯晓霞.幼儿园课程[M].北京：北京师范大学出版社，2001：27.

② 刘立民.幼儿园课程概论[M].大连：大连理工大学出版社，2021：11.

延伸阅读

四种基本学习[①]

1996 年，颇具权威的未来教育研究机构“国际 21 世纪教育委员会”在向联合国教科文组织提交的名为《教育——财富蕴藏其中》的报告中，明确提出面对未来社会的发展，教育必须围绕四种基本的学习来重新设计、组织。报告将这四种基本学习称为“教育的四大支柱”，也是“每个人一生的知识支柱”。它们是：学会认知，即掌握认识世界的工具；学会做事，即学会在一定环境中工作；学会共同生活，重点是培养合作精神；学会生存，在今天意味着学会发展自己，因为生存不仅是“活着”，而且是“有尊严地生活和工作着”。这四种基本学习，无疑也可以看成是面向 21 世纪的课程的基本目标。

我国基础教育阶段提出的三个“学会”——学会生活、学会学习、学会做人的思想与之是基本一致的。

（三）对学科知识的研究

教育的本质在于传承人类文化，学校课程要传递其他社会经验难以获得的知识，而学科是知识的最主要支柱。与确定课程目标联系最密切的是学科功能方面的信息。学科功能包括两个方面：一是这门学科本身的特殊功能，二是这门学科所能起到的一般的教育功能。如果我们关注的是学科知识的特殊功能，就必然会导致在教育活动中将儿童引向学科的专门学习与研究的方向，进而强调学科知识的严密性。如果我们关注的是学科知识的一般教育功能，那么课程设计者会更加关注学科知识对于儿童的一般发展价值。

幼儿的年龄特点和幼儿教育的性质，决定了幼儿园课程注重的是学科知识的一般发展价值，课程设计者所关心的应该是“该学科领域与幼儿的身心发展有什么关系，它能促进幼儿哪些方面的发展”[②]。《指南》与《纲要》将健康、语言、社会、科学、艺术五个领域作为课程内容，这五个领域既是幼儿最基本、最重要的学习领域，也是幼儿发展最基本、最重要的方面。幼儿通过在这些领域的学习，将获得身体的、语言的、社会的、认知的、美感与表现等各方面的发展。[③]

---

① 联合国教科文组织.教育——财富蕴藏其中[M].北京：教育科学出版社，1996：75－87.

② 冯晓霞.幼儿园课程[M].北京：北京师范大学出版社，2001：29.

③ 李季湄.《3—6 岁儿童学习与发展指南》解读[M].北京：人民教育出版社，2013：27.

延伸阅读

四类基本知识

世界经济合作与发展组织将知识分为四种类型。

知事类(know what)知识，即知道是什么的知识——有关事实的知识。

知因类(know why)知识，即知道为什么的知识——自然原理和规律方面的科学理论。

知能类(know how)知识，即知道怎么做的知识——技术和窍门方面的知识。

知人类(know who)知识，即知道是谁的知识——人力资源方面的知识。

学习者的需要、当代社会生活的需求、学科的发展这三个方面成为课程编制的基本维度。对这三个基本维度关系的不同认识集中反映了不同的教育价值观，由此产生“儿童本位课程”“社会本位课程”“学科本位课程”等典型的课程观及其他折中性质的课程观。课程编制者只有通过研究三个来源，即明确当前幼儿的需要、当今社会生活的需要及各学习领域的需要，明确本园的课程观，把幼儿个体发展的需要和社会发展的需要以及各领域知识发展的现实结合起来，才能制订出一个既符合儿童和社会发展的需要，又能体现尊重儿童和促进其发展，且内容具体明确的课程目标体系。

延伸阅读

儿童本位论 VS 社会本位论

幼儿园课程应该满足社会需求还是个人需求，这一直是个争论不休的话题。众多观点归纳起来，即社会本位论与个人本位论。

社会本位论：儿童是社会的财富，是未来的劳动力。社会是最为根本的，社会的价值是绝对的，课程应当体现与满足社会的需要。儿童个人需要的满足必须以社会需要为目的，因为儿童是特殊的，是隶属于社会、依存于社会的。而社会则是普遍的、根本的、永恒的。根据儿童个人需要的兴趣考虑课程是无意义的，必须根据社会的需要、利益来考虑课程。

儿童本位论：儿童个人的存在与发展才是根本，离开具体的个人，社会就成为抽象的社会，社会的发展必须建立在儿童个人发展的基础上，因此强调课程对于儿童及个体的发展作用，满足儿童的各种需要，尊重儿童的各种权利就成了课程的出发点。课程内容的选择、课程的实施安排都应当谋求儿童个人的最大发展的需要及可能性。

理想的课程，应当在社会发展需要与儿童发展需求之间找到一种平衡。

案例研讨

当下，为了迎合家长需要，不少幼儿园将识字、拼音等作为幼儿园的课程，纳入幼儿园课程目标，对此你怎么看？

分析：我们认为，幼儿园课程目标要综合考虑社会、幼儿及学科三者的需要。识字和拼音的确是幼儿适应社会需要学习的内容，也是学习语言学科需要的基础知识，通过机械记忆、重复练习的方式幼儿也可以学会以上内容。但是3—6岁幼儿的学习特点与发展水平决定，识字、拼音等抽象的内容是不适宜幼儿学习的，其学习所付出的代价与收获是不平衡的，从长远发展来看，甚至可以说是不利于幼儿发展的。因此，将识字、拼音等小学阶段学习内容纳入幼儿园课程目标的做法是不科学的。

模块二　幼儿园课程目标取向

情境导入

在一次研讨会上，教师们就如何制订美术活动目标产生了争论。有的教师认为，教育活动目标应该要描述幼儿在活动后达到预期的“学习结果”，因而宜将美术活动目标表述为如“会画螺旋线”；而有的教师认为，教育活动目标是明确幼儿将在活动中“做些什么”，如“能选择合适工具自主作画”；也有教师认为，美术活动目标只要描述幼儿的“学习情境”即可，如“能根据自己的想法，大胆表现出心目中的幼儿园”。对此你怎么看？

本模块主要围绕幼儿园课程目标取向及其相关知识展开相应的阐述。

知识演绎

一、行为目标

课程目标是一定的教育价值观或教育目的在课程领域的具体化，课程目标总是体现着一定的价值取向。对儿童发展、社会需求和知识性质三者之间关系的不同理解，呈现出幼儿园课程目标不同价值取向。这种“取向”主要指课程目标所采用的形式或类型，而不是指目标的实质内容。

行为目标是以儿童具体的、可被观察的行为为考察对象的课程目标，明确指向课程结束后幼儿身上所发生的行为变化。其基本特点在于：目标的精确性、具体性、可操作性。

美国著名教育家拉尔夫·泰勒(R.W.Tyler)在1949年发表《课程与教学的基本原理》一书后，学者们受其影响，在许多课程文献里，课程目标与行为目标一度几乎成了同义词。泰勒指出，有效的陈述目标的形式，是“既指出要使儿童形成的那种行为，又言明这种行为能在其中运用的生活领域或内容”[①]。“行为”是指要求儿童表现出来的行为，“内容”是指这种行为所适用的领域，这样就可以明确教育的职责。泰勒对课程目标的贡献集中于强调以行为方式来陈述目标，正是在这个意义上，人们把他称为“行为目标之父”[②]。

行为目标的表述一般包含四个要素：行为主体、行为动词、行为条件和行为表现程度，简称 ABCD 型式。① 行为主体，即教学活动中的学习者。② 行为动词，即用以描述预期幼儿形成的可观察、可测量的具体行为，如“辨认出”“指出”等。③ 行为条件，即幼儿产生预期行为的特定情境或方式，如“在教师的提醒下，能……”。④ 行为表现程度，即幼儿达成的目标最低表现水准，用以评价幼儿的学习表现或学习结果所到达的程度，如“能准确地……”“能完整……”。

行为目标克服了目标模糊性的缺陷，在课程领域科学化的历程中做出了积极贡献：① 由于行为目标具有精确性、具体性、可操作性的特点，当教师能将课程内容以行为目标的形式陈述的时候，他们对教学任务会更加清楚明了，便于有效控制教学过程；② 行为目标便于教师就教学内容准确地与教育督导、儿童家长、儿童展开交流；③ 行为目标便于准确评价，因为它以具体的形式呈现，所以很容易判断目标是否达成。总之，行为目标对于基础知识和技能的熟练掌握，对于保证一些相对简单的教育目标的达成是有益的。

但是，行为目标越来越细化、越来越精确化，也容易导致一些偏差。如，有些教师只见目标不见儿童的个性，使这些目标或固定的标准成了“人的身、心和精神充分发展的敌人”。另外，人的许多高级心理素质（如价值观、情感、审美经验等）是很难用外显的、可观察的行为来预先具体化的。同时，动态的教学过程是一个由多因素构成的、不断发展变化的复杂系统，不可能完全循着预设的“轨道”按部就班地展开，教学的结果不可能完全是“预料之中”的，教师也不能对教学过程中的新情况、新问题、学生的新要求等“熟视无睹”。[③]

概言之，行为目标有其特定的价值取向及适用对象不足之处。因而，在课程目标取向发展过程中，还诞生了生成性目标和表现性目标两种不同目标表述取向。

二、生成性目标

生成性目标，也称“过程展开性目标”“形成性目标”或“展开性目标”，是非预设性的（不是课程编制者和教师所强加的），是在教育情境中随着教育过程的展开而自然生成的课程目标，表述的是幼儿在教育过程中要做些什么，展示的是教育过程中幼儿的学习行为。如“乐意运用多种感官感知周围的现象”“尝试用适当的方法表达自己的探索过程”。生成性目标描述的是“学习行为”，即“做些什么”；而大家所熟知的“行为目标”，其描述的是“学习结

① 拉尔夫·泰勒.课程与教学的基本原理[M].罗康，张阅，译.北京：中国轻工业出版社，2014.

② 王春燕，王秀萍，秦元东.幼儿园课程论[M].杭州：浙江工商大学出版社，2018：20.

③ 范蔚.三类教学目标的实践意义及实现策略[J].教育科学研究，2009(1)：49－52.

果”，即“达到了什么”。行为目标是一种“结果性”的预设，生成性目标是一种“过程性”的期待。[①]

生成性目标的根本特点是过程性。生成性目标的表述自然不会在预先的活动设计中明确表述出来，但是为了体现教师的目标动态观，以及促使教师在活动中关注预设目标以外的价值，在表述活动目标时，教师就要留有空间，那就是少用规定性的词汇，如“学会”“掌握”“记住”“说出”等，而多用“愿意”“乐意”“了解”“尝试”等这类过程性的词汇。后一类词汇可以让教师在实施课程的过程中始终处于一种反思、观察、审视和调整的状态，时刻关注幼儿在与教育情境的相互作用中生成的目标，而不是检验目标与结果的一致性。[②]

生成性目标的提出符合真实而动态的教育实际。意大利“瑞吉欧”幼儿教育体系、美国“项目活动”等都是典型的以生成性目标为取向的课程。这些课程较少带有预设的痕迹，课程实施的过程能比较充分地发挥儿童的主体性。同时，秉持生成性目标取向，教师需要有很高的教育机智，会观察、分析儿童的行为，会与儿童进行有意义的对话，会利用环境和材料引导儿童的发展。近年来，生成性的主题课程在我国幼儿园发展迅速，越来越多的教师在活动中尝试用生成性目标来组织课程。

生成性目标在理论上似乎比较完美，在教育实践中却有一定难度。因为生成性目标的实施需要教师有扎实的理论功底和丰富的实践经验。另外，由于幼儿自身的兴趣和需要是动态的、随时变化的，幼儿生成的活动也是随机发生的，因此，生成性目标取向往往会使教育活动的目标导向缺乏计划性、系统性和有序性。

延伸阅读

生成性目标关照下的游戏活动目标拟定[③]

对于创造性游戏来说，由于游戏活动本身的低结构性特点，游戏活动的走向与所呈现的形态具有较大的开放性，这也就意味着幼儿在游戏活动中所获得的有益经验，同样也具有较大的宽泛性。游戏所带给幼儿的发展价值蕴含在活动过程之中，难以如高结构的集体教学活动那样予以明确预估。而且，在创造性游戏活动计划的制订中，如果要求将游戏目标予以预先明确，则极易导致教师因受既定目标的影响，在对幼儿游戏活动过程的观察与指导中，不自觉地以游戏目标为中心，对幼儿游戏进行过多目的性干预，从而忽略了游戏过程。

因而，在创造性游戏活动计划的基本要素中，建议不出现游戏目标这一要素，如果一定要撰写游戏活动目标，主张撰写阶段性游戏活动目标，即该目标是近期一段时间内拟达到的预期的游戏活动效果，这个阶段性游戏活动目标所表明的是近阶段游戏活动预期走向与效

① 吴振东.幼儿园课程与实践新述[M].福州：福建教育出版社，2022：32.

② 高敬.过程取向下的幼儿园课程目标解读[J].幼儿教育(教育科学)，2009(9)：18－20.

③ 吴振东.幼儿教师教育技能10项修炼[M].福州：福建人民教育出版社，2019：22.

果努力的方向，而非某一具体游戏活动的目标；或是对所撰写阶段性游戏活动目标持比较宽泛的理解，即表示游戏活动的方向而非在本活动中非实现不可的预期目标。该既定活动目标可以根据实际情况而调整，而不是教师指导幼儿游戏时的一种无形的负担。生成性目标主张游戏活动后，教师再对该游戏活动价值进行分析，并以类似目标表述的方式予以呈现。

三、表现性目标

表现性目标是指儿童在具体的教育情境的种种“境遇”中所产生的个性化表现，而这种个性化的表现是无法准确预知的，但它对幼儿个性的充分展示和发展又是有益的。表现性目标不是规定儿童在完成一项或多项学习活动后准备获得的行为，而是描述教育中的“学习境遇”，即指明儿童将在其中作业的情境、将要处理的问题、将要从事的活动任务。如对于一次参观海底世界的活动，如果从表现性目标的角度来设计，那么教师给出的活动目标是这样表述的：“讨论海底世界有趣的事情”或“表达对海底世界的喜爱”等；而如果是从行为目标的维度来编拟，则该教师所编拟的活动目标是“（幼儿）能够说出海底世界中（三种以上）鱼的种类”。

表现性目标所期盼的“结果”是多元的、开放的、个性化的；而行为目标所期盼的“结果”是封闭的、共性的。在课程实践中，表现性目标在一些欣赏活动、艺术创编活动或复杂的智力活动中体现得比较多，它对教师专业素质和能力有比较高的要求。① 除此，表现性目标比较适合表述中长期目标，也可以表述情感态度类的目标。一般用这样的句式：解释……的意义，考察……的意义，讨论……的过程等。

表现性目标由美国课程学者埃利奥特·W. 艾斯纳(E.W. Eisner)提出，其用意并非替代其他类型课程目标，而在于完善课程目标，从而使不同的学科、不同的学习活动有更为适合的目标，最终体现对儿童主体的尊重，表现出对“解放理性”的追求。其给一线教师的启示，一是应以更开放的视角看待幼儿在学习活动中个性化的表现，通过生成性目标与表现性目标这种表述思路，更进一步将因材施教落到实处；二是不同学习活动领域的课程目标应采用不同的表述方式，如对于知识、技能领域的学习比较适宜采用行为目标，而在一些习惯养成、情感态度培养，以及旨在培养幼儿创造力、个性化发展方面，则较适宜采用生成性目标与表现性目标。②

但是，表现性目标过于模糊，缺少明确的指向性和预设性，导致课程实施者无法很好领会和展开，难以发挥课程设计和实施的指南作用；对于某些重要学习经验，难以保证受教育者掌握必须掌握的内容。③

① 吴振东.幼儿园课程与实践新述[M].福州：福建教育出版社，2022：33.

② 吴振东.幼儿园课程与实践新述[M].福州：福建教育出版社，2022：34.

③ 杨晓萍，何孔潮，杨雄.幼儿园课程理论与实践[M].重庆：西南大学出版社，2021：31.

表 2-3 行为目标、生成性目标和表现性目标比较

类型	行为目标	生成性目标	表现性目标
特点	具体、可操作	过程性	追求个体反应的首创性
描述内容	学习结果:达到了什么?	学习行为:做些什么?	学习情境:遇到什么?
价值取向	技术理性	实践理性	解放理性
例子	会称呼自己的爸爸妈妈;会说出爸爸妈妈的工作及常做的事	了解自己的爸爸妈妈	参与讨论,表达自己对爸爸妈妈的认识

应该说,从行为目标取向发展到生成性目标取向,再到表现性目标取向,体现了课程发展对人的主体价值和个性解放的追求,反映了时代精神的发展方向。但是,这并不是说后者可以取代前者。每一种目标取向都有其存在的价值。如果课程的重点放在基本知识和基本技能上,行为目标比较有效;如果课程的重点放在培养受教育者解决问题的能力上,生成性目标比较有效;若要培养儿童创造性精神,表现性目标的形式较为合适。① 在幼儿园课程编制中,可以兼容并蓄各种课程目标取向,根据课程重点选择合适的目标取向,扬长避短,为达成学前教育的目标服务。

案例研讨

以下两个大班想象画"母鸡萝丝去散步"的活动目标,您认为哪个更优?

案例 1:大班想象画"母鸡萝丝去散步"

(1) 初步学习根据故事内容创作简单的情节画。

(2) 学会把几样事物恰当地组合在同一画面上表现故事情节。

案例 2:大班想象画"母鸡萝丝去散步"

(1) 通过观察与讨论,尝试运用改变头和身体方向的方法表现狐狸的不同动态。

(2) 乐意进行大胆地想象,尝试续编故事情节并用绘画的形式表现出来。

分析:幼儿园美术教育的目的在于获得知识、技能,以传承人类优秀的美术文化,还是着眼于为培养"完整儿童"服务。两个活动目标案例,对这个问题作出了截然不同的回答。案例 1 活动目标内容聚焦于美术本身知识和技能学习,即以美术为本位,以教育为手段,对幼儿传授美术知识和技能,以发展和延续美术文化,持的是"美术教育本质论"观点。案例 2 活动目标内容则在美术活动中融合了观察、讨论、想象与创造等儿童一般能力的发展目标,即美术是手段,教育为目的,通过艺术来教育人,以促进人的全面发展为最终目的,持的是"美术教育工具论"观点。鉴于幼儿教育阶段教育目的和幼儿发展特点,案例 2 所体现的教育价值为取向的美术教育活动目标,指向于幼儿完整发展,一般情况下看来更符合当前课改理念。

① 施良方.简论课程目标的三种取向[J].课程·教材·教法,1995(6):60-62.

延伸阅读

课程的价值取向:工具理性、实践理性与解放理性①

从20世纪课程研究的分离独立到现在,课程研究领域在现代主义科学发展、后现代主义思想等的影响下,经历着三种价值取向:工具理性、实践理性和解放理性。

"工具理性",也称为"科技理性""技术理性",是通过"合规律的行为而对环境加以控制的人类基本兴趣,它指向环境的控制和管理,其核心是'控制'"。"工具理性"是泰勒原理的深层价值取向。泰勒原理力图有效控制课程开发过程,使课程开发过程成为一种理性化、科学化的过程,为课程开发提供一种普适性程序。在"工具理性"指引下,课程开发过程变成了一种普适性、划一性的模式,这样课程开发过程中的创造性不见了,全国各地都是统一模式,没有因地制宜,并且在课程开发中没有体现教师、学生主体价值,没有根据教师、学生的实际情况提出相应课程。

"实践理性"是建立在对意义的"一致性解释"的基础上,通过与环境的相互作用而理解环境的人类基本理性,其核心是"理解",它注重人与世界的相互作用的过程。与"工具理性"相比,在"实践理性"下,儿童不再仅仅是一个没有多大实在意义的桥梁与中介,不再只是受控制的对象,其主体性得到了较大的尊重和提升,能发挥自身主动性。儿童在理解具体情境过程中参与课程创设,在实践中丰富自身经验,获得对自身价值的理解,这就大大地提高了儿童阶段的存在价值。但是在"实践理性"下,儿童只是被部分地理解,儿童的本真内涵与意义只是被或真或假、或是或非地不清楚地理解着,没有如其本来面目地理解而达到其"应然"状态。

"解放理性"是"人类对解放(emancipation)权力赋予的基本兴趣。这类兴趣使人们通过人类社会的社会结构的可靠性,批判性的洞察从而自主行动",其核心是对主体给予"权力"。在"解放理性"下,课程失去了普适性、确定性、控制性、线性和序列性等现代主义课程的特征,而更加突出其非确定性、非线性和多元概览等特性,教师与儿童真正成为课程的主体。儿童不再只是被动地充当走向成人生活的过渡、媒介和桥梁,不再是"教师工人们"的工具、原料、被加工品和容器。在此理性下,儿童摆脱了作为"完美成人生活"的附庸的地位,其主体性、创生性在教育情境中得到了充分发挥。他们通过对课程的自我创生与理解,着眼点不在于成人生活或"达成一致",而是自主、生长与独立,是自身的释放与解放。

① 嵇辉.三种理性下的儿童阶段存在价值观的嬗变[J].四川教育学院学报,2024(12):90-91.

模块三　幼儿园课程目标结构

情境导入

《纲要》《规程》《指南》等学前教育重要文件颁布后，全国各地幼儿园掀起一股学习新文件的热潮。作为幼儿教师，为什么不仅要了解“微观”的目标，如一次具体教育活动目标，还要了解“宏观”的教育目标，如《纲要》里规定的各领域课程日标？具体的、可操作层面的目标与概括的、宏观的目标之间有何关系？

本模块主要围绕幼儿园课程目标结构及其相关知识展开相应的阐述。

知识演绎

一、幼儿园课程目标结构

幼儿园课程目标的体系主要有两种：一是以学习内容领域为结构框架的目标体系，如《纲要》所提出的“五大领域的课程目标”；二是以儿童发展领域为结构框架的目标体系，如将儿童发展按“知觉与动作发展、认知发展、社会与情绪发展和语言发展”。这两种目标体系表达方式不一样，但其实质是一样的。两种不同课程目标体系，横向分析，指向幼儿园课程目标的结构；纵向分析，指向幼儿园课程目标的层次。

美国著名教育心理学家本杰明·布卢姆(B. Bloom)等人曾以儿童身心发展的整体结构为框架，为教育目标的建立提供了一个比较规范、清晰的形式标准，把教育目标分为认知、情感、动作技能三大领域。每一领域又按其性质由易到难、由简到繁、由低级到高级分为若干层次(详见表 2 - 4 至表2 - 6)。布卢姆等人的教育目标分类学标准体现了对儿童全面发展价值的关注。

（一）认知领域目标

表 2－4　认知领域的目标

知识	指对学习过的知识材料的记忆。它包括具体的知识，即术语的知识和具体事实的知识；处理具体事物的方式方法的知识；学习领域中的普通原理和抽象概念的知识。这是最低水平的认知学习结果，其所要求的心理过程主要是记忆。
领会	指理解所传授的知识和信息的能力，一般可借助转化、解释和推断三种形式来完成。转化：用自己觉得有意义的话语来组织表达所传授的内容和知识。解释：对所交流的信息进行解释和说明。推断：通过目前的知识去推测未来的状况。领会超越了单纯的记忆，代表最低水平的理解。
运用	指能将习得的材料应用于新的具体情境，包括概念、规则、方法、规律和理论的应用。运用代表较高水平的理解。
分析	指把复杂的材料分解成各个组成部分，以便弄清各种观念的有关层次，或者弄清所表达的各种观念之间的关系。分析代表了比运用更高级的智能水平，因为它既要理解材料的内容，又要理解其结构。
综合	指把各种要素和组成部分组成一个整体，包括发表一篇内容独特的演说或文章，拟订一项操作计划或概括出一套抽象关系。它所强调的是创造能力，需要产生新的模式或结构。
评价	指对材料作价值判断的能力，包括按材料内在的标准（如组织）或外在的标准（如与目的的适当性）进行价值判断。这是最高水平认知学习结果，因为它要求超越原先的学习内容，并需要基于明确标准的价值判断。

（二）情感领域目标

表 2－5　情感领域的目标

接受（注意）	是指学生愿意注意特殊对象或刺激。从教师方面来看，其任务是指引和维持学生的注意。学习结果包括从意识一事物的存在的简单注意到选择性注意。它是最低级的价值内化水平。
反应	指学生主动参与。处在这一水平的学生，不仅注意某种现象，而且以某种方式对它作出反应（如自愿读规定范围以外的材料），以及反应的满足（如以愉快的心情阅读）。这类目标与教师通常所说的“兴趣”类似，强调对特殊活动的选择与满足。
价值判断（评价）	指用一定的标准对特定对象、行为或事物进行判断，自发地表现出某种兴趣和关注。它包括接受某种价值标准（如愿意改进与团体交往的技能），偏爱某种价值标准和为某种价值标准做奉献（如为发挥集体的有效作用而承担义务）。幼儿在这一阶段的行为表现出一致性和稳定性，与教师通常所说的“态度”和“欣赏”类似。
组织	指将许多不同的价值标准组合在一起，克服它们之间的矛盾、冲突，并开始建立内在一致的价值体系。重点是将许多价值标准进行比较、关联和系统化。学习的结果可能涉及某一价值系统的组织。与人生哲学有关的教学目标属于这一级水平。
价值与价值体系的个性化	指价值观和价值系统已经形成稳定的、具有个人特点的价值体系。其行为是普遍的、一致的和可以预期的。这一水平的学习结果包括范围广泛的活动，最强调学生行为的典型性和性格化。这一等级中各个价值观的层级已经确定，它们处于一种内在和谐状态。

（三）动作技能领域目标

表 2-6　动作技能领域的目标

知觉	指运用感官去获得与动作技能有关的信息。
定向	指对稳定的活动的准备，包括心理定向（心理准备）、生理定向（生理准备）、情绪准备（愿意活动）。知觉是其先决条件。
有指导的反应	指复杂动作技能学习的早期阶段，包括模仿和尝试错误。通过教师或一套适当的标准可判断操作的适当性。
机械动作	指学习者的反应已成为习惯，能以某种熟练和自信水平完成动作。这一阶段的学习结果涉及各种形式的操作技能，但动作模式并不复杂。
复杂的外显反应	包含复杂动作模式的熟练动作操作，操作的熟练性以迅速、连贯、精确进而轻松为指标。
适应	指技能的高度发展水平，学生能修正自己的动作模式以适应特殊的装置或满足具体情境的需要。
创新	指创造新的动作模式以适合具体情境。它强调以高度发展的技能为基础的创造能力。

由于幼儿的特殊性（年龄小、身心发展迅速），幼儿园课程目标应着眼于其身心全面和谐发展。因此，在建构幼儿园课程目标时既要考虑幼儿的心理结构，即认知、情感、动作技能三个方面的发展，也要考虑幼儿园课程的内容结构，如健康、语言、社会、科学、艺术领域，还要考虑幼儿的心理发展水平（年龄结构）。只有三大维度全面兼顾，才能制订出适宜的幼儿园课程目标（见图 2-1）。

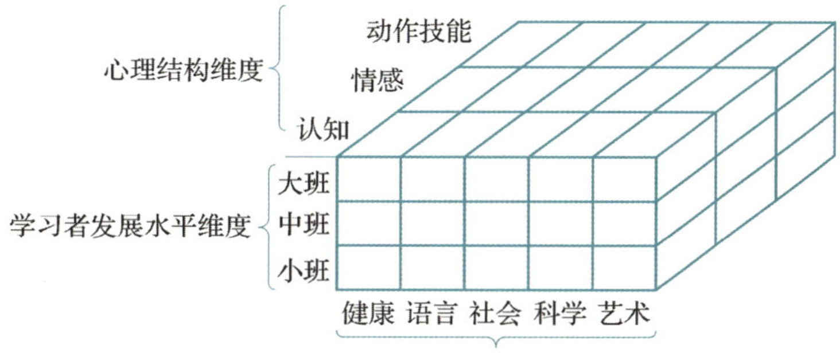

图 2-1　幼儿园课程目标的三维立体模型

三个维度目标表述时，常用的词语如下：

表 2-7　三维目标表述常用词汇列举

目标维度	常用词汇
认知领域	知道；了解；懂得；意识到；感知；掌握；理解等
情感领域	乐意；喜欢；愿意；养成……体验……
动作技能领域	会/学会；能/能够；运用等

二、幼儿园课程目标层次

幼儿园课程目标通常包括课程总目标（课程领域目标）、年龄阶段目标、单元目标和具体教育活动目标四个层次。总体看来，四个层次之间是从宏观到微观、从概括到具体的关系（详见图 2－2）。

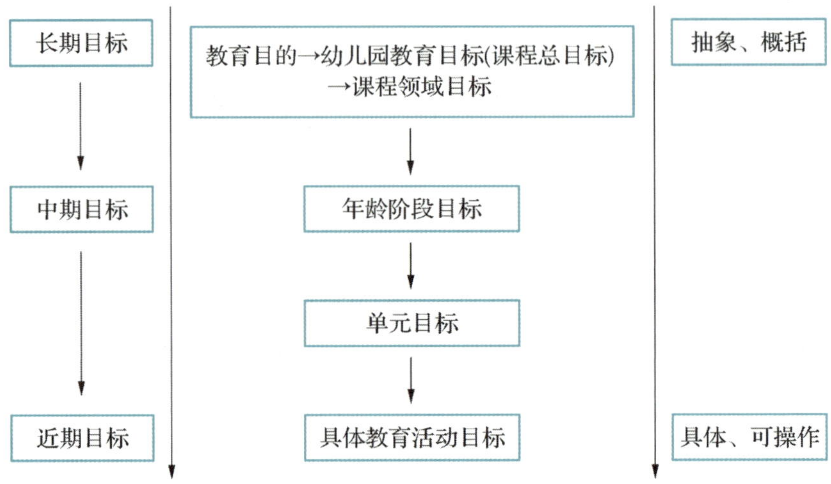

图 2－2　幼儿园课程目标层次结构

（一）幼儿园课程总目标与课程领域目标

《规程》中所规定的保育教育目标，也就相当于幼儿园课程总目标。但有时为了更符合课程的特点，会把它转化成更具体的课程领域目标，对教师设计与实施课程更具操作性，如常说的幼儿园课程中五大领域的目标。这一类目标比较宏观，表述比较抽象、概括，提纲挈领，是相对稳定的、静态的方向性目标，一般由幼教专家制定，对幼儿园的教育活动起到统领作用。

（二）年龄阶段目标

年龄阶段（学年）目标是课程目标在某一年龄阶段的体现，属于中期目标或中观目标。以学习内容为结构框架的年龄阶段目标，不仅要考虑课程的几个内容维度，还要考虑幼儿年龄发展的维度，从这两个维度确立年龄阶段目标。[①]《指南》从健康、语言、社会、科学、艺术五个领域描述幼儿的学习与发展目标，分别对 3—4 岁、4—5 岁、5—6 岁三个年龄段幼儿应该知道什么、能做什么、大致可以达到什么发展水平提出了合理期望，指明了幼儿学习与发展的具体方向，为幼儿园教师制订年龄段课程目标提供了参考。如社会领域的目标（详见表 2－8、表 2－9）。

① 李季湄，冯晓霞.《3—6 岁儿童学习与发展指南》解读[M].北京：人民教育出版社，2013：307－310.

· 人际交往(部分)

表 2-8　目标 1　愿意与人交往

3—4 岁	4—5 岁	5—6 岁
1. 愿意和小朋友一起游戏。 2. 愿意与熟悉的长辈一起活动。	1. 喜欢和小朋友一起游戏,有经常一起玩的小伙伴。 2. 喜欢和长辈交谈,有事愿意告诉长辈。	1. 有自己的好朋友,也喜欢结交新朋友。 2. 有问题愿意向别人请教。 3. 有高兴的或有趣的事愿意与大家分享。

表 2-9　目标 2　能与同伴友好相处

3—4 岁	4—5 岁	5—6 岁
1. 想加入同伴的游戏时,能友好地提出请求。 2. 在成人指导下,不争抢、不独霸玩具。 3. 与同伴发生冲突时,能听从成人的劝解。	1. 会运用介绍自己、交换玩具等简单技巧加入同伴游戏。 2. 对大家都喜欢的东西能轮流、分享。 3. 与同伴发生冲突时,能在他人帮助下和平解决。 4. 活动时愿意接受同伴的意见和建议。 5. 不欺负弱小。	1. 能想办法吸引同伴和自己一起游戏。 2. 活动时,能与同伴分工合作,遇到困难能一起克服。 3. 与同伴发生冲突时能自己协商解决。 4. 知道别人的想法有时和自己不一样,能倾听和接受别人的意见,不能接受时会说明理由。 5. 不欺负别人,也不允许别人欺负自己。

通过对比社会领域不同年龄阶段目标,可以发现,小、中、大班的社会领域目标既一脉相承,又层层递进。

(三) 单元目标

单元目标是年龄段目标的再分解。在主要以内容领域为结构框架的幼儿园课程目标中,单元目标可以以时间为单元,也可以以内容(如主题)为单元。当以时间为单元时,相当于学期计划、月计划、周计划。下面是一份以时间为单元的课程目标(详见表 2-10)。

表 2-10　幼儿园语言领域小班倾听与表达的纵向结构目标①

语言领域总目标	愿意讲话并能清楚地表达,具有文明的语言习惯,能听懂常用语言。	
小班年龄阶段目标	具有良好的语言行为习惯,学会倾听,愿意表达自己的需要和想法,能在成人的提醒下使用恰当的礼貌用语。	
小班上学期目标	能大方地与人打招呼,别人对自己说话时能注意听并做出回应,能口齿清楚地说儿歌,愿意表达自己的需要和想法。	
月目标	九月份目标	能大方地与人打招呼。
	十月份目标	学会倾听,并做出回应。

① 资料来源:由福建省石狮市永宁镇第二中心幼儿园谌石箭老师提供。

续 表

周目标	第一周目标	别人对自己打招呼时能做出回应。
	第二周目标	别人对自己打招呼时能积极回应。
	第三周目标	能主动跟老师问好。
	第四周目标	能主动、大方地跟老师、同伴问好。
	第五周目标	知道别人说话时要保持安静。
	第六周目标	能认真倾听别人说话，会用简单的语言回答问题。
	第七周目标	能听懂日常会话，交谈时知道轮流发言。
	第八周目标	认真倾听，并适时做出回应。

以内容为单元的课程目标与以时间为单元的课程目标有所不同，它涉及的范围相对要小一些，目标比时间单元的目标更具体一些，如中班主题活动“探寻闽南红烟炙砖”的主题目标。①

(1) 了解烟炙砖的由来、制作技术、传统纹案的不同寓意及其实用价值，对生活中常见的符号、标志感兴趣，知道它们表达一定的意义。

(2) 感受红砖文化独特的美感，在参与红砖墙体创作中能够调整红砖数量、方位，进行创意组合。

(3) 能有序取放操作材料，活动后能主动整理并物归原处，遇到困难能主动想办法解决或寻求帮助。

(4) 能认真倾听他人想法，愿意将自己所了解的有关烟炙砖的趣闻与体验和同伴交流分享，讲述比较连贯。

（四）教育活动目标

教育活动目标，指的是某一次教育活动所期望达成的效果。它比较具体、微观，直接指导和制约幼儿园具体的教育活动。例如“观察玉米的结构及玉米粒的排列方式”。

以上介绍了课程目标系统中的四个层级，任何下一层次目标的确定，必须以上一级目标为依据，下级目标是为上级目标服务的。课程目标的设计过程就是对各层次目标自上而下的分解和具体化的过程。

在幼儿园课程目标设计与实施过程中应注意三点。一是避免教育目标在层层分解与具体化中流失或异化，尤其要避免那些不易观察、短期内不易实现的幼儿园目标的流失，如情感性目标。二是在具体教育活动设计与实施中，教师心中不仅要有“小目标”，还要有“大目标”，避免“只见树木，不见森林”。如在一次具体的美术教育活动中，教师往往容易将重点放在幼儿创作作品的优劣上，而忽略幼儿主体性发展等长远发展的大目标。三是避免目标至上，将之强加

① 吴振东.幼儿园主题课程实务指导[M].福州：福建人民出版社，2021：81.

于幼儿，成为套住幼儿健康成长的枷锁。正如日本著名幼儿教育家仓桥惣三所说，“幼儿园的真谛并不只是考虑把什么作为保育目的、如何设法使之与幼儿能力相适应之类的问题，还必须考虑作为幼儿园的真实姿态、作为幼儿园实体，让幼儿生活在什么样的生活形态中”，“幼儿园的真谛就是立足于幼儿的生活，并在此基础上让幼儿的生活真正如流水般地连续流动起来”。①

案例研讨

某园的课程目标表述如下：“活泼健康、好奇探究、文明乐群、勇敢自信”。

你认为该园课程目标如何？

分析：幼儿园课程总目标对幼儿园的课程起着统领的作用，应指向幼儿身心全面发展。因此，幼儿园课程总目标的确立要涵盖不同维度：一是要涵盖幼儿德、智、体、美、劳等教育目的内容；二是涵盖身体动作、语言、认知、情感与社会性、审美等儿童发展维度；三是涵盖健康、语言、社会、科学、艺术等五大领域内容。案例中的课程目标从学习内容维度上看，“艺术”“语言”领域目标体现不足；从幼儿身心发展维度上看，缺少了“美”“劳”的维度，因此是不全面的。建议增加“美”“语言”“劳”等方面的内容表述，才能引领园所课程实现促进幼儿身心全面发展的目标。

【趣味研究】

利用入园见实习机会，了解所在班级近阶段实施的单元计划，依据班级主题活动目标或周目标，评估该计划中目标的达成情况，并尝试对单元计划目标设计的合理性或其他因素进行分析，最后形成书面报告。

① ［日］仓桥惣三.幼儿园真谛［M］.李季湄，译.上海：华东师范大学出版社，2013：3－13.

模块四　幼儿园课程目标表述

情境导入

某教师制订的教育活动目标如下，

小班语言活动：大苹果

（1）了解故事的主要内容，并培养幼儿的观察力、想象力和语言表达能力。

（2）理解并学习词语：又×又×、满头大汗、气喘吁吁。

（3）喜欢听故事，体验听故事的乐趣。

该案例中的活动目标表述是否合理？幼儿园课程目标如何规范表述？

知识演绎

一、幼儿园课程目标表述的性质

在课程计划中，教师表述的课程目标按性质一般可以分为行为目标和表现性目标（或称非行为目标、一般性目标）。明确行为目标和表现性目标取向各自的适用范围，是正确表述幼儿园课程目标的前提。

（一）行为目标

行为目标指的是通过具体观察或测量幼儿的行为来表述对教育结果预期的目标。如"会按大小、长短、高矮等规律排序""说出几种常见的果实的名称""能指出不同果实的大小"等。它具体明确地指明了活动后幼儿的行为在数学领域和科学领域的变化。这种目标表述操作性强，教师容易把握并能有计划、有方向地引导幼儿发展。

行为目标表述，要注意以下两点：一是在构成要素上要涵盖行为主体（可省略）、行为动词、行为条件和行为表现程度；二是要具体明确，使目标内容可观察。行为动词应能清晰地描述幼儿的行为，并且该行为应该是预期幼儿通过活动能形成的、可观察的、可测量的具体行为。一般用如下句式："说出/指出/辨认/画出/数出……""把……分类"，而不采用"培养""启发""认识""了解""促进"等笼统的动词。

行为目标的任务往往比较简单、浅显，更多的是针对幼儿需要掌握的基本知识和基本技能，也便于教师考查、评估幼儿的学习结果。

（二）表现性目标

表现性目标是一种比较宽泛的、非特定的目标，它描述的往往是学习后身心的一般变化。为了在预设活动时就能关注活动过程的多样化表现，教师在表述课程目标时应表达出对多种教育结果、对幼儿多元反应的期待，如"适应幼儿园的团体生活，情绪稳定、愉快""喜欢自然界与生活中美的事物"等而不是只期待预设的课程目标和教育结果的一致性。表现性目标一般比较适合表述中远期目标，也可以表述难以用具体行为来表述的情感态度类目标。

二、幼儿园课程目标表述的角度

幼儿园课程目标最常用的表述角度有两种。一是从教师角度表述，指明教师应该做的工作或努力达到的教育效果。例如，"引导幼儿观察蜗牛的爬行""培养幼儿的阅读能力和语言表达能力"等。二是从幼儿的角度表述，指明幼儿通过学习应该达到的发展目标，例如，"感受新年的气氛，体验活动乐趣""能根据故事的情节和线索进行大胆的仿编"等。目标表述的角度并无严格的规定，但同一课程目标下每条目标表述的角度应保持一致。

三、幼儿园课程目标表述时应注意的问题

不同层次目标要有不同的表述要求。目标层次越高，表述越笼统；反之，表述越具体。总目标是无法表述得太具体的，只能原则性地指出目标涵盖的范围和方向。其余各层皆应是总目标的具体化。①

对于单元目标来说，一般有如下要求。① 与上层目标的关系要密切。② 目标的涵盖面要广。单元目标可以有重点，但必须兼顾各方。从幼儿身心发展角度看，要求尽量涵盖认知领域、情感领域和动作技能领域方面的目标；从领域覆盖维度而言，则要求涉及尽可能多的领域。③ 目标要有代表性，每一条均是单独的内容，不要有交叉重复。

对于具体教育活动目标来说，一般要求是：① 明确、具体，具有较强的可操作性；② 不必面面俱到，但应重点突出；③ 目标表述数量一般以 3 条左右为宜，内容不交叉；④ 主张从幼儿

① 冯晓霞.幼儿园课程[M].北京：北京师范大学出版社，2001：44.

角度进行表述。

以下两个案例，可以看出单元目标与具体教育活动目标表述上的差异（详见表2－11、表2－12）。

表 2－11　主题活动“布艺欣赏与制作”①

单元总目标	活动名称	活动目标
1. 欣赏蓝印花布的花纹与色彩搭配，学习设计花布。 2. 欣赏各类服装的款式、色彩与装饰图案，了解其主要的艺术特色。 3. 在欣赏的基础上，通过仿制和创造相结合的方法，根据自己的意愿设计服装。 4. 感受布艺活动的乐趣，喜欢参与布艺制作活动，并愿意用自己的作品美化生活。 5. 锻炼手部肌肉，提高手的动作灵活性。	活动一： 蓝印花布欣赏	1. 感受蓝印花布青白对比的色彩美。 2. 通过动手操作，感受图案设计的趣味性及独特的形式美。
	活动二： 民族服装欣赏	1. 欣赏各民族服装的款式、色彩、图案和质地等特点，感受各民族人民对美好生活的向往。 2. 了解我国各民族优秀的服装文化，懂得尊重各民族的文化习俗。
	活动三： 古代服装欣赏	1. 欣赏不同时代服装的款式、色彩、图案等的美，感受古代劳动人民对美好生活的向往。 2. 萌发对我国古代劳动人民所创造的优秀文化的崇敬之情。
	活动四： 现代服装	1. 欣赏现代服装在款式、图案、色彩、质地等方面的特点。 2. 了解丰富多样的现代服装，懂得尊重服装文化的多元性。
	活动五： 小小服装设计师	1. 学习用不同的材料与方式设计服装。 2. 学习用点、线或各种物象和颜色进行装饰。 3. 体验合作的乐趣。

表 2－12　综合主题活动“幼儿园里的树朋友”②

单元总目标	活动名称	活动目标
1. 喜欢和树做朋友，对幼儿园里的树感兴趣。 2. 能够主动提出有关树的问题，并能与同伴积极讨论。 3. 感知大树的生长变化，简单了解树对人和环境的作用。 4. 能积极与同伴一起探究问题，在探索过程中获得经验，并做简单的记录。 5. 能利用树枝、树干、树叶等材料进行美工创作，关注其色彩、形态等特征。	活动一： 幼儿园里的树（科学）	1. 通过对园内树木的观察、探索、发现和了解，产生保护树的愿望。 2. 喜欢参加种植活动，学会主动关心照顾植物。 3. 尝试做简单的记录。
	活动二： 认养树朋友（社会）	1. 知道关心幼儿园里的树木，关注周围环境。 2. 通过选择、认养“树朋友”活动，体验相互合作的乐趣。
	活动三： 我是一棵树（艺术）	1. 用身体模仿树的形态，表达自己对“树朋友”特征的认识。 2. 丰富肢体语言，学习合作表演。
	活动四： 幼儿园里的树（语言）	1. 通过故事，知道树木的作用，懂得树木是需要爱护的，萌发爱护树木的情感。 2. 能用完整的语句大胆、响亮地表达。
	活动五： 常绿树和落叶树（科学）	1. 进一步加深对常绿树和落叶树的认识。 2. 能通过树叶的不同区分常绿树和落叶树。 3. 提升对自然界的浓厚兴趣并喜欢探索自然奥秘。
	活动六： 树叶运动会（健康）	1. 通过游戏了解树叶的特点并掌握正确的游戏方法。 2. 有一定的团队精神，能够鼓励同伴坚持到最后。 3. 能够听口令活动，有初步的规则意识。

① 孔起英.幼儿园美术领域教育精要：关键经验与活动指导[M].北京：教育科学出版社，2015：130－154.

② 赵旭莹，周立莉.幼儿园综合主题活动：设计技巧与优秀案例[M].北京：中国轻工业出版社，2014：166－175.

【观点讨论】

某园在公开活动观摩时，教师们就活动目标的设置产生了争论。教师甲认为，教育活动目标没有必要按照“知识经验、动作技能和情感态度”这三个维度来全面表述；教师乙则认为有必要。对此，你怎么看？

案例研讨

某同学在“中秋节”主题活动中为小班美术活动“好看的月饼”制订了如下活动目标，请对其进行评析。

(1) 了解中秋节的主要习俗。

(2) 能用简单图形表现月饼形象。

(3) 体验绘画的乐趣。

分析：如果将该活动目标独立来看，其目标涵盖了三个维度目标，技能目标体现了美术领域核心经验，认知目标内容渗透了社会领域目标，难度也符合幼儿水平，似乎是一条比较完美的活动目标。然而，从联系的视角来看，该活动属于主题系列活动之一，因此，该领域目标的制订必然要考虑与其他活动之间的关系。换句话说，主题活动背景下，为了获得“中秋节”较为完整的经验，教师必然会先从社会领域去组织活动，让幼儿了解中秋节相关知识，达成案例中的活动目标一，且该目标本身也属于社会领域，因此，美术领域就没有必要重复制订此目标。基于美术领域的核心经验是感受美和创造美，可以将该条日标调整为“感知不同月饼的造型、色彩与图案美”，如此一来也更有利于目标二和目标三的达成。可见，课程目标的制订需要有联系的观点，既要“瞻前顾后”又要“左顾右盼”，不能割裂、孤立去制订一个活动目标。

【实践项目】

最近，大三班小朋友用大大小小的纸盒制作小汽车等物品，马老师发现，他们制作的汽车装饰不太一样，但结构差不多。马老师认为可以根据这种情况生成一个“汽车”主题活动，引发幼儿深度学习。请你围绕主题设计三个子活动，并写出名称和具体活动目标。

主题自测

一、选择题

1. 教师拟定活动目标时，以幼儿现有发展水平与可以达到水平之间的距离为依据，这种做法体现的是(　　)

A. 维果茨基的最近发展区理论。

B. 班杜拉的观察学习理论。

C. 皮亚杰的认知发展理论。

D. 布鲁纳的发现教学法。

2. 下列表述属于行为目标的是(　　)

A. 体验分享食物的快乐,萌发初步的分享意识。

B. 会使用订书机自制图书。

C. 积极参与仿编活动,体验仿编诗歌的成功感。

D. 喜欢参加制作指环的手工活动。

3. 下列活动目标的表述以幼儿为主体的是(　　)

A. 培养幼儿爱思考的习惯。

B. 鼓励幼儿参与制作陀螺。

C. 教会幼儿使用玩具。

D. 体验探究的乐趣。

4. 某次教育活动需要达成的目标是指(　　)

A. 全园教育目标。

B. 中期目标。

C. 近期目标。

D. 行为目标。

二、简答题

1. 简述教育目的、教育目标、幼儿园课程目标三者的关系。

2. 简述确立幼儿园课程目标需要考虑的因素。

3. 简述幼儿园课程目标与表述要求。

主题三　幼儿园课程内容

主题目标

1. 理解幼儿园课程内容的含义与范围，了解幼儿园课程内容的类型。

2. 了解幼儿园课程内容选择的依据，理解幼儿园课程内容选择的原则。

3. 理解幼儿园课程内容组织的含义与有效组织的标准，了解幼儿园课程内容组织的方法与形式。

内容脉络

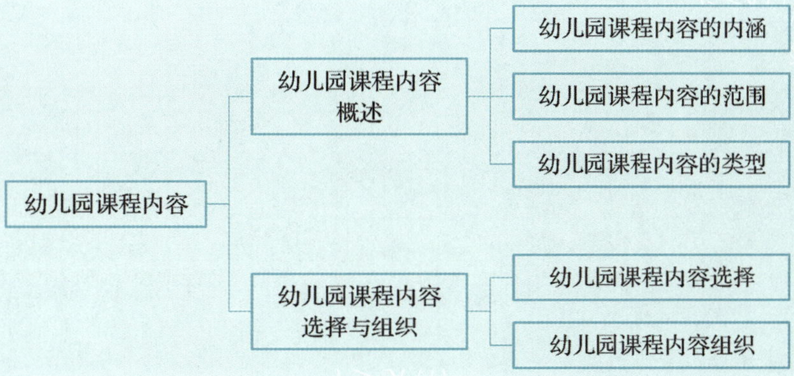

模块一　幼儿园课程内容概述

情境导入

有观点认为，幼儿的心智就像一块海绵，可以吸收很多东西，再加上现在正处于“知识大爆炸”的时代，因此，在幼儿园里让幼儿学越多东西越好；有的则认为，尽管幼儿是有能力的学习者，具有很大的发展潜能，是属于“吸收性的心智”，但在幼儿园并不是让幼儿学越多东西越好，而是要有选择地进行：不仅要选择幼儿在园所学的内容，而且还要考虑采用什么方式呈现给幼儿。你认同哪种观点？为什么？

本模块主要围绕幼儿园课程内容进行阐述。

知识演绎

一、幼儿园课程内容的内涵

课程内容是指各门学科中特定的事实、观点、原理和问题，以及处理它们的方式，是一定的知识、技能、技巧、思想、观点、信念、言语、行为、习惯的总和。① 而对幼儿园课程内容内涵的理解，我国不少学者从不同的角度给出了自己的定义。

如朱家雄教授认为，幼儿园课程内容是实现幼儿园课程目标的手段，对于教师和儿童而言，主要解决的是“教什么”和“学什么”的问题。② 虞永平教授认为，幼儿园课程内容是指依照幼儿园课程目标选定的通过一定的形式表现和组织的基本知识、基本态度和基本行为。③《纲要》指出，幼儿园教育的内容是广泛的、启蒙性的，可按照幼儿学习活动的范畴相对划分为健

① 张晓辉，倪志明.幼儿园课程[M].北京：北京师范大学出版社，2012：52－53.
② 朱家雄.幼儿园课程[M].上海：华东师范大学出版社，2003：149.
③ 虞永平.学前课程价值论[M].南京：江苏教育出版社，2002：196.

康、语言、社会、科学、艺术五个方面,还可以按照其他方式作不同的划分。但各方面的内容都应发展幼儿的情感、态度、能力、知识、技能等。此外,还有学者提出幼儿园课程内容是根据幼儿园课程目标,有目的地选择各种直接经验和间接经验的知识和活动体系。①

尽管学者对幼儿园课程内容的理解与定义不一,但在以下几个方面却是一致的。

第一,幼儿园课程内容与幼儿园课程目标关系密切。一方面,幼儿园课程内容的选择与组织应当以课程目标为依据,为实现幼儿园课程目标服务。另一方面,幼儿园课程目标需要以幼儿园课程内容为载体,将育人标准和规格形式化、具体化,在掌握课程内容的过程中实现课程目标。

第二,揭示了幼儿园课程内容和幼儿经验的关系。幼儿园课程内容,既包含了幼儿的直接经验,也包含着间接经验,唯有将课程内容与幼儿经验相联系,幼儿才能通过自身的活动和体验理解课程内容,掌握课程内容、学会运用课程内容。

第三,揭示了幼儿园课程内容的范畴。幼儿园课程内容不局限于知识范畴,还包括活动、态度、行为、情感等领域。幼儿在学习课程内容的过程中,不仅仅是掌握知识,还要通过活动发展基本态度、基本行为、基本情感等。

第四,幼儿园课程内容应该是需要选择的。幼儿学习的课程内容,应该是人类文明的精华,应该是从众多的课程材料中精心挑选出来的,应该符合幼儿发展的需要,能够为幼儿所学习。

第五,幼儿园课程内容应该按一定的原则和形式进行组织。幼儿园课程内容被选择出来后,不应该是随意编排的,不应该是杂乱无章的,而应该按一定的组织原则和形式进行编写,方便教师的教和学生的学。②

综上所述,幼儿园课程内容是指以幼儿园课程目标为依据,有目的、有计划地选择与组织各种直接经验、间接经验的知识和活动体系。

二、幼儿园课程内容的范围

幼儿园课程内容的范围,指的是课程内容的基本要素或基本组成部分,主要包括有助于幼儿获得基础知识、掌握基本活动方式、发展幼儿智力和能力以及培养幼儿情感态度的内容。明确幼儿园课程内容的范围,有助于更进一步地做好幼儿园课程内容的选择与组织工作,确保幼儿园课程的实施质量。

(一)有助于幼儿获得基础知识的内容

对于幼儿来说,掌握有关客观世界的基础知识是很有必要的,因为知识不仅是情感、态度

① 高敬.幼儿园课程[M].杭州:浙江教育出版社,2010:141.

② 杨晓萍,何孔潮,杨雄.幼儿园课程理论与实践[M].重庆:西南大学出版社,2021:43.

获得的基础，也是智力发展、能力提高的前提，它不仅能帮助幼儿认识自己生活的环境，还会通过这种认识影响他们的行动，如避开危险、节约资源、从事有利于自己和他人健康的活动等，从而保证自己健康成长。

冯晓霞教授的《幼儿园课程》中提到幼儿需要掌握的基础知识包括以下几点。

第一，生命活动必需的知识。如幼儿健康、安全有关的知识。

第二，有利于幼儿解决基本的生活、交往问题的知识。如基本的社会行为规则以及其意义等。

第三，帮助幼儿认识自己生活环境的知识。如自然和社会中常见事物的名称和属性，幼儿能理解的事物之间的关系和联系等。

第四，为今后学习系统的学科知识打基础的知识。如基本的数、量、形、时间和空间概念等。

第五，为成长为未来社会的高素质公民奠基的知识。如简单的科学、环保知识等。①

值得注意的是，在对待基本知识时，一方面不能过分强调知识的作用，将知识的地位过分"拔高"而不断加大知识的难度、深度，长此以往不仅不具有促进幼儿发展的意义，还会给其造成过大的学习压力，从而降低他们学习的兴趣，甚至丧失学习的信心；另一方面，不能忽视必要的知识学习。忽视必要的知识学习主要表现为：选择课程内容完全从幼儿的兴趣出发，既不考虑哪些知识是幼儿必须掌握的，也不思考如何将自然、零散的日常经验进行整理、扩充及提升，使之更概括化、系统化。教师应思考何为必要的知识以及如何有机地选择、组织知识，从而提升幼儿的日常经验，培养幼儿的知识迁移与运用能力等。

（二）有助于幼儿掌握基本活动方式的内容

人无时无刻不在活动，活动是人存在的形式。人类的活动大体有以下几种基本类型：生产劳动、社会交往、科学实验等，每一类活动都有自身基本的方式方法和基本的原理原则。一些基本的行为方式是每个人都需要掌握的，掌握它们不仅可以提高人的生存能力，也可以让人体会到活动成功所带来的快乐。

幼儿的基本活动包括生活、交往、学习等几种类型，具体又可分为自我服务、锻炼身体、游戏、观察、探索、交流、表达等。各种活动都包含一些基本的方式方法、技能技巧，如社会交往的技能、语言运用技能、解决问题的技能等。幼儿需要了解和掌握的基本活动方式往往存在于他们经常进行的活动中，因此掌握基本的活动方式、方法有利于幼儿的日常生活顺利地进行。例如如何参与同伴的活动，采用什么样的方法才能让别人接受自己，如果这种方式不起作用该怎么办等都属于幼儿园课程内容。教师要抓住教育的时机，在日常生活中寻找有益的方式指导幼儿学习。

---

① 冯晓霞.幼儿园课程[M].北京：北京师范大学出版社，2000：51.

（三）有助于发展幼儿智力和能力的内容

发展幼儿智力和能力是幼儿园教育的主要目的之一，因此，课程内容中必须包含这一部分，而且应占有相当的比例。

智力（核心是思维能力）和能力的特性之一是“问题性”，也就是说，它们只有在解决问题的过程中、在实际“做”的过程中才出现并活跃起来。幼儿的智力和能力常常表现在解决活动时所遇到的问题之中，并在解决问题的过程中得到发展。幼儿解决问题的过程，就是他们动脑筋的过程。这个过程一般要经过几个阶段：发现问题（即意识到困难或问题）—提出问题（通过分析明确问题）—寻找线索（搜集有关的事实）—形成假设（提出各种可能的解释或解决问题的办法）—用适当的方法或手段验证假设—得出结论，即解决问题。对幼儿来说，验证假设要靠“做”。如果一个假设被“证伪”，即被否认，那么还需要提出新的假设，再次检验……多次反复，直至得出结论。因此，幼儿园课程应包括那些能够构成幼儿“问题”的内容，让他们的智力和能力在解决问题的过程中得到提高。

（四）有助于培养幼儿情感态度的内容

情感态度是个体基于过去经验对其周围的人、事、物持有的较持久而一致的心理倾向，它构成行为的动机，影响人的行为。良好的态度对幼儿学习知识、增强能力、做出适宜的行为都有积极的作用。因此，在幼儿园课程内容中必须考虑培养幼儿基本情感态度，诸如兴趣、自我价值感、责任感、归属感、关心、友好、尊重、同情等。①

情感态度是伴随着活动过程而产生的体验，因此从原则来说，情感态度主要蕴含于隐性课程中，但并不等于课程无法对幼儿的情感态度倾向施加影响。根据心理学研究，情感态度的形成途径主要有三个。一是环境的同化作用，主要表现在周围人对事物的评价会不知不觉地影响幼儿，使幼儿也持有同样的观点。二是经验的情绪效应。就幼儿的情绪体验而言，他们对那些使自己体验到愉悦、幸福、自信和满意的事物或者活动会抱有积极的态度，如喜爱；反之亦然。三是理智的分析。当幼儿认识并真正理解了某种事物或者特定行为的实际含义时，会根据自己的认识对这些事物形成特定的情感和态度。

因此，选择的课程内容或组织的学习活动，应是有趣而有“悬念”的，能使幼儿获得认知上的满足感；与幼儿愉快的情绪体验相关联；能引起幼儿探索；以及应考虑幼儿的意见，难度适宜等。②

---

① 王春燕.幼儿园课程概论（第2版）[M].北京：高等教育出版社，2014：74.

② 冯晓霞.幼儿园课程[M].北京：北京师范大学出版社，2000：54－55.

案例研讨

“保护牙齿”健康教育活动涵盖了幼儿园课程内容范围中的哪些方面？请结合活动内容分析。

幼儿园中班开展“保护牙齿”健康教育活动。教师首先通过图片、动画等形式向幼儿介绍牙齿的结构和功能；接着，教师示范正确的刷牙方法，让幼儿跟着练习；同时，教师引导幼儿了解蛀牙的危害以及如何预防蛀牙，如少吃甜食、定期检查牙齿等。

分析：教师通过图片、动画等形式向幼儿介绍牙齿的结构和功能，这是幼儿生命活动所必需的知识。接着，教师示范正确的刷牙方法，让幼儿跟着练习，有助于幼儿解决基本的生活问题，如保持口腔卫生。同时，教师引导幼儿了解蛀牙的危害，以及如何预防蛀牙，帮助幼儿认识自己生活环境中的健康问题。通过活动，幼儿树立了保护牙齿的意识，培养了良好的卫生习惯和积极的情感态度。

三、幼儿园课程内容的类型

对课程本质的认识不同，课程内容类型的划分也不尽相同。目前幼儿园课程内容类型大致有如下划分。

（一）按学科结构

该类型是按学科来组织课程内容，如我国1981年颁布的《幼儿园教育纲要(试行草案)》将课程内容分为体育、语言、常识、计算、音乐、美术六科。进入20世纪90年代，随着整合教育观的影响，幼儿教育中的学科课程与以前相比发生了变化，课程不再是单一的学科，而是加强了学科之间的联系，整体性逐渐增强。

（二）按活动对象的性质

该类型课程开始由注重学科转向关注儿童与学科，强调幼儿园课程是为促进儿童身心和谐发展所提供的有益经验。如1994年人民教育出版社出版的《幼儿园教育活动》把课程内容划分为健康、自然、社会、语言和艺术五个领域，这是以幼儿活动的对象类别(健康生活活动、科学探索活动、社会交往活动、语言交流活动、表现与创造活动)为标准而划分的。1997年南京师范大学出版社出版的《幼儿园课程实施指导丛书》则把学科逻辑顺序和幼儿心理顺序结合起来，即将学科与学习者的心理相结合，将课程分为健康、语言、社会、科学、艺术五个领域。

（三）按课题或问题领域

《上海市学前教育纲要》把课程内容分为“共同生活、探索世界、表现与表达”三个方面；中国福利会幼儿园的“生存课程”将课程内容分为“学生活、学学习、学做人”。这样划分课程内容的依据是幼儿的基本学习课题或问题领域。①

（四）按幼儿心理发展领域

英国的《学会学习》课程内容是从幼儿身心发展的角度划分的，具体分为：自我意识、社会能力、文化意识、交际能力、动作与感知能力、分析与解决问题的能力、美感与创造意识等七个方面。围绕上述内容选择适合幼儿的活动和游戏并加以组织，便构成了课程。②

（五）按幼儿主要活动形式

欧美一些国家的幼儿园根据幼儿的主要活动形式把课程内容分为游戏、工作、唱歌、律动、感觉训练、故事、实物观察、烹饪等。“凯米—德弗里斯课程”则按照皮亚杰（J. Piaget）对经验的分类，将课程内容视为能提供给幼儿“关键经验”的各种活动，其课程内容由三部分构成，分别是日常生活活动、传统活动和来自皮亚杰理论启示的活动。③

除此，还有很多的课程内容划分方式。“课程内容如何分类，或多或少从一个侧面反映出课程所强调和突出的价值。但严格来说，如何分类并不是最为重要的，最重要的是各种课程框架下的内容是否能保证幼儿的基本学习，是否能为其合目的的发展提供有益的学习经验。”④

---

① 冯晓霞.幼儿园课程[M].北京：北京师范大学出版社，2000：56.

② 李季湄.国外学前课程模式种种（上）[J].外国教育资料，1989(3)：21－25.

③ 虞永平，原晋霞.幼儿园课程[M].北京：高等教育出版社，2014：50.

④ 冯晓霞.幼儿园课程[M].北京：北京师范大学出版社，2000：57.

模块二　幼儿园课程内容选择与组织

情境导入

在讨论"如何选择幼儿园课程内容"时，有同学提出："幼儿园课程没有统一的标准，教师可以不受限制地自由选择课程内容。"你怎么看这种观点？

本模块主要介绍幼儿园课程内容选择与组织等相关知识。

知识演绎

一、幼儿园课程内容选择

（一）幼儿园课程内容选择的依据

课程内容的选择指的是对课程中什么最有价值的论证、判断与最终的选择，是课程开发过程中的有机构成。① 课程内容是课程中的重要因素，是实现课程目标的主要途径，幼儿园课程内容的选择并不是毫无目的、没有依据的，而是有目的、有计划的，且需要遵循一定的基本要求。

基于《纲要》第三部分的精神，在此提出幼儿园课程内容的选择需遵循以下依据：幼儿发展的特点与规律、社会生活的现状与未来、幼儿教育的目的与目标。②

1. 理论依据：幼儿发展的特点与规律

幼儿园课程的根本目标就是要促进幼儿的发展，因此课程内容的选择必须考虑幼儿本身的情况，以幼儿的发展为依据。同时，《纲要》第三部分"组织与实施"中第五条指出，教育活动

---

① 张华.课程与教学论[M].上海：上海教育出版社，2000：191.

② 杨晓萍，何孔潮，杨雄.幼儿园课程理论与实践[M].重庆：西南大学出版社，2021：50.

内容的选择应遵循“既适合幼儿的现有水平，又有一定的挑战性”“既符合幼儿的现实需要，又有利于其长远发展”等原则。因此，在进行课程内容选择时应充分考虑幼儿的生理和心理的阶段性特点，即着眼于幼儿的最近发展区，了解幼儿的兴趣与需要等。

（1）从幼儿的身心发展水平与特点出发，着眼于幼儿的最近发展区。

现代儿童心理学和发展心理学研究表明，儿童的心理发展具有一定的阶段性特点。因此，在选择课程内容时应充分考虑幼儿的身心发展水平与特点，着眼于幼儿的最近发展区，选择既与幼儿已有经验相适宜，又有利于幼儿主动构建的活动内容，综合多方面因素实现各年龄阶段幼儿教育活动之间内容的有效衔接，最终促进幼儿的全面发展。

（2）了解幼儿的兴趣和需要，面向幼儿的真实生活。

幼儿园课程既是为促进幼儿的发展，为幼儿服务，在课程内容选择上应该考虑幼儿的兴趣和需要。同时，《纲要》第三部分“组织与实施”中第五条指出，教育活动内容的选择应遵循“既贴近幼儿的生活来选择幼儿感兴趣的事物和问题，又有助于拓展幼儿的经验和视野”的原则。课程设计者在选择课程内容时应意识到若是选择出来的课程内容不能被幼儿接受、吸收，就失去了其应有的价值和意义，相反，如果选择的课程内容能够关注幼儿的兴趣与需要，并尽量与之相符合，将有利于幼儿更好地掌握。

幼儿园课程是幼儿正在经历着的生活现实，因而幼儿园课程具有真实性。当课程所涉及的内容是幼儿真正关心的、感兴趣的问题时，幼儿才会发自内心地付诸行动，这样的课程才能给幼儿以现实感和满足感。幼儿园课程应立足于满足幼儿的现实需求，由此才能让幼儿通过具体课程内容的学习，学会去创造生活、感受生活和欣赏生活，领略生活的真谛，获得生活的智慧和充盈的生活精神。

案例研讨

请阅读以下案例并思考：案例中是如何体现“了解幼儿的兴趣和需要，面向幼儿的真实生活”这一课程内容选择的依据的？

大型玩具角色游戏中，突然传来一阵哭声，我忙循着哭声走过去，只见子鉴一边哭一边追着默涵，嘴里大喊：“停下来，你们给我停下来……”子鉴追着默涵一圈又一圈地跑。这时姿言跑上前一把拉住了子鉴，问道：“你怎么了啊？”子鉴喘着粗气回答：“小捷抢走了我的默涵，我生气啊！”说着挣开姿言的手又追了上去。默涵绕大型玩具跑了一圈又一圈，子鉴一直没有追上他，便大声哭了起来。姿言安慰了子鉴，还叫来了小捷，最后姿言和小捷一起找回了默涵，几个朋友又在一起玩了起来。

1. 从中班开始，我和默涵就是好朋友，像兄弟一样的朋友，上课的时候我们就坐在一起。

2. 排队准备出发的时候，小捷跑来跟我说想加入我们的团队，我爽快地答应了。

3. 但是我还没说完，小捷就带着默涵滑了下去，他们想自己去玩。小捷抢走了我的好朋友，无论我怎样叫都没有用。

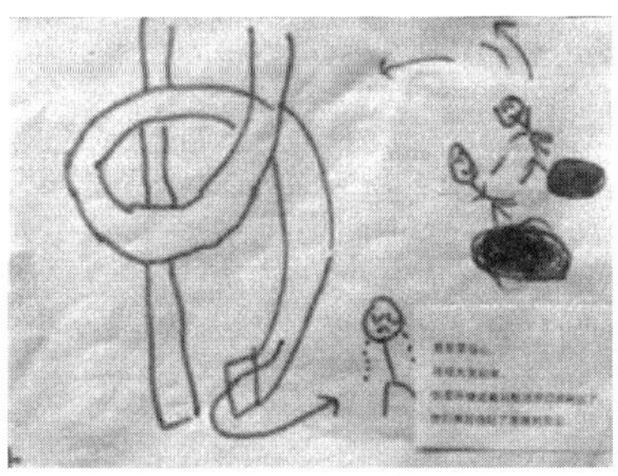

4. 我非常伤心，哇哇大哭起来，但是小捷追着默涵早已经跑远了，他们身后扬起了黑黑的灰尘。

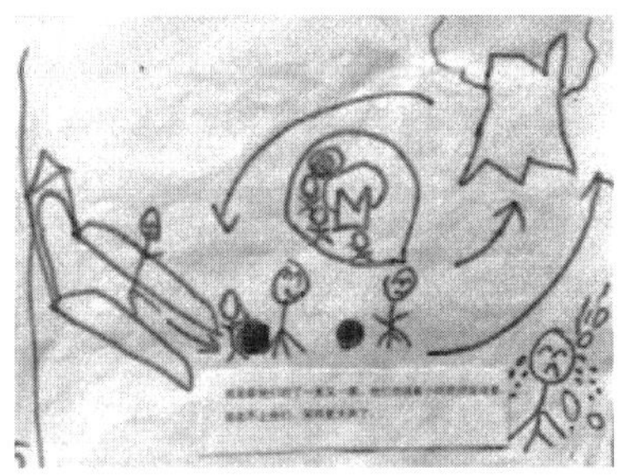

5. 我追着他们跑了一圈又一圈，他们想绕着小树跑把我绕晕，我追不上他们，哭得更大声了。

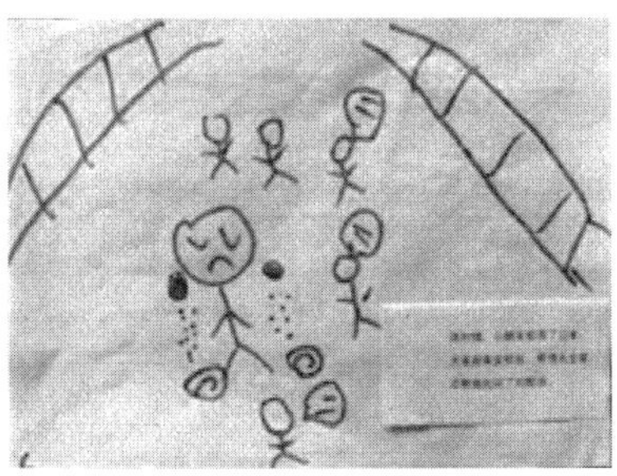

6. 这时，小朋友都围了过来，大家都来安慰我，帮我出主意，还帮我去找回了默涵。

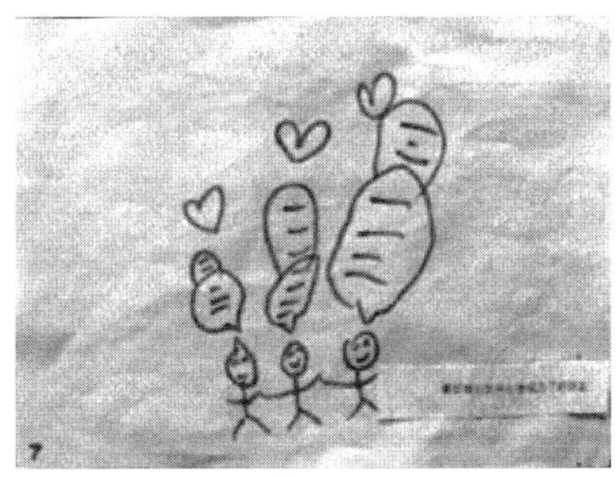

7. 最后，我们开心地成了好朋友。

大班幼儿动作、语言、认知能力提升，社会交往范围扩大，幼儿的同伴意识越来越明显。可由于缺少交往经验与能力，有些幼儿会出现与同伴争吵的现象。为了满足幼儿交友的渴望与需求，与幼儿分享小作者游戏故事的独特记录与表达，我设计与生成了“我和我的朋友”这节教学活动，旨在让幼儿在阅读同伴游戏故事的同时，学习与总结与朋友的相处之道，体验有朋友的快乐。

（资料源自安吉实验幼儿园黄老师）

分析：“我和我的朋友”中，该教师对幼儿的游戏情况进行了分析，深入了解了大班幼儿现阶段的发展特征及现实需要，从而选择了“我和我的朋友”来作为课程内容，立足于幼儿的兴趣与需要，面向的是幼儿的真实生活。

2. 现实依据：社会生活的现状与未来

幼儿园课程是为促进幼儿发展而服务的，课程内容的选择应观照当下社会生活的现实，考虑社会发展的需要，并随社会的发展及时更新，为未来生活打下初步的基础。

幼儿个体的发展总是与社会的发展交织在一起，教育面对的不仅是幼儿当前的生活，还应考虑幼儿未来的生活需要。由于每一时期的社会发展、期望不同，对人才的要求也不同，课程内容的选择要与社会所需求的人才规格相匹配，使教育所培养的人才符合时代需要。因此，课程内容的选择应反映社会生活现实，尤其与幼儿发展直接相关的儿童文化、家庭氛围、人为与自然环境、幼儿园生活等。此外，为了让幼儿健康成长，更好地适应社会的发展，还应使他们掌握基本的知识技能，形成基本的生活态度和习惯和初步的、健康的、积极的价值观念等。总而言之，教师一定要选择与幼儿生活密切相关的、有价值的、具有时代特色的课程内容。

3. 实践依据：幼儿教育的目的与目标

课程目标作为课程编制的重要组成部分，其制订总是以科学严谨的价值判断为基础的，对课程内容的选择起着指导作用。而课程内容是实现课程目标的重要手段与载体，课程内容的适切与否直接影响幼儿园课程目标的达成程度。所以课程内容的选择，应坚持以幼儿保教目标为行动的指南，根据课程目标选择、确定那些有助于幼儿“获得基础知识，形成基本技能，发展智力和能力，培养正确的价值观和情感态度”的课程内容。

（二）幼儿园课程内容选择的原则

课程内容是实现课程目标的载体，幼儿园课程内容的构建应当考虑现代生活、知识领域与儿童发展的关系，进行科学安排、合理调配，旨在促进幼儿生动、活泼、全面和谐地发展。

1. 目标性原则

目标性原则，指的是所选择的课程内容应符合并有助于实现课程目标。课程内容是实现课程目标的重要载体，是为实现课程目标服务的，能够有效实现课程目标的内容才是有价值的，因而，课程内容的选择首先要遵循目标定向原则[1]，即以课程目标为导向，根据课程目标选择、确定课程内容。课程内容选择的目标性原则体现在以下几个方面。

(1) 内容与目标的整体性。

所选择的课程内容不仅要考虑横向的领域均衡，把握五大领域的目标、“五育”目标的全面性，还要关注每一领域在认知、情感态度以及动作技能等方面的整体性。

(2) 内容与目标的一致性。

这要求选择课程内容时首先考虑选择的内容是为了实现什么目标，将那些易于实现目标的教育活动安排到课程中来。

(3) 内容与目标的关联性。

很多目标的实现并非仅通过一项内容的学习就能实现，往往需要通过多项教育活动内容的开展才能达成，因此，课程内容的选择还需考虑为同一目标服务的教育活动内容之间的关联性。

(4) 内容与目标的交叉性。

课程内容与课程目标之间往往并非一一对应的关系，既存在多项内容为同一目标服务的可能性，也存在一项内容为多个目标服务的可能性，因此课程内容的选择需要考虑有哪些内容可以实现这一目标，以及所选择的内容可以同时实现哪些目标。[2] 因而，教师可以选择不同内容、不同形式去实现目标。同时，每个目标也不是孤立地去实现的，整个课程活动应该是一个连贯的过程。

(5) 内容与目标的特殊性。

有些目标很难通过相应的内容来达成，尤其是有关习惯养成、情感态度类的目标，往往要通过给予幼儿相应的、足够的活动经验来完成。例如“具有同情心”“具有自信心”这类目标，无法通过具体的“教”和“学”来完成，而要通过幼儿的多次体验、教师的多次引导才能逐步实现。

2. 适宜性原则

适宜性，不仅指所选的课程内容要符合幼儿的发展水平，贴近幼儿的生活，是幼儿喜闻乐见的[3]，还要考虑幼儿发展的整体需要。即幼儿园课程内容选择的适宜性不仅指难度、课程资源选择的适宜，还包括课程内容均衡性方面的适宜。课程内容选择的适宜性的具体要求如下。

一是符合幼儿的年龄特点，着眼于幼儿的最近发展区以促进幼儿的发展。《规程》第五章“幼儿园的教育”第二十八条明确规定“教育活动内容应当根据教育目标、幼儿的实际水平和兴趣确定，以循序渐进为原则，有计划地选择和组织”。同时，《纲要》中“组织与实施”部分也指出，在进行教育活动内容的选择时应遵循“既适合幼儿的现有水平，又有一定的挑战性”。由此可见，幼儿园课程内容的选择应适合幼儿的能力，其难度水平应处于幼儿的“最近发展区”。

二是所选的课程内容要反映幼儿的现实生活，考虑各时、各地、各园、各班的资源、文化差

① 李森，陈晓端.课程与教学论[M].北京：北京师范大学出版社，2015：147.

② 杨晓萍，何孔潮，杨雄.幼儿园课程理论与实践[M].重庆：西南大学出版社，2021：51.

③ 许卓娅.幼儿园课程理论与实践[M].南京：南京师范大学出版社，2008：35.

异。课程内容的选择除了要遵循幼儿身心发展外，还应适应当地、当时的课程资源。具体表现在：课程内容应与季节、气候等相适应；课程内容应与本地本园所拥有的自然资源和社会资源相适应；课程内容要充分结合幼儿的生活情境和生活体验进行选择。

三是考虑内容的丰富性与均衡性，促进幼儿的全面、整体发展。课程内容均衡性方面的适宜，指课程内容各部分之间的比例要适宜。贯彻这一原则时需要注意：首先保证与课程内容对应目标的实现；其次要恰当安排各部分内容之间的比例；最后要优先考虑幼儿的发展需要。①

3. 生活性原则

课程内容是幼儿学习的对象，也是课程得以展开的载体。对幼儿来说，最有效的学习就是他们感兴趣的学习，最有效的学习内容就是他们可以感知的、具体形象的内容。这种内容主要源自幼儿周围的现实生活。幼儿园课程内容与幼儿现实生活的距离越近，越能引发幼儿的学习兴趣，幼儿的学习也就越有效。② 当然，现实生活是多层次的、复杂的，生活中有有益的经验，也有无益的，甚至有有害的经验。因此，不能简单地将生活内容与课程内容等同起来，而要对现实生活进行过滤，选取有益经验使之成为课程内容。

课程内容的生活性原则，不是指课程内容只承载生活技能，不是将课程内容当作生活事件的堆积，而是指生活是幼儿园课程内容的重要来源。选择与提供幼儿学习的内容，首先，应尽可能选幼儿在现实生活世界中看得见、摸得着，能够亲身感受与体验的资源。要让大自然、大社会成为幼儿的“活教材”，让幼儿亲身感受，自然学习。其次，还应关注现实的、眼前的、“活生生”的具体的幼儿，因为课程内容是随生活情境的变化而发生变化的，幼儿的兴趣才是确定课程内容的重要依据。再次，要特别注意的是，生活不能简单地同幼儿园课程画等号，生活性的课程内容应该是指课程内容基于生活而又高于生活。

4. 兴趣性原则

“兴趣是最好的老师。”兴趣是幼儿解决问题的最大动力，幼儿会为了找到问题答案尝试所有的方法、调动所有的经验，不需要他人的提醒毅然坚持下去而不轻易放弃。幼儿对事物产生兴趣就会发现问题，然后由兴趣引导解决问题，在解决问题的过程中发现更多有趣的、渴望知道的事情，然后产生深入了解的兴趣。“兴趣—问题—解决问题—兴趣”，这是一种良性的循环，是一种连续性的学习。③ 因此，在选择课程内容时，要以幼儿的兴趣为契机，从幼儿感兴趣的事物中寻找富有教育价值的内容，将富有教育价值的内容转化为幼儿的兴趣，这样的课程内容才能引发幼儿自觉地学习与发展，使学习活动变得轻松愉快，让幼儿在自觉而积极主动中获得发展。

在遵循此原则时需要做到两点。第一，关注幼儿的兴趣，从幼儿感兴趣的事物中选择相关

① 张晓辉，倪志明.幼儿园课程[M].北京：北京师范大学出版社，2012：64－65.

② 虞永平.学前课程与幸福童年[M].北京：教育科学出版社，2012：64.

③ 陈静，杨己洁，朱静芸.生活取向的幼儿园班本课程[M].南京：南京师范大学出版社，2010：16.

内容。教师要善于关注、发现、分析幼儿的兴趣和需要，抓住幼儿对某种事物或现象的疑惑与兴趣，从他们感兴趣的事物中选择教育价值丰富的内容，及时将它们纳入课程中，从而激发幼儿的求知欲，引导幼儿主动探索以促进有效学习。第二，将必要的课程内容“转化”为幼儿的兴趣。有些课程内容从幼儿长远的发展来看是必要的，但不见得幼儿当时对它们是感兴趣的，这就需要教师尽可能将其转化为幼儿的兴趣。

案例研讨

这段时间班上几个男孩对插枪特别感兴趣，只要有空就立即跑进操作区用积塑粒插起来，对其他区域的材料(尤其是美工区用来折叠的纸张)理也不理。而投放这些纸张的主要目的就是希望幼儿在折纸过程中潜移默化地获得有关几何图形的变化、组合、等分等数学方面的直接经验，这是积塑拼插所不能代替的。怎么办？李老师冥思苦想，突然想到了一条妙计。下班后，她精心用纸折了一把手枪。第二天，当那几个男孩又在专心致志地用积塑材料插枪的时候，她一下亮出了自己的“秘密武器”。

“啊！这么棒的枪！”“老师！让我玩一会儿！”“不行！我自己也要玩呀！”怎么办？几个孩子的胃口被吊得高高的……“老师，你教我们做好不好呀？”“好啊！想学吗？可是有点难啊！”“想！”“难点也没关系！”大家异口同声。

于是，孩子们心甘情愿地来到了曾经不屑一顾的美工区，全神贯注地投入折纸活动。

试分析上述案例中教师的做法。

分析：在这个例子中，幼儿所呈现出来的直接兴趣是用积塑拼枪，似乎与教帅基于教育需要而创设的折纸区域活动是矛盾的，也就是说幼儿的兴趣与教育需要是不一致的。但在案例中，我们可以看到李老师能够透过现象看本质的教育智慧，即她看到幼儿的深层兴趣是“拼枪”，喜欢用“积塑”这样的材料是表层兴趣。于是，她就巧妙地将幼儿深层的兴趣“拼枪”与教育需要的“折纸”要求有机地嫁接在一起，充分发挥教育智慧，将幼儿在活动中所表现出来的真实兴趣成功转移到教育需求上，即希望幼儿在折纸过程中潜移默化地获得有关几何图形的变化、组合、等分等数学方面的直接经验。

二、幼儿园课程内容组织

(一) 幼儿园课程内容有效组织的标准

幼儿园课程内容组织(简称课程组织)，是一个处于变化发展中的概念，一般来说，当人们确定了教育目标后，紧接而来的就是从无限的人类文化中筛选出能够实现教育目标的有限的教育内容，并将其加以组织。[①] 因此，课程组织是指在一定的教育价值观的指导下，将所

① 黄甫全.现代课程与教学论[M].北京：人民教育出版社，2015：281.

选出的各种课程要素加以分析、整合和优化，妥善组织成课程结构，使各课程要素在动态运行的课程结构系统中产生合力，以达到最优化教学效果。判断幼儿园课程组织是否有效具有以下标准。

1. 目标性

课程目标的实现是课程内容组织的出发点和落脚点。课程目标能否得到实现、实现的情况如何、能否达到理想的要求都必须通过课程组织来实现。课程组织的所有过程都必须紧紧围绕课程目标来进行，选择有利于课程目标实现的课程组织方式是课程组织的第一原则，即目标定向原则。①

在课程组织过程中最忌讳的是将教育活动的具体目标置之脑后，被具体过程的各种因素左右。一般来说，教师是主要的课程组织者，因此，教师应掌握课程组织的主动权，引导课程组织过程的发展方向。

2. 连续性

连续性指的是主要课程经验的直线式重复。如顾荣芳教授的研究将健康领域分为身心保健、身体运动与发展两个子领域(其又有情绪安定愉快，具有一定的适应能力，具有良好的生活与卫生习惯，具有基本的生活自理能力，具备基本的安全知识和自我保护能力；保持正确的姿势，粗大动作协调灵活，精细动作协调灵活，空间知觉及身体控制良好等几个主要发展指标②)，这两项关键经验在不同年龄班均需不断强化，同时，这些经验也会被更高学段的体育课程不断强化。因此，连续性被视为有效纵向组织课程的一条标准。

连续性强调的是后续的学习与先前的经验之间的关系，要求课程内容的安排应当使每一后续的学习内容都建立在前面学习经验的基础上，使前学习的终点成为后续学习的起点和认识的基础。同时，后续的学习又是原先经验的扩展与加深。③

3. 顺序性

顺序性涉及连续性，但超越了连续性。顺序性强调要将每一后续经验都建立在先前经验的基础上，且必须更广泛、更深入地探究所涉及的事物。以健康领域中手的动作为例，《指南》指出 3—4 岁的幼儿能用笔涂涂画画，能熟练地用勺子吃饭，能用剪刀沿直线剪，边线基本吻合等；4—5 岁的幼儿能沿边线较直地画出简单图形，或能边线基本对齐地折纸，会用筷子吃饭，能沿轮廓线剪出由直线构成的简单图形，边线吻合；5—6 岁的幼儿能根据需要画出图形，线条基本平滑，能熟练使用筷子，能沿轮廓线剪出由曲线构成的简单图形，边线吻合且平滑，能使用简单的劳动工具或用具。这就要求教师在组织课程内容时应由浅入深、由易到难、由近至远、由简到繁、由已知到未知、由具体到抽象。

---

① 石筠弢.学前教育课程论[M].北京:北京师范大学出版社，2014:143.

② 顾荣芳，王艳.3～6 岁儿童健康领域的关键经验与实施路径[J].学前教育研究，2015(10):15-23.

③ 冯晓霞.幼儿园课程[M].北京:北京师范大学出版社，2000:77.

4. 整合性

整合性指的是课程经验之间的横向联系。幼儿教育是为人的一生打基础的教育，幼儿学习的内容以来自社会、自然的综合性、广泛性内容为主。因此，幼儿园课程内容的组织是一个具有整体性、系统性的工作。同时，《纲要》中第三部分“组织与实施”中第六条明确规定：“教育活动内容的组织应充分考虑幼儿的学习特点和认识规律，各领域的内容要有机联系，相互渗透，注重综合性、趣味性、活动性，寓教育于生活、游戏之中。”《指南》也提到“儿童的发展是一个整体，要注重领域之间、目标之间的相互渗透和整合，促进幼儿身心全面协调发展，而不应片面追求某一方面或几方面的发展”。为此，加强课程内容之间、课程内容和幼儿的学习经验之间的联系非常重要。我国幼儿园课程中的单元课程、主题课程、综合课程、领域渗透课程等都是为了加强课程的整合性。

整合性要求课程设计者树立整体观和系统观，强调课程应加强幼儿所获得经验之间的有机联系，把构成课程的相互联系、相互渗透和相互影响的各种教育因素有机地组织起来，使它们相互支持、相互强化，只有按这样的原则组织起来整体优化的课程，才能转化为幼儿完整、系统的学习经验，以达到促进其身心全面和谐发展的目的。不能把课程看成单一教学内容的叠加、单一教学环节的简单连接，而是要把课程内容的各部分、各要素、各环节看成整个课程体系中的部分、要素、环节，使课程内容之间形成一个和谐、合理的整体，使整个课程的体系大于各个单一课程之和，这才是组织课程内容整合性标准的关键所在。

5. 平衡性

平衡性即考虑各领域课程的比重。课程内容的平衡在某种意义上会对幼儿发展的全面性产生影响。当前，有些幼儿园在开发园本课程时存在用数量来“凸显”特色的情况。[①] 如有的幼儿园是美术特色园，其在课程内容上表现为美术活动占比较大。在时间有限的情况下某一领域活动数量过多也就意味着其他领域活动数量相对较少，意味着某方面的特色是以牺牲幼儿的全面发展为代价的。由此可见，这种课程建设的思路是错误的，并不值得提倡。

平衡性要求在组织课程内容时不仅要保证与课程内容对应目标的实现，还要恰当安排各部分内容之间的比例，以促进幼儿的整体发展。

延伸阅读

学前教育课程组织中的生活化原则

教育与生活结合是学前教育课程组织的重要原则。长期以来，幼儿园教育实践也在自觉地遵守这一原则，下面几点就是例证。[②]

---

① 虞永平，原晋霞.幼儿园课程[M].北京：高等教育出版社，2014：54.

② 石筠弢.学前教育课程论[M].北京：北京师范大学出版社，2014：145－147.

1. 课程安排按照幼儿园生活的自然顺序展开

例如，每年九月份，幼儿园开展“迎接幼儿入园”“入园初步适应”“适应集体生活”等活动。幼儿升班、毕业离园时也有相应的活动，如“入学前准备”和“毕业典礼”活动，充满生活色彩。

2. 课程内容依据节日顺序组织

节日是社会生活的重要标志，既是文化特色的反映，也是人文精神的体现。春节、妇女节、清明节、劳动节、端午节、儿童节、建军节、中秋节、国庆节等，都是可利用的课程资源。节日的教育价值不仅仅表现在认知方面，更体现在情感方面。通过节日活动的开展，幼儿能更好地了解民族文化传统和世界人民的共同性。

3. 依据时令、节气变化规律组织课程

人的生活是在特定的时间、空间来展开的，生活的变化很大程度上是由自然界的变化引起的。时令、节气是自然界变化的具体化。因此，植物生长变化、自然现象、日常饮食等与时令、节气有关的就成为人们生活不可缺少的参照。幼儿对这些自然规律感受真切，但难于理解，因而易生好奇。由于幼儿理性水平低，要摆脱时令变化进行理智活动实在太难。利用自然界的事物和现象进行教育，正好适合幼儿感性为主的特点。

以上三点是幼儿教师长期教育实践的经验总结，被证明是适合幼儿身心发展的课程组织原则。

（二）幼儿园课程内容组织的方法与形式

1. 幼儿园课程内容组织的方法

幼儿园课程内容组织的基本方法可分为以下几种：一是逻辑顺序与心理顺序；二是纵向组织与横向组织；三是直线式组织与螺旋式组织。①

（1）逻辑顺序与心理顺序。

逻辑顺序是根据学科本身系统知识的内在联系与逻辑来组织课程内容；心理顺序是以学习者的经验、能力、兴趣、需要为基点，以符合幼儿心理特点的方式组织课程内容。主张根据逻辑顺序来组织课程内容者，强调学科、知识本身的逻辑顺序。该方法有利于幼儿获得系统的知识和严密的思维训练，计划性较强，教师容易把握，也有利于教师完成预设的教学任务；但同时，该主张也较少考虑幼儿的身心发展特点、兴趣和需要，与实际生活联系不够密切。

主张以心理顺序的方法来组织幼儿园课程内容者，强调根据幼儿的发展特点以及兴趣、需要、能力等组织课程。该方法容易调动幼儿学习的积极性、主动性，课程内容有较强的灵活性、

① 朱家雄.幼儿园课程(第二版)[M].上海：华东师范大学出版社，2012：164.

变通性，益于及时补充有价值的内容，有利于教师和幼儿一起计划、安排课程活动，能在最大程度上实现幼儿园课程内容组织的主体性。但其较少考虑学科、知识本身的逻辑性，较难形成系统的经验，对于教师专业素养要求较高，教师在把握课程时存在较大难度。

在幼儿园课程内容的组织中，无论是按逻辑顺序还是心理顺序，都各有利弊，取长补短，使两者达到和谐的统一，不失为幼儿园课程内容组织的一种有益做法。

（2）纵向组织与横向组织。

纵向组织是指按照课程组织的某些准则，以先后顺序排列课程内容。由于人的身心发展具有阶段性的序列，学科知识有逻辑演进的序列，所以课程内容的组织也有按纵向进行组织的必要。横向组织指的是按“广义概念”组织课程内容，即打破传统的知识体系，使课程内容与幼儿的已有经验连成一体。横向组织的关键词即“整合性”，主要表现在：新知识与旧经验在交互作用中不断整合起来；不同学科的知识在差异得以尊重的前提下整合起来，学科之间不再彼此孤立；课程内容以社会生活的需要为中心整合起来，并将社会生活视为具有内在联系的整体。

在幼儿园课程中，纵向组织与横向组织课程内容的做法都很常见。纵向组织方式强调知识和技能的层次性，即幼儿学习较为复杂的、抽象的知识都是建立在较简单、具体的知识基础之上，从简单到复杂、从具体到抽象依次推进。横向组织强调的是各种知识的融合和运用，强调知识与幼儿成长的关系，而不只关注到知识本身。

（3）直线式组织与螺旋式组织。

直线式组织指的是将课程内容组织成一条在逻辑上前后联系的直线，使前后内容互不重复。螺旋式组织指的是不同的阶段，课程内容会重复出现，但是这些重复出现的内容在深度和广度上都有所加强。

直线式组织与螺旋式组织对幼儿思维方式有不同的要求，前者有益于幼儿较有逻辑地去思考问题，知识和技能方面学习效果比较明显；后者有益于幼儿在与环境交互作用的过程中逐步获得经验。因此，幼儿园课程内容的组织一般多采用螺旋式组织方式，这种组织方式在“主题活动”“项目活动”等幼儿园课程类型中得到较多的体现。

2. 幼儿园课程内容组织的形式

幼儿园课程内容的组织形式主要有三种：以学科为中心的组织形式、以儿童为中心的组织形式以及以社会问题为中心的组织形式。不同组织形式下形成了不同幼儿园课程类型。

（1）学科中心课程。

学科中心课程即学科知识取向，强调按知识的内在性质及其内在结构组织课程内容。在此类课程活动中，教师的作用是促进幼儿的学习活动，幼儿的角色则是对教师所提供的活动、内容做出反应。学科中心课程具有明确的活动目标，教师在具体活动过程中要按照一系列设计好的方案促使幼儿一步一步达成目标，进而使幼儿获得更为系统的知识。

延伸阅读

学科中心课程的弊端[①]

杜威对学科中心课程进行了深刻批判：

在学校里，这些学科中的每一门课都被归到某一类去。各种事实从它们在经验中原来的地位割裂出来，并根据一般原理重新排列。把事物归了类并不是儿童经验的事情；事物不是分门别类地呈现出来的……一句话，已经归了类的各门学科是许多年科学的产物，而不是儿童经验的产物……于是，各门科目提供了一个永恒的和在一般的真理的基础上安排好的世界……因而引出的教训是，不顾和忽视儿童个人的特点、狂想和经验……把每个论题再分为若干科目，把每个科目再分为若干个课时，每个课时再分为若干特殊的事实和公式……让儿童一步一步地去掌握每一个这些割裂开来的部分，最后他便经历了整个领域。

（2）儿童中心课程。

儿童中心课程也称经验课程、活动课程、学习者的经验等，该类课程强调要根据幼儿的已有经验、发展水平、兴趣、需要等组织课程内容。从这一课程的命名可知，此类课程关注的不是学科而是儿童本身，课程内容的组织以儿童为中心，而且内容可以根据儿童兴趣、需要的变化而变化，幼儿可以从自身经验出发，去探索、研究和解决实际生活中遇到的问题，教师扮演的是活动的辅助者、顾问的角色。此类课程在幼儿园课程中并不少见，其对于发展幼儿的动手能力、问题解决能力、个性品质的培养等方面具有显著的作用。

（3）社会中心课程。

社会中心课程也称核心课程，即社会生活经验的取向，强调课程内容与社会生活的联系，主张围绕社会问题组织活动内容。其中，社会问题应是幼儿在社会生活中遇到的各类问题，包括认识、情感、交往等方面的问题，其目的在于加强课程与生活之间的联系，让幼儿在探索和解答这些问题的过程中学习、了解自已的生活环境并努力适应或改善它。社会中心课程多以“问题”为中心来组织课程内容。由于无法提前预料哪个问题究竟能够拓展哪些经验，因而教育效果在很大程度上取决于教师的专业素养。

在理论上，各种课程内容的组织方式可以在严格意义上加以分类，但在实践中，各种课程内容的组织方式并不是非此即彼，有时甚至是可以兼容的。

学前教育的最终目的和落脚点是促进幼儿的发展，幼儿园课程内容是幼儿园课程目标的载体，是实现幼儿园课程目标的手段。因此，幼儿园课程设计者、教师应遵循相应的原则，合理选择与组织课程内容，更有效地实现课程目标，促进幼儿的长远发展。

① [美]杜威.学校与社会·明日之学校[M].赵祥麟，任钟印，吴志宏，译.北京：人民教育出版社，2005：114.

主题自测

一、选择题

1. 幼儿园课程内容的内涵主要包括（　　）

A. 知识传授。　　　　B. 技能培养。

C. 情感态度培养。　　　　D. 以上都是。

2. 幼儿园课程内容的范围包括（　　）

A. 有助于幼儿获得基础知识的内容。

B. 有助于幼儿掌握基本活动方式的内容。

C. 有助于发展幼儿智力和能力的内容。

D. 以上都是。

3. 以下不属于幼儿园课程内容范围中“有助于幼儿获得基础知识的内容”的是（　　）

A. 生命活动所必需的知识。

B. 有利于幼儿解决基本的生活和交往问题的知识。

C. 帮助幼儿认识自己生活环境的知识。

D. 培养幼儿情感态度的内容。

4. 幼儿园课程内容的类型包括（　　）

A. 按学科结构。

B. 按活动对象的性质。

C. 按课题或问题领域。

D. 以上都是。

5. 以下不属于幼儿园课程内容类型中“按幼儿主要活动形式”的是（　　）

A. 游戏活动。　　　　B. 学习活动。

C. 生活活动。　　　　D. 学科结构。

二、简答题

1. 简述幼儿园课程内容的内涵。

2. 列举幼儿园课程内容范围中的两个方面，并简要说明。

3. 简述幼儿园课程内容类型中的“按幼儿心理发展领域”。

4. 列举幼儿园课程内容类型中的两种，并简要说明。

主题四　幼儿园课程实施

主题目标

1. 理解课程实施的含义与基本取向。
2. 了解幼儿园课程实施的途径与主要影响因素。
3. 了解幼儿园课程实施要求。

内容脉络

- 幼儿园课程实施
  - 课程实施的含义与取向
    - 课程实施的含义
    - 课程实施的取向
  - 幼儿园课程实施的途径
    - 幼儿园课程实施的基本途径
    - 幼儿园课程实施的重要途径
    - 幼儿园课程实施的独特途径
  - 幼儿园课程实施的要求与影响因素
    - 幼儿园课程实施的基本要求
    - 影响幼儿园课程实施的主要因素

模块一　课程实施的含义与取向

情境导入

对课程实施问题的认识可谓众说纷纭，仁智互见。有人认为课程实施应该严格按照课程计划来开展，因为如果没有按照所制订的计划来实施，课程计划就失去其制订的意义；也有人认为，幼儿园的文化价值、运行与经营风格、课程哲学、课程与教学资源、教师课程素养、幼儿等都具有差异性，因此课程计划应根据班级教育现场具体情况灵活调整。

你的答案是什么呢？希望学习本模块内容之后，你能为你所主张的课程实施的观点进行合理辩护。

知识演绎

一、课程实施的含义

课程实施(curriculum implementation)是课程开发过程中的重要环节之一，是指把事前规划与设计的课程方案付诸实践的过程。这里所谓的事前规划与设计的课程方案，包括中央、地方、园所与班级等不同层面的课程规划与设计方案。美国著名的课程学者古德莱德(J. I. Goodlad)从课程层次与转换的角度对课程实施进行深入研究，并由此提出了五种类型的课程形态理论。① 理想的课程，指课程专家、学术机构认为应当开设的课程。例如，有专家认为幼儿园应该开设性别平等、节约能源与保护环境、防灾减灾方面的课程。② 正式的课程，指由教育行政部门规定的课程计划、课程标准和教材。③ 领悟的课程，指学校教师对正式课程的理解与诠释。④ 运作的课程，指在学校课堂上实施的课程。⑤ 经验的课程，指学生体验到的课程。[①] 从古德莱德五种类型课程形态的理论来看，课程实施是教师将理想的课程、正式的课程转化为领悟的课程、运作的课程，最后形成经验课程的过程。

二、课程实施的取向

课程实施的取向，指的是对课程实施过程本质的不同认识以及支配这些认识相应的课程价值观。[②] 这里的课程实施的主体，一般是指处于教育实践现场的教师；而所谓的课程则包括中央层面的课程、地方层面的课程、幼儿园层面的课程和班级层面的课程。[③] 在课程发展与研究过程中，形成了三种不同的课程实施的取向，即忠实取向、相互适应取向和创生取向。

（一）忠实取向

课程实施的忠实取向(fidelity orientation)认为，课程实施的过程即是教师忠实地执行课程计划的过程，教师应该完全执行政府或课程专家开发的课程计划。在此种观点下，课程是由课程专家设计，然后分发到教师手中，教师是课程的执行者、使用者、消费者。其强调学校情境中的课程实施应当按照课程设计人员的意图、目标、内容、方法来执行，并将实施过程中的课程与课程计划之间的吻合度作为评量课程实施成功与否的标准。此外，抱持忠实取向的学者，主张在课程实施过程中给予教师充分的专业培训、情感支持和评估监督，以此来确保课程被忠实地实施。

忠实取向的优点是能够评估课程实施的程度，确保全体学生有明显的学习进步，及时发现课程计划在实施过程中遭遇的问题和受到阻碍的因素。但其忽视了课程实施受社会、政治、教育现场复杂性等因素的影响。[④]

（二）相互适应取向

课程实施的相互适应取向(mutual adaptation orientation)强调课程方案的使用者与学校情境之间的相互适应，主张课程实施者根据学校或班级的实际情境在课程理念、目标、内容、方法、评价等方面对课程计划进行调整和改变。例如，有研究者认为，为使学生获得最大的学习效果，所有事前规划的课程在实施过程中应该根据教室教学情境进行修改调适。[⑤] 调适的内容包括两个方面：一方面是调整事前规划的课程计划以适应学校、班级和学生的实际情况；另一方面是改变原来的课程实践情形，以符合新的课程计划的要求。[⑥] 简言之，抱持相互适应取向

---

① 施良方.课程理论、原理与问题[M].北京：教育科学出版社，1996：9.

② 张华.课程与教学论[M].上海：上海教育出版社，2000：335.

③ 简楚瑛.幼儿园课程发展理论与实务[M].台北：心理出版社，2019：23.

④ Superfine A C, Marshall A M, Kelso C. Fidelity of Implementation: Bringing Written Curriculum Materials into the Equation[J]. The Curriculum Journal, 2015, 26(1): 164－191.

⑤ 蔡清田.50则非知不可的课程学概念[M].台北：五南图书出版股份有限公司，2016：235.

⑥ 李臣之.课程实施：意义与本质[J].课程·教材·教法，2001(9)：16.

的学者把课程实施视为一个动态可变的过程。学校的需要、组织文化、核心价值观、学生特征不仅具有普遍性，而且充满个性，教育现场的情境复杂而又多变，课程实施过程中相互调适不仅是必要的，也是必然的。

（三）创生取向

课程实施的创生取向（enactment orientation）认为，课程实施是教师和学生在具体的课程情境中共同合作、创造新的教育经验的过程，既有的课程计划只是师生经验创生过程中选择的工具。① 换言之，此时教师成为课程的开发者，而既有的课程计划演变成一种课程资源供教师参考，教师借助这种课程资源与学生一同积极建构新的教育经验，这些教育经验就是课程。

以上关于课程实施的三种基本取向，反映了教师对课程计划与课程实施的关系的不同处理方式，也反映了教师不同的课程实施观，有人分别用三种隐喻来形容。②

隐喻一：课程计划是一幢建筑的设计图纸，它由建筑设计师设计出来，是对如何施工作出的详细具体的规定和说明；课程实施是建筑工人严格按照图纸进行施工的过程，建筑工人不得随意更改图纸说明；施工的质量根据实际施工与设计图纸之间的吻合程度来衡量。其所对应的是忠实取向的课程实施观。

隐喻二：课程计划是一场球赛的方案，这个方案是赛前由教练员和球员一起制订的；课程实施是球赛进行的过程。尽管球员要贯彻事先制订好的方案或意图，但达到这个意图的具体细节则必须由球员根据球场上的具体情况灵活机智地处理。其所对应的是相互适应取向的课程实施观。

隐喻三：课程计划是一份乐谱，课程实施是演奏作品的过程。对于同样的乐谱，不同的演奏者会有不同的理解和体会，从而就会有不同的演绎。有些演奏家特别受人欢迎，主要不是因为他们所演奏的乐曲，而是他们对乐谱的理解和演奏技巧俘获了听众；相反，同样的乐曲，有些演奏者不受欢迎，也主要是因为他们对乐谱的理解和演奏技巧不足。其所对应的是创生取向的课程实施观。

这三种课程实施取向隐含着对课程、课程改革的不同定义，期望教师扮演不同的角色。首先，在课程实施的忠实取向看来，课程就是计划性课程，由教师负责实施和评价；课程改革是理性的、系统的、实践的过程；教师的角色为课程的消费者。其次，在课程实施的相互适应取向看来，课程除计划性课程，还会因各种因素而产生不同的意义；课程改革是不可预测的，教师在实施过程中应主动调适；教师是计划性课程的发展者。最后，在课程实施的创生取向看来，课程由教师与学生共同创造的经验所组成；在课程改革方面看重师生的主体性及真实经验；教师的角色为课程的开发者，教师应重视如何依据学校、班级、学生的特征来开发课程。③

---

① 张华.课程与教学论[M].上海：上海教育出版社，2000：341.

② 虞永平，原晋霞.幼儿园课程[M].北京：高等教育出版社，2014：71.

③ 舒怀.课程与教学[M].台北：千华数位文化股份有限公司，2019：173.

事实上，这三种取向共同构成了一个课程实施的连续体，是共存的而非非此即彼的关系。关于幼儿园课程实施取向的认识，可以从三个维度来进一步加以理解。

一是从国家层面的课程管理制度而言，幼儿园教师既是课程实施者，又是课程的调适者、开发者。一方面，教师作为国家、地方课程的实施者，总是被课程政策制定者期望最大限度地、忠实地领会课程的意图、精神、目标，并付诸实践。另一方面，课程政策制定者为了增强课程的适应性，避免“一刀切”，又为幼儿园、教师留下了调适和创生课程的空间。

二是从幼儿园课程开发实践层面来看，幼儿园教师既是国家、地方课程方案园本化的实施者（兼有忠实取向、调适取向和创生取向），同时又是园本课程的开发者，即以幼儿园教师为主体，基于幼儿的兴趣、需要，幼儿园的宗旨、情境与资源等实际而开发课程。

三是从幼儿园教师具体的课程实践层面来审视，幼儿园课程实施不是将预先设计好的课程计划在实践中简单落实的过程，而是一项包含改变和创生的过程。幼儿园课程实施的本质是一个课程的“再设计”过程，是教师富于创造性的劳动。不过，教师以何种态度实施课程计划还受自身课程素养的影响。

案例研讨

张老师是一位严格遵守《指南》的教师。她认为《指南》是专家制定的，具有权威性，因此她严格按照《指南》中的目标和建议来设计课程和活动。例如，针对 5 岁儿童的数学认知，《指南》建议通过游戏和日常生活情境来教授基本的数数和计数技能。张老师便设计了一系列与数字相关的游戏，如“数字接龙”和“购物小帮手”，让幼儿在游戏中学习。

李老师认为《指南》是指导性的，而非一成不变的。她根据自己班级幼儿的实际情况，对《指南》进行调整。例如，她发现班级中的幼儿对音乐特别感兴趣，于是她将音乐元素融入数学教学中，通过节奏和旋律来教授数数，使幼儿在享受音乐的同时，也掌握了数学知识。

王老师则更注重创造性地使用《指南》。她鼓励幼儿参与课程设计，让幼儿根据自己的兴趣和需求提出学习活动的想法。例如，幼儿对海洋生物感兴趣，王老师便引导他们设计一个“海洋探险”的数学游戏，通过角色扮演和探险任务来学习数学概念。

分析：通过案例研讨，我们可以看到，不同的课程实施取向对《指南》的使用有不同的理解和实践。忠实取向强调遵循《指南》的权威性；相互适应取向强调根据实际情况灵活调整；创生取向则强调创造性地使用《指南》。在实际教学中，教师们可以根据自己和幼儿的具体情况，灵活选择和结合这三种取向，有效达成保教目标。

模块二　幼儿园课程实施的途径

情境导入

有两位同学就幼儿园课程实施途径进行如下讨论：甲同学认为，既然《规程》都明确指出幼儿园教育“以游戏为基本活动”，也就是说，在幼儿园课程实施过程中，只要将游戏这一活动形式组织好，其他活动形式（实施途径）就可以忽略了。而乙同学则认为，尽管游戏是幼儿园教育的基本活动方式，但《规程》同时还指出“寓教育于各项活动之中”，如果仅将游戏活动开展好，无法全面落实《指南》中所制定的“各年龄段典型行为表现”，除了游戏，课程实施还应该有其他途径。请问你对甲乙同学的争论是怎样看的。

本模块围绕幼儿园课程实施的途径展开阐述。

知识演绎

一、幼儿园课程实施的基本途径

课程实施是将课程规划与设计的蓝图转为学生学习与发展结果的实践之旅。根据幼儿学习与发展的特点，幼儿园课程实施途径通常包括游戏活动、生活活动、教学活动、环境创设和研学活动等。

（一）游戏活动

游戏活动是幼儿由内部动机而引发的自由选择或主动参与的活动，其注重游戏过程，受规则指引，以假装性行为为主要表现的活动。游戏有以下特征：① 游戏是幼儿自由选择或主动参与的活动；② 幼儿游戏具有假装性，幼儿用假装行为来表现经验世界；③ 幼儿游戏强调内部动机；④ 幼儿游戏注重游戏过程；⑤ 幼儿游戏受规则指引；⑥ 幼儿积极参与。游戏之所以成为幼儿园课程实施的基本活动形式，是因为游戏与幼儿学习与发展紧密相连。游戏不单为幼儿学习与发展提供脉络，也是幼儿主要的学习方式，还是评估幼儿学习与发展的"窗口"。实证性研究证实，游戏能促进幼儿体能、认知、语言、情绪、社会能力等方面的发展。

在幼儿园中，游戏活动通常可以分为自发性游戏(spontaneous play)、引导性游戏(guided play)和教师主导的游戏(teacher-directed play)。其中，自发性游戏是指发自幼儿内部动机，由幼儿主导的活动，游戏行为主要表现的是幼儿本身的兴趣和想法。例如，在区域活动中，幼儿自由选择并从事的游戏就属于自发性游戏。引导性游戏是指幼儿从事的是受到教师有目的影响的游戏。此时，幼儿仍有较高的内在控制和游戏动机，教师在此种游戏中的角色比较积极，比如适时介入与幼儿共同决定游戏内容，或者利用开放性的问题引导幼儿建构经验。① 而教师主导的游戏是指幼儿的游戏是由教师安排、主导，游戏多由外部控制，游戏内容和人数多少由教师决定。例如，教师组织幼儿玩"顶锅盖"听说游戏。将幼儿园游戏分为自发性游戏、引导性游戏和教师主导的游戏，其目的是在提醒教师在幼儿游戏活动中扮演适切角色与提供适宜支持，从而引发幼儿高品质游戏。②

游戏的价值虽然受到教育政策制定者的肯定和重视，但是要使游戏促进幼儿学习与发展的功能得以发挥，还需要教师为幼儿提供高质量的游戏环境和充足的游戏机会。首先，教师应在幼儿游戏活动中扮演多元角色，包括游戏时间的规划者、游戏空间的规划者、布置和玩物的提供者、先前经验的提供者、游戏行为的观察者、情感的支持者，以及游戏的参与者。③ 其次，为了实现"通过游戏学习"，教师在幼儿游戏过程中应适宜地运用鹰架协助幼儿游戏更加成熟和富有品质。常见的鹰架有：① 回溯鹰架，指帮助幼儿唤醒先前经验，营造游戏气氛；② 语言鹰架，指通过语言引发幼儿思考、推理、整合经验；③ 架构鹰架，指提供幼儿思考或活动的框架，让幼儿游戏有方向；④ 示范鹰架，指教师提供示范；⑤ 同伴鹰架，指提供同伴分享或鼓励；⑥ 材料鹰架，指提供游戏的各种材料，丰富或延伸游戏。④

延伸阅读

"真游戏"与"好游戏"⑤

当前在幼儿园游戏实践中常见的误区之一是认为"真游戏"就是"好游戏"，孩子玩得开心就是"好游戏"。"真游戏"是对"假游戏"而言的。游戏活动的本质特点是幼儿自发、自主、

① 黄瑞琴.幼儿园游戏课程[M].台北：心理出版社，2018：23.
② 周淑惠.游戏 VS 课程[M].台北：心理出版社，2013：11.
③ 陈淑敏.幼儿游戏[M].台北：心理出版社，2016：180.
④ 周淑惠.游戏 VS 课程[M].台北：心理出版社，2013：168.
⑤ 刘焱.也谈幼儿园游戏与课程[J].学前教育，2021(9)：4－13.

自由的活动，是“我要玩”“我做主”的活动。符合游戏活动本质特点的就是“真游戏”，反之就是“假游戏”。最典型的“假游戏”，就是完全由教师安排、导演的角色游戏。教师把自己的想法与愿望强加给幼儿，让幼儿按照教师计划的脚本开展游戏活动。“假游戏”固然要反对，但是不能因为要倡导“真游戏”，就把“真游戏”当作“好游戏”，反对教师对游戏的任何干预，把“真游戏”神圣化。幼儿园游戏不同于幼儿园之外的游戏，是因为它具有教育性。幼儿园游戏不仅要满足幼儿游戏的兴趣和需要，让幼儿高兴或快乐，更要让幼儿在游戏中获得有益的学习经验。

并不是所有游戏都对儿童有益，只有高水平的、复杂的游戏才是对儿童有益的，能够促进幼儿早期学习的。高水平、有质量的游戏必定不是放任自流、简单重复的，需要教师的设计与支持，包括制订游戏计划和支持儿童游戏。

总之，我们不仅要让幼儿玩“真游戏”，更要让幼儿玩“好游戏”。“好游戏”一定是“真游戏”，但“真游戏”不一定是“好游戏”。“好游戏”能够激发和支持幼儿主动学习，能够使幼儿获得有益的经验，有助于育人目标的实现。

【观点讨论】

游戏就是教师提供材料放手让幼儿玩吗？幼儿玩得热火朝天就是学习？

（二）生活活动

幼儿园的生活活动，通常包含入园、餐饮、盥洗、如厕、离园等。在以保教并重的幼儿园教育中，生活活动在幼儿在园一日生活与学习中的占据较大的比重，也具有独特的价值。全语言学习理论认为，语言是幼儿在家庭、日常生活中自然而有意义的使用中学习而获得的。《指南》在“说明”部分明确指出“要珍视游戏和生活的独特价值”，同时也指出“幼儿的学习是以直接经验为基础，在游戏和日常生活中进行的”。《纲要》在“科学领域”中也提出，“能从生活和游戏中感受事物的数量关系并体验到数学的重要和有趣”。这两份文件所倡导的这种“在生活中学习，将学习应用于生活”的理念，其实便是通过生活活动来开展实施课程的最直接说法。

（三）教学活动

教学活动是教师有目的地促进学生学习，以达成既定教学目标的活动，主要有集体教学、小组教学和个别教学三种形式。其中，集体教学指的是教师根据一定的教学目标、本班幼儿身心发展的主要特点，选择相应的教学内容，设计与组织的、面向全体幼儿的一种教学活动组织形式。①

教学需要教师基于专业立场回答“为什么教”(教学目标)、“教什么”(教学内容)、“如何教”(教学方法)、“教到什么程度”(教学评价)四个基础性的核心问题。为使教学富有吸引力并达成教学目标,以下从教学目标、教学内容、教学方法、教学策略四个方面提出教师要注意的要点。

一是在教学目标方面应注意的要点。① 教学目标的导向性。教学目标是教学活动的出发点和归宿,是教师选择教学内容、教学方法和开展教学评价的依据。② 教学目标的适宜性。教师在设计教学目标时要充分考虑幼儿先前经验,设计的学习目标应是幼儿力所能及的。③ 教学目标的清晰性。教师教学设计过程中首要的前提是清晰地陈述教学目标,明确教学活动结束时幼儿应该知道什么、能做什么。没有清晰的目标,就没有明确的依据来选择教学内容和方法,也就没有标准来评价学习者到底学会了什么。② ④ 教学目标的全面性。全人发展、“五育并举”是幼儿园课程规划与设计的基础性理念之一。教学作为课程实施的主要途径之一,教学目标要兼顾幼儿在知识技能、过程方法、情感态度价值观等方面的学习与发展。

二是在教学内容方面应注意的要点。① 基于幼儿先前经验。先前经验是幼儿建构新经验的基础。教师可以通过访谈、观察、家长问卷调查等方式了解幼儿是否具备学习新经验所需的先前经验。如果发现幼儿缺少相关先前经验,教师要谨慎思考新学习主题的必要性,要么重新选择学习主题,要么通过游戏、图书分享、实地探访、家园合作等多元方式,为幼儿铺垫学习新主题所需的先前经验。② 坚持生活性原则。教学内容应主要选自幼儿的家庭生活、幼儿园生活和社区生活。③ 配合幼儿兴趣。教学内容应当配合幼儿兴趣,才能激发幼儿学习动机。④ 主张综合化原则,即教学内容应打破领域之间的界限,加强领域之间的渗透,注重五大领域之间的横向和纵向关联。

三是在教学方法方面应注意的要点。教学方法匹配教学目标,即不同的教学目标要选择不同的教学方法来达成。③ 根据布鲁姆教学目标分类学,教学目标被相对地划分为认知、动作技能、情感三个领域。不同领域的目标宜采用不同的教学方法来达成。例如,属于认知领域的概念学习可以采用讲授法来组织学习活动;属于情感领域的态度、信念、价值观、道德情操的学习就不适宜采用讲授法为主来学习,而应采用角色扮演、示范、价值澄清、道德两难、欣赏等教学方法来进行。④ 此外,教师应当灵活采用多种教学方法。例如,科学活动可以采用讲述、讨论、观察、实验等方法相互配合来促进幼儿深度学习。

四是在教学评价方面应注意的要点。教师应当树立改进教学和促进幼儿学习的发展性评价理念。教学评价的目的是通过系统地收集信息来判断教学目标是否达成或者多大程度上得以达成,以此作为改进教学、促进幼儿学习的依据。因此,幼儿园教学过程要以形成性评价为

---

① 李生兰.幼儿园课程新论[M].北京:北京大学出版社,2018:14.

② 崔允漷,夏雪梅.“教—学—评一致性”:意义与含义[J].中小学管理,2013(1):5.

③ 简楚瑛.幼儿园课程发展[M].台北:心理出版社,2019:202.

④ 王财印,吴百禄,周新富.教学原理[M].台北:心理出版社,2019:322-332.

主，辅以终结性评价，聚焦幼儿在教学活动中的真实性表现。此外，教学反思也是一种特殊的教学评价，幼儿园教师可以通过撰写教学反思日志的方式来回顾、反思、改进自己的教学。

二、幼儿园课程实施的重要途径

环境创设是幼儿园课程实施的重要途径。幼儿园环境创设是指从"幼儿园课程的基本理念和目标出发，根据幼儿学习和发展的现实需要，和幼儿共同完善环境的布局，充实环境中的各种设施和材料，使幼儿能在环境中开展适合其身心发展的各种活动，从中幼儿能满足兴趣，迎接挑战，不断获得新的经验"。① 环境创设是实施幼儿园课程的重要途径，包含物质环境和心理文化气氛两个方面。

幼儿园环境对幼儿学习与发展起着重要作用。建构主义的观点认为，幼儿在物理和社会环境持续不断的互动中经历问题、冲突、矛盾、不平衡，通过自主探究和自我调整而学习。② 此外，幼儿园环境能直接与间接地影响幼儿的感受、行为表现和学习意愿。③ 因此，要通过精心规划与设计，为幼儿提供一个安全、温馨、舒适，促进幼儿全人发展的生活与学习环境。首先，要把环境创设纳入课程规划与设计之中，使环境创设配合课程目标，丰富幼儿的学习方式，激励幼儿以多元方式探究和认识事物。其次，要注重环境创设的多元教育功能，避免单一追求审美价值，重视物理环境与心理氛围、室内环境与室外环境的创建，不可偏废。④ 最后，要鼓励和支持幼儿参与。教师要树立环境创设即课程实施的课程观，幼儿参与环境创设的过程就是幼儿学习与发展的过程。总之，幼儿园教帅应当重视物理与心理气氛环境的创设，为幼儿提供一个安全、健康、自在、舒适的生活环境和激励幼儿学习与探索的学习环境。

三、幼儿园课程实施的独特途径

研学活动是幼儿园课程实施的独特途径。2016 年，教育部等 11 部门印发了《关于推进中小学生研学旅行的意见》，要求各地将研学旅行摆在重要的位置，推动研学旅行健康快速发展。在此背景下，研学旅行成为教育研究的热点之一，并被认为是一种蕴含缔造、统整、生活、真实取向的综合实践课程。⑤ 为此，有研究者提出研学旅行是幼儿园课程实施的独特途径⑥，认为研学旅行是引导幼儿走出校园，在与日常生活不同的环境中拓展视野、丰富知识、了解社会、亲近自然、参与体验。⑦

---

① 虞永平.幼儿园教育环境创设与利用的问题和思路[J].早期教育(教育教学)，2021(9)：4－7.
② 黄瑞琴.幼儿园游戏课程[M].台北：心理出版社，2018：48－49.
③ 蔡春美，张翠娥，陈素珍.幼儿教育体系与运作[M].台北：心理出版社，2012：115.
④ 侯莉敏.幼儿园学习环境创设的变迁、审思与再定义[J].学前教育(幼教版)，2012(6)：4－8.
⑤ 王润，张增田.研学旅行：价值取向与问题探视[J].河北师范大学学报(教育科学版)，2017(6)：90－92.
⑥ 李生兰.幼儿园课程新论[M].北京：北京大学出版社，2018：13.
⑦ 冯伟群，徐慧，罗娟.跨越围墙的幼儿园课程[M].南京：江苏人民教育出版社，2020：37.

要将研学旅行视为幼儿园课程实施的独特途径，首先，研学旅行应有明确的目标，并依据目标规划与设计学习经验、学习方式和活动评价。其次，引导幼儿以多元方式进行学习。再次，注重园内学习主题与研学活动之间的相互配合、延伸、深化、提升、统整。最后，注重安全。开展研学活动务必取得家长的同意，并争取让家长共同参与；同时要考虑交通工具、活动场所、学习方式、气候、食品可能引发的安全问题等。

当然，除了上述课程实施的途径，幼儿园举行升旗仪式、游园会、亲子运动会、毕业典礼等全园性的活动也是课程实施的途径，也应引起重视并加以有效实施。

案例研讨

在某幼儿园小班，教师们面临着如何提升幼儿学习兴趣和综合能力的挑战。传统的教学模式以教师为中心，幼儿的参与度较低，学习效果不佳。为了改变这一现状，幼儿园决定以“重建幼儿游戏的核心价值观”为指导，重新设计和实施游戏活动。

1. 重视幼儿自由游戏及在游戏中学习的价值。首先，教师转变观念，将游戏视为幼儿学习的重要途径。在日常教学中，他们鼓励幼儿自由选择游戏活动，如在角色扮演区，幼儿通过模仿真实生活场景扮演医生和病人，不仅锻炼了语言表达能力，还学习了基本的健康知识。在户外游戏中，幼儿通过追逐跑跳等身体活动，增强了身体协调性和运动能力。教师们意识到，游戏中的这些互动和体验对幼儿的全面发展至关重要。

2. 提供大量自主探索、操作与学习的游戏活动。幼儿园增设了多个游戏区角，如积木区、美术区、科学探索区等。在积木区，幼儿可以自由搭建各种建筑，通过尝试不同的搭建方法，学习空间概念，提升解决问题的能力。在美术区，教师不设定具体的主题或要求，让幼儿根据自己的想法自由表达，培养幼儿的创造力和审美能力。

3. 善用幼儿喜欢游戏的天性。教师们将学习内容巧妙地融入游戏中。例如，在数学游戏中，通过设置不同难度的计数和分类任务，幼儿在游戏中掌握了基本的数学概念。在语言游戏中，通过角色扮演和情景对话，幼儿在轻松愉快的氛围中提高了语言表达能力和理解能力。

4. 提供多元且结构性较低的素材。游戏材料丰富多样，包括自然物品（如树叶、石头）、回收物品（如纸箱、瓶盖）等。这些素材的结构性较低，幼儿可以根据自己的想法进行组合和创造，例如用纸箱搭建城堡，用石头进行简单的拼图游戏。这种多样化的素材激发了幼儿的想象力和创造力，使他们在游戏中不断尝试新的玩法和创意。

5. 重视游戏素材与情境的自然、质朴，富有弹性。游戏环境的布置尽量接近自然，避免过度精美的装饰。例如，在户外游戏区，利用自然的树木和草地作为游戏背景，让幼儿在自然环境中进行游戏，增强了他们的环保意识和对自然的亲近感。游戏情境的设置也具有较高的可塑性和变化性，能够根据幼儿的兴趣和需求进行调整，满足不同幼儿的游戏需求。

6. 给予充足的游戏时间。幼儿园合理安排了幼儿的日常作息，确保他们有充足的时间进行游戏。在游戏时间里，幼儿可以安心地进行探索、操作和创造，享受游戏带来的愉悦和满足感。教师们观察到，充足的游戏时间让幼儿能够更深入地投入游戏，从而获得更丰富的学习经验。

7. 观察幼儿的兴趣。教师密切观察幼儿在游戏中的表现，了解他们的兴趣和需求。例如，发现幼儿对动物特别感兴趣后，教师们设计了一系列与动物相关的游戏活动，如动物拼图、动物角色扮演等，引导幼儿主动学习动物的知识。这种针对性的活动设计，使幼儿在游戏中的学习更具目的性和有效性。

分析：经过一段时间的实施，教师们意识到，重建幼儿游戏的核心价值观，不仅激发了幼儿的学习兴趣，提高了幼儿的学习效果，还促进了幼儿的全面发展。然而，在实施过程中也遇到了一些挑战，如部分教师对游戏教学的理解不够深入，有时难以把握游戏与直接教学活动之间的平衡。为此，幼儿园组织了多次教师培训和交流活动，分享游戏教学的成功经验和方法，帮助教师们更好地理解和实施游戏活动。

模块三　幼儿园课程实施的要求与影响因素

情境导入

影响课程实际运作的因素，看起来十分简单，其实常常令人难以捉摸。如甲同学认为，课程要成功实施，关键在于园长的重视程度；而乙同学则认为，教师对课程方案的认同是影响课程成功实施的关键因素。对于甲乙两位同学的观点，你是怎样认为的呢？

本模块主要围绕幼儿园课程实施的要求与影响因素进行阐述。

知识演绎

一、幼儿园课程实施的基本要求

任何一个课程计划(或课程方案)需要有效实施，才能转换成学生的学习与发展结果，有效的课程实施应遵循一定的基本要求。

(一) 建立课程实施专业资源支持体系

课程作为学校教育的核心，幼儿园应当以持续提升教师课程设计与实施知能为出发点来规划和实施教师专业发展项目，为推进课程实施提供人力资源保障。幼儿园应创造条件鼓励教师参与各种类型的专业学习与发展活动，如举办讲座、团体讨论、工作坊、研讨会、集体备课、参访等。此外，经相关部门审定通过、契合本地实际情况的、“高质量、易操作”的教师指导用书，也可为幼儿园教师课程实施提供强有力的专业支持，以确保课程实施质量。

(二) 制订计划并依实施情境灵活调整

幼儿园和教师应当根据本地、园所条件与资源，结合班级幼儿的发展情况，从课程理念与目标、内容、方法、评价来规划和设计各类幼儿园课程方案，如班级学年、学期、月、周课程方案以及一日活动计划。在将制订的各种课程方案付诸实施的过程中，应善于根据实际情形灵活调整，以使“静态的方案”能更好地适应“动态的变化”，让所实施的课程活动更贴近幼儿的兴趣、需要，更好促进幼儿身心发展。

（三）注重对课程实施过程的持续反思

反思即反省，反思不仅是有效促进教师专业发展的手段，而且是教师持续改进课程与教学的重要策略。因为，持续的教学反思是教学理论走向教学实践的桥梁，可以促进教师改进教学实践。教师可以把自己课程实施的信念、过程、方式、幼儿学习与发展结果等作为回顾与思考的对象，并根据这些回顾与思考来改进、重塑未来的行动方向与方式。教师的反思可以通过撰写反思日志、课堂教学录像回放、专家督导、自我叙事、行动研究等方式进行，并贯穿于课程设计与实施的全过程。例如，教师可以在教学结束或是一个主题课程结束后自我追问并尝试回答：课程目标是否达成？幼儿的学习与发展结果如何？课程目标未达成的原因何在？下次课程设计与实施时该如何改进？

二、影响幼儿园课程实施的主要因素

影响幼儿园课程实施的因素有很多，以下主要从幼儿园教师、幼儿、实施环境、课程制度等方面加以分析。

（一）幼儿园教师

无论是国家课程，还是地方课程、园本课程，都需要教师在班级层面采取行动落实。由此可见，教师是课程实施的关键。课程实施实际上是课程转化的过程，无论是理想的课程还是正式的课程都要经过教师的理解、诠释、付诸实践，成为运作的课程，再经学生学习之后成为经验的课程。一般来说，这个转换的过程受教师的个人特征、教学资历、课程与教学信念、专业技能等影响。不过这些因素短期内较难改变。因此，有学者提出课程实施过程中应关注教师的课程素养，即教师对课程特征的理解以及能将其付诸实践的能力。[①][②] 而教师的课程素养可以通过工作坊、任务本位、研究发展模式等进修方式予以提升。[③]

---

① Baş G, Şentürk C. Teaching-learning Conceptions and Curriculum Fidelity: A Relational Research[J]. International Journal of Curriculum and Instruction, 2019, 11(2): 163－180.

② Yildiz S. The Relationship between the Curriculum Design Orientations Preference and Curriculum Fidelity of Preservice Teachers[J]. International Online Journal of Educational Sciences, 2018, 10(2):1－12.

③ 黄政杰.教师应具备课程素养[J].台湾教育评论月刊,2019(12):5.

（二）幼儿

幼儿园课程实施的根本目的是引导和促进幼儿主动学习来实现预期的课程目标。幼儿作为课程实施主体之一，其先前经验、能力、需要、兴趣等都会影响教师的课程实施。

（三）实施环境

影响课程实施的环境包含外部环境和内部环境。外部环境主要指政府机构、外部协助系统。内部环境主要有三方面民。① 组织文化和气氛，比如团队精神、凝聚力。课程实施过程中，基于课程领导的视角，领导者被期待是课程变革的倡导者、教练、问题解决者、反馈者，领导所提供的积极支持越多，课程实施的程度就越高；实施过程中教师之间能相互信任、支持、互动和开放式交流，课程实施的程度就越高。[①] ② 幼儿园的物理环境，如园舍空间、器材设备、教学媒体、班级人数。班级人数可能限制教师对幼儿学习方式的安排，班级人数越多，教师采用探究教学法就越可能遭遇挑战。③ 课程实施所需的素材性资源和条件性资源。这些资源的配备也会影响课程的实施。

（四）课程制度

课程制度是指在相应时空范围内形成或制订的结构严密、相对稳定、体现学校教育价值观的，参与学校课程建设的全体人员，必须共同遵守的程序、步骤和规范体系。[②] 学校课程制度作为学校课程共同体共同遵循的价值规范与行动准则，是达成学校课程目标与实现学校课程理想的重要手段与途径。[③] 因此，各级教育管理部门、幼儿园应加强课程制度和运行机制建设，激励和支持教师参与课程变革，从而推进课程的发展。[④]

除这些影响幼儿园课程实施的因素，课程实施还受课程本身的特征（清晰性、复杂性、与社会文化的适切性）、课程变革的急迫性、教育行政部门的推动与支持等因素的影响。

案例研讨

在某城市的阳光幼儿园，园方意识到家长在幼儿园课程实施中的重要性，决定通过多种方式鼓励家长参与课程建设与实施。这一决策旨在更好地满足幼儿的发展需求，同时促进家园合作，提高保教活动质量。

---

① 于泽元.课程变革与学校课程领导[M].重庆：重庆大学出版社，2006：131.

② 和学新，张丹丹.论学校课程制度[J].全球教育展望，2011(2)：24.

③ 廖辉.学校课程制度建设的三重向度[J].教育理论与实践，2013(29)：33.

④ 朱家雄.幼儿园课程[M].上海：华东师范大学出版社，2011：185.

1. 家长参与课程设计。幼儿园定期组织家长会议，邀请家长参与课程内容的讨论和设计。例如，在开发“自然探索”主题课程时，教师向家长介绍了课程目标和初步计划，家长们根据自己的生活经验和对幼儿的了解，提出了许多宝贵的建议。有家长建议增加关于植物生长周期的观察活动，让幼儿亲手种植并记录植物的生长过程。

2. 家长作为课程实施的支持者。邀请家长积极参与课程实施。例如，在“亲子阅读”活动中，家长与幼儿一起阅读绘本，讨论故事内容，培养幼儿的阅读兴趣和语言表达能力。家长还为幼儿园提供了丰富的物质资源和人力支持，如在一次户外科学实验活动中，有家长提供了实验所需的材料，并协助教师指导幼儿进行实验操作。

3. 家长对课程实施的评价与反馈。课程实施过程中，幼儿园教师定期收集家长对课程的反馈意见。家长的评价为教师改进保教活动提供了重要的参考依据。例如，在一次课程评价中，家长普遍认为课程内容丰富多样，但部分活动的时间安排不够合理，导致幼儿的参与度不高。教师根据家长的反馈，及时调整了课程计划，优化了活动安排。

分析：通过家长的积极参与，阳光幼儿园的课程实施取得了显著成效。幼儿在课程中获得了发展。如在“自然探索”课程中，幼儿的观察能力、动手能力和科学探究能力得到了明显提升。同时，家长与幼儿园之间的合作关系更加紧密，形成了良好的家园共育氛围。

然而，在实施过程中也存在一些问题，如部分家长对幼儿园课程的理解不够深入，参与程度有限，导致课程实施的效果未能充分发挥。此外，幼儿园在组织家长参与活动时，有时缺乏有效的沟通和协调，影响了家长的参与积极性。

通过反思，幼儿园教师认识到要更好地发挥家长在课程实施中的作用，需要进一步加强家园沟通，提高家长的参与积极性。同时，幼儿园应建立更加完善的家长参与机制，明确家长的角色和职责，为家长提供更多的参与机会和支持。

【趣味研究】

一般说来，家长在照顾和教育幼儿的过程中，会采用与其教育价值观相匹配的教养实践策略。近年来，幼儿在家庭中的游戏机会和环境受到研究者的重视。幼儿在家中游戏时间的多少，游戏材料的丰富程度，成人是否参与共同玩耍等，与家长对游戏价值的认识有直接联系。

请访谈 3—5 位幼儿父母，了解他们对幼儿游戏价值的认识。在访谈过程中，你可以问：“请谈谈您认为幼儿的玩耍活动对幼儿的学习与发展有哪些价值。您这样认为的理由是什么？”访谈结束后请对访谈资料进行简要归纳与分析，以及向教师、同学分享你的访谈发现。

【实践项目】

王老师所带的班级是中(1)班。《指南》提出，应培养幼儿具有基本的生活自理能力。根据这一目标，王老师决定重新规划和设计班级的扮演区，希望通过游戏的方式协助幼儿获得基本的生活自理能力。请根据王老师的想法替她完成扮演区的规划和设计。

温馨提示：建议你首先结合幼儿日常的生活活动种类与范围，对“幼儿具有基本的生活自理能力”这一目标进行进一步的分解，制订出更为具体的，可观察、评估的幼儿学习与发展目标。其次，根据目标思考要投放哪些素材和工具。之后，根据幼儿游戏前、游戏中、游戏后的全过程来设计引导策略与重点。接下来就让我们开始行动吧！

主题自测

一、选择题

1. 美国课程学者古德莱德提出了五种类型的课程，分别是理想的课程、正式的课程、领悟的课程、运作的课程、经验的课程。根据古德莱德的上述观点，请问《3—6岁儿童学习与发展指南》属于（　　）

A. 正式的课。　　B. 领悟的课程。

C. 运作的课程。　　D. 经验的课程。

2. 将课程实施比作是建筑工人严格按照图纸进行施工的过程，这体现的是哪一种课程实施取向（　　）

A. 忠实取向。　　B. 相互适应取向。

C. 创生取向。　　D. 综合取向。

3. 游戏是幼儿园课程实施的基本途径之一，下列关于游戏的观点不恰当的是（　　）

A. 游戏是幼儿的学习方式之一。

B. 游戏能促进幼儿体能、认知、语言、情绪、社会能力等方面的发展。

C. 在幼儿游戏过程中，教师应适宜地运用鹰架协助幼儿游戏。

D. 游戏是幼儿的休闲活动，不具有教育价值。

二、简答题

1. 简述课程实施的含义以及取向。

2. 简述幼儿园课程实施的途径。

3. 简述幼儿园课程实施的基本要求。

4. 简述幼儿园课程实施的主要影响因素。

主题五　幼儿园课程评价

主题目标

1. 理解幼儿园课程评价的内涵与基本观念。
2. 了解幼儿园课程评价的类型、程序与基本要素。
3. 掌握几种典型的幼儿园课程评价方法的基本程序。

内容脉络

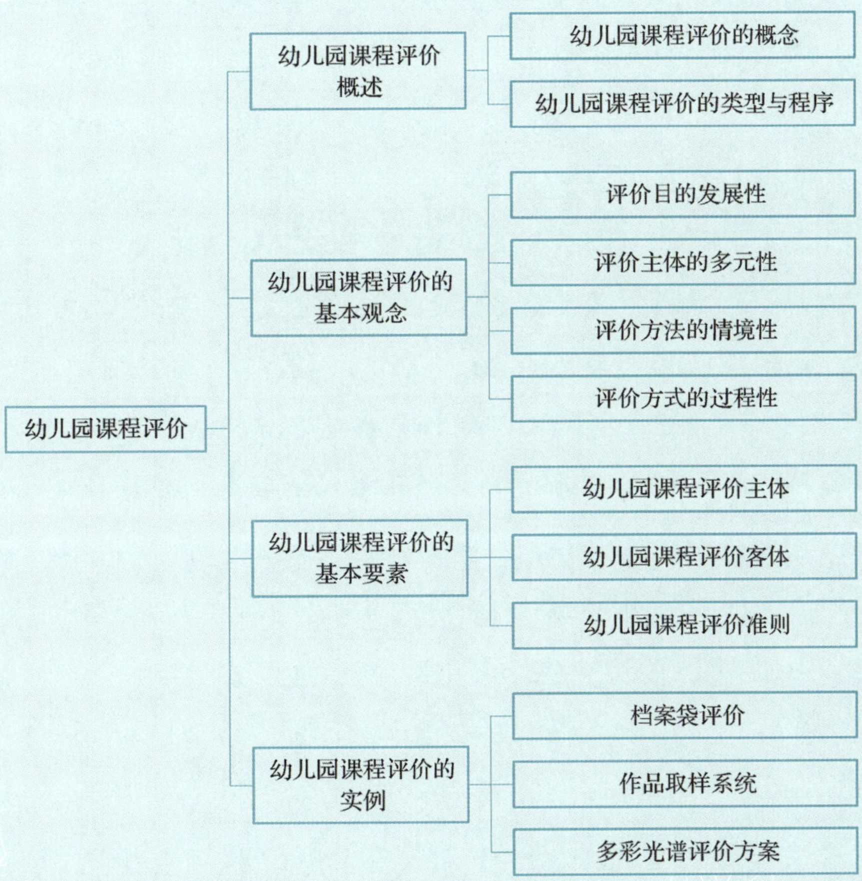

模块一　幼儿园课程评价概述

情境导入

2021 年 12 月，X 市教育主管部门为支持 A 幼儿园顺利通过省级示范幼儿园评估工作，特地组建了一个以一位资深幼教专家为组长，两名园长和两名高校教师为组员的评估组，进入 A 园进行为期两天的园所教育质量预评估工作。评估组通过进班现场观察、教师座谈、家长访谈、查阅相关资料等方式，对该园课程实施概貌等相关信息进行全方位的记录与整理。两天观察评估结束后，评估组就幼儿园办园理念、课程方案建构与实施、课程实施中的师幼表现，以及家长的访谈情况等与园方进行了沟通，既肯定了幼儿园教育工作取得的成绩，也对存在的不足提出了有针对性的整改建议。园所教师认为这次预评估组给出的建议中肯，对后期改进提升工作很有帮助。

为什么该园要进行这次预评估工作？幼儿园课程评价是怎样开展的呢？本模块主要围绕幼儿园课程评价进行概述。

知识演绎

一、幼儿园课程评价的概念

在幼儿园，常常可以听到教师这样讨论："张老师的这个活动组织得非常成功""该幼儿园一日活动安排得恰当合理""幼儿园的课程活动能有效与生活相融合，为幼儿的学习与发展提供了较好的条件，切实做到生活即教育"……教师的这些讨论，其实指向的就是幼儿园课程评价这一话题。

（一）幼儿园课程评价的内涵

评价是人们对客观事物的价值做出判断的过程，是对客体满足主体需要程度的判断。课程评价诞生于美国著名的新课程改革实验的“八年研究”（1933—1940），课程评价之父拉尔夫·泰勒在课程研究中首次提出“课程评价”这一概念，标志着课程评价从教育评价中独立出来。他认为，课程评价过程实质上是一个确定课程与教学计划实际达到教育目标程度的过程。课程评价作为课程“四要素”之一，在课程体系中占有十分重要的地位，它从课程建设的“起点”（对课程方案的评价）出发，伴随课程运作的全过程（对课程实施过程的评价），直至课程运作的“终点”（对课程效果的评价）。① 目前关于幼儿园课程评价的概念界定，国内学者的主要观点如下。

冯晓霞教授提出，幼儿园课程评价是对幼儿园课程进行考察和分析，以确定其价值和适宜性的过程。课程评价在整个课程系统工程中占有举足轻重的地位，因为它既是课程运作的“终点”，又是它继续发展的起点，而且伴随着课程运作的全过程。幼儿园课程评价的主要目的在于了解课程的适宜性、有效性，以便调整、改善、选择和推广课程，提高幼儿园教育质量。② 朱家雄教授认为，幼儿园课程评价是针对幼儿园课程的特点和组成成分，分析和判断幼儿园课程价值的过程，即评估由于幼儿园课程的影响所引起的变化的数量和程度。③ 虞永平教授谈到，幼儿园课程评价就是对幼儿园课程的价值进行研究的过程，简单地说，幼儿园课程评价就是要探索课程的编定是否符合教育目的和儿童特点的要求，通过课程的学习是否收到了预期的结果，课程需要在什么方面改进等问题。④ 王坚红教授认为，学前教育课程评价旨在根据学前教育课程的特点和组成要素，通过收集和分析比较系统全面的有关资料，科学地判断课程的价值和效益。学前教育课程评价应准确地揭示课程本身的各个组成部分之间的关系，力求全面地解释课程各方面的功能和价值。⑤

综上可知，幼儿园课程评价是一个复杂的、系统的过程。从评价要素来说，涉及评价主体、客体、准则、方法等；从评价时间来说，课程评价贯穿于整个幼儿园课程设计与实施的始终，既包括设计前的诊断性评价，实施中的过程性评价，还包括实施后的终结性评价。总的来说，幼儿园课程评价是针对幼儿园课程特点和组成要素，通过收集和分析比较系统全面的有关资料，科学地判断幼儿园课程价值和效益的过程。

（二）幼儿园课程评价的功能

评价一般具有诊断、改进、鉴别、激励和导向的基本功能。幼儿园课程评价是把握教育适

① 王坚红.学前教育评价[M].北京：人民教育出版社，2010：2.

② 冯晓霞.幼儿园课程[M].北京：北京师范大学出版社，2000：112.

③ 朱家雄.幼儿园课程[M].上海：华东师范大学出版社，2003：156.

④ 虞永平，张辉娟，钱雨，蔡红梅.幼儿园课程评价(第2版)[M].南京：江苏教育出版社，2009：25－26.

⑤ 王坚红.学前教育评价[M].北京：人民教育出版社，2011：227.

宜性，调整和改进幼儿园课程的有效手段。通过评价可以了解社会和幼儿发展需求，获得教师对幼儿园课程的理解掌握程度，以及对幼儿园课程发展的具体要求和期望，为开发适宜园所幼儿发展的课程提供直接依据。①

1. 课程方案的甄别与选择

学前教育的非义务性特点，决定着幼儿园课程方案的编制是弹性而开放的。这也使得在学前教育领域中存在着形式不一、良莠不齐的课程方案。如何选择适宜园所幼儿学习与发展的课程方案，这是一线教师在教育教学实践中遇到的现实问题。因而，广大教师有必要通过评价，对比不同类型、级别、领域的幼儿园课程方案，分析目标设置、内容选择与组织、实施及成效等方面的优劣，对课程方案在有效促使幼儿学习与发展等方面进行整体的了解与把握；再结合园所以及区域发展特点、实际条件以及本园幼儿发展水平，选择与编制适宜园所发展的课程方案。

2. 课程实施的诊断和改进

幼儿是不断变化发展的个体，课程方案的实施也应该是动态发展的。选择适宜幼儿动态发展的课程方案，就需要通过课程评价对所选课程方案及其实施情况进行系统鉴定与检查，诊断出课程目标、内容、实施方式及途径等方面对幼儿发展是否具有适宜性，为课程方案及时修订和补充提供支持。同时，针对正在形成的课程方案，也可通过评价总结优点并发扬，发现缺点并调整。

课程实施诊断与改进功能具体表现在以下三方面。一是了解课程目标达成度，判断课程实施成效。通过评价，了解课程目标达成概况，判断课程实施效果是否与课程目标一致，为课程实施者进行及时改进提供帮助。二是把握课程内容的适宜性，主要表现在通过分析评价判定内容是否既适合幼儿的现有水平，又有一定的挑战性。三是监督课程实施过程。幼儿园课程评价主体多元，不同主体基于幼儿发展的不同方向对课程实施过程进行评价，为课程实施过程起到共同监督的作用。

二、幼儿园课程评价的类型与程序

（一）幼儿园课程评价的类型

根据课程评价不同维度可以把幼儿园课程评价分为以下几种类型。

1. 诊断性评价、形成性评价和终结性评价

（1）诊断性评价。

诊断性评价也称准备性评价，是课程运作前进行的评价。通过诊断评价，一方面可以了解

① 杨晓萍.幼儿园课程理论与实践[M].重庆：西南大学出版社，2021：105.

儿童知识能力水平以及情感态度，为课程设计提供依据；另一方面可对课程实施者所具备的知识储备和教学能力做出调查和掌握，初步判定课程实施者的水平，保证教育质量。

（2）形成性评价。

形成性评价也称过程性评价，是对课程运作过程进行的评价，是调整和改进课程方案，使其更加完善的一种评价方式，其目的在于提供修订课程计划的证据。如课程设计阶段，课程设计者通过课程评价发现课程设计存在问题并及时修正；课程实施阶段，课程设计者通过评价诊断课程实施的适宜性，发现课程不足并及时改进等。

（3）终结性评价。

终结性评价也称总结性评价、结果性评价，是对课程实施效果进行评价，在课程计划实施后进行，是对课程实施后获得的实际效果进行验证的评价方式，其目的在于“验证课程的成功程度和推广价值，关注评价课程计划的整体效果”①。

以上介绍的诊断性评价、形成性评价和终结性评价，是从评价作用和课程实施时间进行划分的。

2. 内在评价和效果评价

（1）内在评价。

内在评价是对课程计划本身的评价，关注“这个课程计划好在哪里”的问题，不涉及课程计划可能有的效果。评价者就课程计划所包含的特定内容进行思考，如，课程内容正确性及排列方式、课程计划涉及学生经验的类型、教学材料的类型等。②

（2）效果评价。

效果评价是对课程实施结果的评价，关注“课程达到目标的实际情况”，主要考察课程计划对学习者、教师以及相关人员等产生的影响。该评价主要通过实验法进行，评价者通过对比前测与后测、实验组与控制组之间的差异来确定课程实施效果。

内在评价和效果评价这两种类型是从评价对象、关注问题和评价方式来划分的。

3. 量化评价和质化评价

（1）量化评价。

量化评价是用数学工具收集、处理评价资料，通过数量化的分析和计算，对评价对象做出价值判断的评价方法。量化评价从“旁观者”角度考查和判断，强调数据可靠性、客观性和科学性。常用的评价方法有检核法、时间取样法等。

（2）质化评价。

质化评价一般通过自然情境下的调查，通过对口头、书面材料加以分析，充分提示和描述评价对象各种特质，揭示其中意义。质化评价从主观当事者角度考查和判断，收集大量真实的自然观察资料，强调评价的有效性。常用方法有观察法、访谈法、田野调查法等。

---

① 朱家雄.幼儿园课程[M].上海：华东师范大学出版社，2003：162.

② 虞永平，原晋霞.幼儿园课程[M].北京：高等教育出版社，2014：90.

量化评价和质化评价的划分依据，是评价资料搜集与分析处理的方法。

4. 相对评价、绝对评价和个体差异内评价

（1）相对评价。

相对评价是“在某一类评价对象中选择一个或若干个作为基础，将该类对象逐一与基准相比较，判断其是否达到基准所具备的特征及程度”①。如将某个幼儿园的办园水平作为基准，把本地区同层次同类型幼儿园逐一与之进行比较，评价其在区域幼儿园群体中的相对位置。

（2）绝对评价。

绝对评价是“以某种既定的目标为参照，目的在于判断个体是否达到这些目标”②，注重考察个体达到标准的程度。如某市教育主管部门出台本市幼儿园普及普惠验收标准，对幼儿园进行验收。

（3）个体差异内评价。

个体差异内评价是将评价对象过去与现在进行比较，主要对评价对象本身进行纵向比较。如幼儿入园初期语言表达水平与期末结束时语言表达水平相比较。

以上介绍的相对评价、绝对评价和个体差异内评价，是依据评价参照体系进行划分的。

（二）幼儿园课程评价的程序

幼儿园课程评价的基本程序，主要包含如下五个步骤。③

1. 明确评价目的，集中研究焦点

此阶段，评价者主要解决两个问题，即评价什么(整个课程计划还是其中某一部分)和评价类型。

2. 设计评价方案，做好工作规划

此阶段的主要工作在于编制评价标准，选择评价工具，确定搜集评价信息的方法与步骤，做好评价人员分工和时间进度安排，尽可能做好评价资料搜集准备工作，保证评价工作准时、科学实施。

3. 实施评价方案，搜集评价信息

此环节，评价者参考评价标准，结合分工安排和时间进度，尽可能科学、客观地运用评价工具搜集信息，为获得客观翔实的评价资料做好铺垫。

4. 抓住评价焦点，分析评价资料

评价者根据第一阶段评价焦点需求，选择和使用适宜的分析技术对搜集的资料信息进行分析评价。

5. 解释资料，得出结论，提出建议

评价结束后，基于评价结果，形成评价报告。该报告形式多样，可以是正式的，也可以是非

---

① 王坚红.学前教育评价：理论·方法·实践[M].北京：人民教育出版社，1994：9.

② 王坚红.学前教育评价：理论·方法·实践[M].北京：人民教育出版社，1994：9.

③ 虞永平.幼儿园课程[M].北京：高等教育出版社，2015：91.

正式的；可以是描述性的，也可以是数据分析。通报评价结果时，不仅要提出报告反馈的评价结果，还需对用于报告的展示资料进行解释并提出建议。

案例研讨

这是一则对“钟表店”教学活动进行观摩后的评价案例。在对“钟表店”这一集体教学活动进行观摩后评价中，观摩教师们指出该活动的优缺点，并提出自己对该活动改进、再设计的想法。以下是其中两位教师对该活动再设计的发言。

教师 1：我想设计一个以美术设计、手工制作为侧重点的“钟表店”活动，鼓励孩子创作有自己个性特点的钟和表，并大胆地进行表现和表达。可以带孩子到钟表店或钟表集中的商店去认识、观察各种钟表，使他们对钟表有一个比较具体形象的概念，然后把自己最感兴趣、最喜欢的钟表描画下来，组织孩子交流“我看到过最喜欢的钟和表”，说说钟表的共同点和不同点，加深对钟表特点的认识。还可以提供废旧材料，鼓励孩子制作自己喜欢的、特别的钟表，将做成的钟表开一家“钟表店”，让孩子玩“钟表买卖游戏”。

教师 2：我想广泛收集古今中外的钟表实物或者图片，尤其收集那些能够反映钟表演变历史的资料，把活动目标定位在让孩子了解一些钟表的演变史，知道古代人的计时方式，让孩子开阔眼界，并愿意张开想象的翅膀，设计奇特的钟表。

第二天，园长便收到了三份“钟表店”再设计的活动方案，其中两份是发言的两位教师设计的，一份是执教教师根据观摩后大家评议与个人反思重新设计的。

分析：这是幼儿园常见的现场教学观摩评议活动，这种观摩后所开展的活动评议是属于终结性评价，重点关注活动结果的有效性。当然，评议后有三位教师提交了该活动的再设计方案，那么，从课程评价角度而言，也可以说是属于过程性评价，即将围绕“钟表店”基于评议而设计的不同活动方案视为一个类似“课例活动”的过程。由此可见，终结性与过程性评价的划分是相对而言的，凡是有利于课程实施的改进、有利于教师专业成长的评价，都是开展课程评价所要追求的价值所在。

延伸阅读

幼儿园课程整体评价标准（价值标准）①

（一）课程目标方面

1. 课程目标是否符合幼稚园的教育目标？

2. 单元的设定及目标是否合宜？

3. 单元目标是否具体可行并能进行评量？是否有明确具体的评价标准？评价方式是否合宜？

① 转引自朱家雄主审，胡娟.幼儿园课程概论[M].上海：复旦大学出版社，2018：86－87.

（二）物质环境方面

1. 活动区的规划是否合理，不致产生相互干扰的现象？活动空间是否合适？

2. 开放架上是否有各种材料可供幼儿随时使用？

3. 是否有幼儿个人可用的材料，而不必强迫他与其他幼儿共用？

4. 材料的放置是否井然有序，而能鼓励幼儿自动拿取？

5. 活动区的布置是否能将噪声减至最低程度？如：在积木区铺上一块地毯，以减低噪音。

6. 材料的布置与收拾整理是否容易进行？是否让幼儿参与收拾整理？

7. 是否小心地计划室外活动区的学习机会？

（三）交互作用的环境方面

1. 师生之间、幼儿与幼儿之间，是否有相互尊重的气氛？

2. 物质环境是否被充分控制，以便教师将大部分的时间用以观察幼儿或参与幼儿的活动？

3. 幼儿从事活动时，是否能免除干扰或分心？

4. 教师是否注意观察幼儿的活动，并仅于必要时才插手干预？

5. 教师是否根据每位幼儿的需要而拟订个别的成长目标？是否有个别化的课程以达成这些目标？

6. 幼儿相处在一起时，是否有安全感？

7. 是否有活动的常规（例如：活动人数的限制、轮流的时间表等）可避免幼儿不当的竞争？

8. 教师是否有教导幼儿自助的技巧？是否鼓励幼儿互相学习？

9. 是否有提供个别、小组和全班活动的机会？

10. 如有任何限制，教师是否有说明理由并能坚持原则？是否予以强迫限制？

11. 教师是否能示范建设性的行为和健康的态度？

12. 整个教室是否洋溢着温馨和谐的气氛？

（四）活动方面

1. 活动能否达成单元教学目标？

2. 活动展开的方式是否合宜？

3. 活动是否配合幼儿身心状况、季节时令、偶发事件、幼稚园的设备及社区的需要？

4. 教具设计是否合宜？

5. 活动的时间是否适当？

6. 各种课程领域的活动之间有无统整的组织？

7. 活动的方式是否多有变化？

8. 是否能提供许多戏剧表演的机会？

9. 是否利用基本的视听器材?

10. 是否平均重视各种课程领域的活动?

11. 是否有充分的活动材料和活动空间?

12. 是否有提供反复练习的机会? 活动是否能够熟练?

13. 幼儿是否有参与计划和评价活动的机会?

(五) 作息时间表方面

1. 每日作息时间表是否明确而可预测?

2. 作息时间表安排是否适合幼儿的需要?

3. 作息时间表的安排是否注意动态与静态的穿插?

(六) 幼儿进步的评价及报告方面

1. 认知能力:从幼儿的认知发展概况及教师设计的活动内容来评价。

2. 身体及动作:从身体的发展及基本动作之能力来评价,如走、跑、跳、单脚跳、双脚跳、平衡感、眼手协调等。

3. 人格发展。

(1) 自我观念的评价:① 幼儿以什么方式来认定自己的情感? ② 幼儿对行为的控制方式合宜吗? ③ 幼儿如何表现独立和依赖? ④ 幼儿参与活动的程度如何? ⑤ 幼儿对新的经验有何反应方式? ⑥ 幼儿对成功与失败有何反应方式?

(2) 人际关系的评价:包括社交技巧、对他人情感的敏感性、尊重他人、参与团体活动的程度、服从命令、与成人的关系等等。

4. 习惯及态度的评量。

(1) 个人生活习惯与态度的评量。

(2) 团体生活适应能力的评量(包括家庭、幼儿园及社会)。

模块二 幼儿园课程评价的基本观念

情境导入

李老师是一名高校教师，每周定期到幼儿园开展一日驻园学习，在晨间早锻炼环节，李老师被张老师班幼儿动作发展水平所吸引，便向张老师提出想要进入其所在的班级开展半日活动观察，向张老师咨询上午半日活动安排情况。张老师得知李老师来意后，便向李老师建议："隔壁王老师所带班级也是中班，他们班的活动开展得很好，小朋友发展得也很好，您可以选择去他们班观察活动开展情况。"对此，你怎么看待张老师的这一做法？

本模块将围绕幼儿园课程评价的基本观念进行阐述。

知识演绎

一、评价目的的发展性

从评价目的来说，幼儿园课程评价是为了发现课程运作各环节中存在的问题，从而对课程进行进一步改进和完善，提升幼儿园课程质量，促进每个幼儿的全面发展。因此，幼儿园课程评价应以幼儿园课程的改进为主要目的，用发展的眼光看待幼儿园课程评价，不应着重于区分幼儿园课程的优劣或鉴定等级。

《纲要》提出，评价是"促进每一个幼儿发展、提高教育质量的必要手段"，强调评价的过程是教师"自我成长的重要途径"，这些要求凸显了幼儿园教育评价的核心目的——发展性。

倡导发展性评价理念的目的，在于通过评价推动评价对象成长和进步。幼儿园课程评价的发展性主要表现在两个方面：一是对幼儿园课程的诊断、建议和反馈；二是通过评价促进教师、家长、幼儿的进步。以"小班幼儿洗手培养要求"为例，见表5-1。

表5-1 小班幼儿洗手培养要求①

项目	幼儿生活培养要求（评价内容）	教师操作提示	家长操作提示
洗手	1. 学会正确的洗手方法，会有顺序地擦抹肥皂，搓洗小手，洗干净，并用毛巾擦干。 2. 不玩水，不打闹，人多时学会等待，相互谦让。 3. 节约用水，随手关好水龙头。 4. 逐步养成饭前、便后和手脏时洗手的卫生习惯。	1. 照顾幼儿如厕后、准备食物与吃饭之前要洗手，自己做好榜样。 2. 站位应保证每个幼儿在视线范围内。 3. 为幼儿创设一个干净、通风、整洁、温馨的环境，墙面上用图片呈现洗手过程，提高洗手的积极性。冬天还可提供一些护肤品，使幼儿感受清洁后的舒适。 4. 教师可通过集体教学示范讲解、个别指导、个别提示等形式，在一日生活中随机渗透，帮助幼儿学会正确洗手，养成洗手习惯。 5. 观察要点： （1）餐前、便后、手脏时主动洗手。 （2）排队洗手不拥挤。 （3）自己卷衣袖。 （4）自己擦抹肥皂。 （5）搓洗、冲洗干净、关水龙头。 （6）将水甩在水池中。 （7）节约用水。	1. 为幼儿创设干净、整洁、温馨的生活环境，提供适宜的清洁用品，便于幼儿取放。 2. 引导幼儿饭前、便后、手脏后、外出回家要洗手。 3. 引导幼儿运用正确方法洗手、擦手。 4. 提醒幼儿节约用水，随手关好水龙头。 5. 家长做好孩子的榜样，养成清洁习惯。

表5-1中的“操作提示”，其实就是对“培养要求”的一种发展性评价取向。这些“操作提示”不仅丰富幼儿园课程内容，更是为教师和家长提供了可观测、可运用的参考方向，进一步明确教师、家长、幼儿在课程评价中的发展性。

二、评价主体的多元性

《纲要》强调，管理人员、教师、幼儿及家长均是幼儿园教育评价工作的参与者，评价过程是多方共同参与、相互支持合作的过程。幼儿园课程评价不能单纯地以领导为单一主体，还应该尊重课程实施者（教师）的评价权、幼儿的主体性，同时，也要为不同主体提供参与评价机会。因此，幼儿园应建立以教师自评为主，多元主体共同参与的评价体系。

（一）教师

教师的评价贯穿于幼儿园日常生活、学习、游戏活动之中，教师在活动实施过程中不断反思、改进、调整的过程，就是教师开展课程评价的过程。如教师开展的活动后反思、周活动计划反思与调整、主题活动小结等工作，都属于课程评价的范畴。

（二）幼儿

幼儿园课程的最终指向是促进幼儿发展，因此，幼儿是最直接的评价主体。幼儿语言发展能力有限，其语言概括性和逻辑性有待发展，评价方式、途径则有别于成人，对课程活动质量的

① 上海市教育委员会教学研究室.幼儿园课程图景：课程实施方案编制指南[M].上海：华东师范大学出版社，2013：197.

评价主要体现在外部肢体语言的表现上。当然，通过适宜的谈话方式，幼儿也可以表达他们对课程活动水平的看法。

（三）家长

家长是幼儿园教育利益相关者，也是课程活动的参与者，对幼儿园课程具有评价权利。家长主要通过对课程本身和实施中某些内容和状况的了解，进而对幼儿园课程做出评判。幼儿园可以通过家长会、家园共育栏、亲子活动以及幼儿在园一段时间内所表现出来的变化等形式，为家长提供参与幼儿园课程评价的机会和平台。

（四）幼儿园管理者

园长既是课程评价的重要决策者，也是课程评价的实施者，对幼儿园课程评价有领导作用。这是由园长的管理者身份决定的。幼儿园管理者主要通过日常幼儿学习发展评价、教师教育活动评价等途径进行评价。

（五）教育主管部门

教育主管部门在一定程度上把握区域学前教育质量发展。教育主管部门参与的幼儿园课程评价，直接关乎该区域幼儿园课程发展方向，是幼儿园课程评价中不可忽视的主体之一。教育主管部门通过制订相关的课程评价方案，以及组织并参与相应的课程评价活动等途径或方式发挥重要作用。

总之，在幼儿园课程评价过程中，单一的评价主体难免会导致评价结果缺乏科学性、全面性和客观性。构建多元评价主体，可在一定程度上减少外界因素对课程实施成效的干扰。

三、评价方法的情境性

幼儿园课程评价是在真实自然的活动情境中进行的。脱离真实情境，幼儿园课程难以获得真实、客观的评价信息。《纲要》指出，“评价应自然地伴随着整个教育过程进行”，幼儿发展评估要“在日常活动与教育教学过程中采用自然的方法进行。平时观察所获得的具有典型意义的幼儿行为表现和所积累的各种作品等，是评价重要依据”。因此，幼儿园课程评价应立足于真实的情境进行。

时下所开展的学习故事、课程故事或游戏案例撰写与分享等活动，其实便是基于真实情境对幼儿在课程活动中表现的一种评价。情境性评价往往依赖于现场的观察与记录，因而，观察记录的客观性与全面性，便成为直接影响课程评价质量的重要因素。

四、评价方式的过程性

《纲要》指出，评价应自然地伴随整个教育过程进行，清楚地指出什么时候评价，表明了评价方式的过程性。《幼儿园保育教育质量评估指南》（以下简称《评估指南》）也在评估方式上明确提出："聚焦班级观察。通过不少于半日的连续自然观察，了解教师与幼儿互动情况，准确判断教师对促进幼儿学习与发展所做的努力与支持，全面、客观、真实地了解幼儿园保育教育过程和质量。"

不同于终结性评价，"课程评价应该成为与课程运行融为一体的过程"①。渗透在课程实施过程中的评价，将课程目标、内容、实施和评价真正融为一体，形成课程改进的完善体系，便于教师及时获得反馈并不断反思，调整实施策略，提供给幼儿高质量的课程。

延伸阅读

《幼儿园教育指导纲要（试行）》（节选）

第四部分　教育评价

● 教育评价是幼儿园教育工作的重要组成部分，是了解教育的适宜性、有效性，调整和改进工作，促进每一个幼儿发展，提高教育质量的必要手段。

● 管理人员、教师、幼儿及其家长均是幼儿园教育评价工作的参与者。评价过程是各方共同参与、相互支持与合作的过程。

● 评价的过程，是教师运用专业知识审视教育实践，发现、分析、研究、解决问题的过程，也是其自我成长的重要途径。

● 幼儿园教育工作评价实行以教师自评为主，园长以及有关管理人员、其他教师和家长等参与评价的制度。

● 评价应自然地伴随着整个教育过程进行。综合采用观察、谈话、作品分析等多种方法。

● 幼儿的行为表现和发展变化具有重要的评价意义，教师应视之为重要的评价信息和改进工作的依据。

● 教育工作评价宜重点考察以下方面：

（1）教育计划和教育活动的目标是否建立在了解本班幼儿现状的基础上。

（2）教育的内容、方式、策略、环境条件是否能调动幼儿学习的积极性。

（3）教育过程是否能为幼儿提供有益的学习经验，并符合其发展需要。

① 虞永平，原晋霞.幼儿园课程[M].北京：高等教育出版社，2014：97.

（4）教育内容、要求能否兼顾群体需要和个体差异，使每个幼儿都能得到发展，都有成功感。

（5）教师的指导是否有利于幼儿主动、有效地学习。

● 对幼儿发展状况的评估，要注意：

（1）明确评价的目的是了解幼儿的发展需要，以便提供更加适宜的帮助和指导。

（2）全面了解幼儿的发展状况，防止片面性，尤其要避免只重知识和技能，忽略情感、社会性和实际能力的倾向。

（3）在日常活动与教育教学过程中采用自然的方法进行。平时观察所获的具有典型意义的幼儿行为表现和所积累的各种作品等，是评价的重要依据。

（4）承认和关注幼儿的个体差异，避免用划一的标准评价不同的幼儿，在幼儿面前慎用横向的比较。

（5）以发展的眼光看待幼儿，既要了解现有水平，更要关注其发展的速度、特点和倾向等。

案例研讨

为提升区域学前教育质量，某市会定期聚集全市幼儿园一线骨干教师、教育行政部门的学前教育教研员、学前领域专家学者等开展全市专兼职教研员培训活动，活动一般持续两天。活动第一天，专家围绕本期研讨主题开展培训，参研人员分组围绕主题进行半日活动观摩计划制订，小组反馈观摩计划并改进完善，为第二天开展活动做准备。活动第二天，参研人员以小组形式扎根分配班级开展半日观摩活动。观摩结束后，参研人员、带班教师、培训专家结合半日活动的所见所闻进行观摩结果讨论，并围绕主题对半日活动进行反馈、总结，提出建议。

分析：从上述案例可以看出，定期开展教研活动，实质是立足真实活动情境，通过以研促学、以研促改的形式，提升幼儿园课程质量。活动全程未提幼儿园课程评价，却处处将幼儿园课程评价的基本观念体现得淋漓尽致。在为期两天的活动中，教研人员分组扎根班级进行半日活动连续观摩，是幼儿园课程评价中评价方式过程性的表现；在观摩反馈时，参与主体除了本园、本班教师外，还有教育行政部门的教研员、其他园所同行、专家学者，体现幼儿园课程评价主体的多元性；同时，参研人员与带班教师一起复盘半日活动组织，并改进完善方案，是为更好促进课程实施质量，表现幼儿园课程评价目的的发展性；最后，参研人员围绕真实发生的事件和案例来说明观摩结果，说明幼儿园课程评价是在真实自然的活动情境中进行的，体现了幼儿园课程评价方法的情境性。

模块三　幼儿园课程评价的基本要素

情境导入

在高瞻课程研究解决问题动机时，一个研究人员回忆道："一个4岁的男孩在我们这个项目中度过极其乱哄哄的6个星期后，有一天把一张折叠椅从教室的这一头扔到那一头，以此来表示厌倦和挑衅。"①在这个案例中，幼儿扔折叠椅的行为是幼儿对该教育活动的一种情绪反应，更是对教育活动的一种认知和评价，因此，通过观察幼儿行为，教师开始反思自身在课程中的问题，并通过改进使高瞻课程逐步走向正轨。

本模块主要围绕幼儿园课程评价的基本要素展开阐述。

知识演绎

一、幼儿园课程评价主体

幼儿园课程评价，主要解决以下几个问题：谁来评价？评价什么？怎么评价？幼儿园课程评价的基本要素，主要包括评价主体、评价客体和评价准则。

幼儿园课程评价主体即课程评价的实施者，也就是评价者。教育行政部门的管理人员、幼儿园园长、教师、幼儿、家长均可以成为幼儿园课程的评价者。不同主体有不同视角和目的，评价过程是一个多方主体共同参与、相互支持与合作的过程。其中，幼儿园教师和幼儿既是课程评价对象，又是评价主体，具有双重身份。

教师既是课程的实施者，又是影响幼儿园课程效果的主要因素；同时，教师还是课程实施的评价者和改进者。《纲要》指出，"幼儿园教育工作评价实行以教师自评为主，园长以及有关

① [美]玛丽·霍曼，等.活动中的幼儿——幼儿认知发展课程[M].郝和平，周欣，译.北京：人民教育出版社，1995：前言.

管理人员、其他教师和家长等参与评价的制度”。教师可通过评价了解幼儿发展水平,发现课程优势与不足,调节自身教学行为,促进幼儿发展。

幼儿作为评价主体参与评价过程。幼儿的评价方式,更多的则是通过自身行为表现和发展水平对幼儿园课程进行无声评价。“幼儿评价教育的内在准则是他们自身的需要和兴趣。”①幼儿对课程活动评价与成人的明显不同:一是幼儿对教育活动评价具有情绪性;成人评价更具理智。二是幼儿对教育活动评价多通过行为表现;成人评价则更多倾向于用语言和数据表现。如,当教师对一日活动安排不合理时,幼儿参与性较低,出现不愿意参与活动的行为。三是幼儿常根据自身喜好和需要对活动做出选择,对教育活动评价是个人化的;成人评价更多倾向于社会、岗位、行业的需要。四是幼儿对教育活动评价是即时性的,成人评价会兼顾活动成效。因此,教师要随时关注幼儿行为反应和发展变化,结合幼儿特点调整自身教学。

二、幼儿园课程评价客体

评价客体即评价对象。幼儿园课程评价对象主要包括课程方案、实施过程、课程效果,贯穿幼儿园课程实施的全过程。

(一)课程方案

幼儿园课程方案作为幼儿园课程的重要载体,是指导幼儿园课程实施的文本,为教师实施教学活动提供具体参考。它“是幼儿园全部或部分课程设置的整体规划,课程方案大可指课程整体规划,小可指具体的教育活动设计”②。“课程方案评价主要指教育主管部门或幼儿园在比较选择课程时,对备选课程方案的课程理念、课程结构、课程资源等要素的科学性、合理性、可操作性等特点进行的分析和判断,以便决定是否采用或推广该课程方案。”③

我们从幼儿园课程方案构成要素出发,便于抓住课程方案评价的核心:课程理念是否与《规程》《纲要》《指南》《评估指南》等文件精神一致?课程结构是否合理且具备完整性,如课程结构要素是否完整、五大领域内容是否完全覆盖、能否促进幼儿作为完整人的全面发展?课程目标是否成体系,是否具有全面性且符合地方、园所、幼儿发展需求?课程内容是否具有生活性、经验性、适宜性和目标指向性?课程实施方式是否多样,实施形式是否符合幼儿学习发展特点?活动目标是否具有指向性?课程评价是否成体系,有无评价方案?课程资源是否丰富且方便教师、幼儿使用?

---

① 蒋雷艳,朱露.幼儿园课程[M].成都:电子科技大学出版社,2020:75.

② 虞永平,原晋霞.幼儿园课程[M].北京:高等教育出版社,2014:98.

③ 王春燕,秦元东.幼儿园课程概论(第3版)[M].北京:高等教育出版社,2019:117.

课程方案评价是幼儿园课程实施的起点。倘若在课程实施前，教育主管部门、园所以及教师未结合地方、园所、幼儿发展现状对课程方案进行全面诊断，那么，不适宜的课程方案实施后将对学前教育质量、幼儿学习与发展造成不可估计的影响。

（二）实施过程

课程实施是课程运作和落实的中心环节，是“幼儿园教师将课程计划转化为具体教育行为的过程”①。《纲要》指出：“幼儿园的教育活动，是教师以多种形式有目的、有计划地引导幼儿生动、活泼、主动活动的教育过程。”同时，《指南》指出，幼儿的学习主要在游戏和日常生活中进行。幼儿在园一日生活中的各项活动均是课程实施的途径，课程实施评价应融入幼儿园一日生活全过程进行。

实施过程评价主要包括：“了解幼儿在课程活动中的反应（主动性、参与程度、情绪等）；教师的态度和行为（对儿童的控制程度、管理方式、教育机制和技巧等）；师生互动的质量；学习环境（条件和利用方式等）。”②教师通过观察，对课程实施过程进行评价，把握课程实施过程中幼儿发展需求，及时提供支持，发现课程存在的问题，并结合实际及时调整课程，做到动态调节，持续完善，更有益于幼儿学习与发展。

（三）课程效果

课程效果是指课程实施后所导致的变化，一般包括课程对幼儿发展、教师工作、家长素养等方面所产生的影响。课程效果评价在课程实施结束后进行，是一种终结性评价，是衡量课程方案和幼儿园教育教学适宜性的最终环节，主要关注课程实施后对幼儿、教师以及家长等主体产生的影响。当然，幼儿园课程是为促进幼儿发展服务的，因而，幼儿获得的发展是检验课程实施成效最为重要的标准。

课程效果评价包括儿童学习后的发展状况，发展状况与课程目标的符合程度，产生了哪些非预期的结果，教师的变化和提高，等等。

三、幼儿园课程评价准则

评价准则是对评价活动内容的质的规定（即对被评属性的规定），是幼儿园课程评价方案的核心。课程评价关键在于评价准则的制订。评价准则通常表现为两种形式：指标体系和概括性问题。

① 虞永平，原晋霞.幼儿园课程[M].北京：高等教育出版社，2014：98.

② 王丽新.幼儿园课程、说课与评课[M].北京：北京理工大学出版社，2018：150.

（一）指标体系

评价指标是总目标进一步具体化、可测量化、行为化和系统化的表现，是根据可测或可观察的要求确定的评价内容。评价指标是按一定层次组成的，有一定结构和功能的系统，即指标体系。如《评估指南》将幼儿园保育教育质量评估指标划分为5个评价维度，分别是：A1 办园方向；A2 保育与安全；A3 教育过程；A4 环境创设；A5 教师队伍。每个维度均包含了数量不等的评价指标，整个保教质量评价体系由48条评价指标构成。

评价指标和评价目标是既有联系又有区别的两个概念。二者的联系是：① 目标是指标的基础，脱离目标便失去了应有的评价功能。② 指标是目标的具体表现，没有指标，目标较为空泛且难以操作。二者的区别是：① 目标反映评价的总体要求，每项指标只反映评价的局部。② 目标内涵比较宽泛抽象，指标内涵则比较狭隘具体。③ 目标相对指标比较稳定，一经确定便少变动，指标相对较为灵活，在反映目标的前提下，不同阶段指标的侧重点可以有所不同。④ 目标不能直接进行操作或测量，指标则是可以操作测量的。

根据目标复杂程度，有些目标可由若干一级指标构成，一级指标可分解为二级指标，甚至是三级指标。因此在设计指标体系时应遵循三大原则。

1. 一致性原则

评价指标体系是评价目标的具体化表现，是对评价目标的逐层细化分解，这就要求指标体系与评价目标相一致。在设计指标体系时，我们需要对评价目标内涵、结构进行分析，归纳核心内容，便于准确反映目标要求。同时，同一指标体系的各项指标应从不同侧面反映评价目标要求，协调一致，互不冲突。

2. 完备性原则

评价指标体系要完整地反映评价目标的要求，不能遗漏任何重要指标，否则会破坏指标体系正确的评价功能。但指标体系的完备性不等于可以随便添加评价指标，评价指标应相互独立且指标间不能有因果关系和重叠关系。

3. 可测性原则

评价指标体系中最低层次指标能直接观察或测量，可用操作化语言加以描述。将评价指标分解成可操作化的行为要素，指标体系必须抓住关键性行为要素，并使潜在行为变为外显行为。

总的来说，指标体系的优点是便于测量，信度高，误差小且易获得综合结论；缺点是设计较为困难，效度低，难以反映评价对象的特点等。

延伸阅读

基于《指南》的儿童学习与发展评价指标体系①

一级指标	二级指标	三级指标
健康	身心状况	具有健康的体态
		情绪安定愉快
		具有一定的适应能力
	动作发展	具有一定的平衡能力，动作协调、灵敏
		具有一定的力量和耐力
		手的动作灵活协调
	生活习惯与生活能力	具有良好的生活与卫生习惯
		具有基本的生活自理能力
		具有基本的安全知识和自我保护能力
语言	倾听与表达	认真听并能听懂常用语言
		愿意讲话并能清楚地表达
		具有文明的语言习惯
	阅读与书写准备	喜欢听故事，看图书
		具有初步的阅读理解能力
		具有书面表达的愿望和初步技能
社会	人际交往	愿意与人交往
		能与同伴友好相处
		具有自尊、自信、自主的表现
		关心、尊重他人
	社会适应	喜欢并适应群体生活
		遵守基本的行为规范
		具有初步的归属感

① 王春燕，秦元东.幼儿园课程概论(第3版)[M].北京：高等教育出版社，2019：141.

续　表

一级指标	二级指标	三级指标
科学	科学探究	亲近自然，喜欢探究
		具有初步的探究能力
		在探究中认识周围事物和现象
	数学认知	初步感知生活中数学的有用和有趣
		感知和理解数、量及数量关系
		感知形状与空间关系
艺术	感受与欣赏	喜欢自然界与生活中美的事物
		喜欢欣赏多种多样的艺术形式和作品
	表现与创造	喜欢进行艺术活动并大胆表现
		具有初步的艺术表现与创造能力

（二）概括性问题

概括性问题是针对指标的不足而提出的评价准则，它针对教育工作者所关心的某些方面，以一系列较为抽象的问题出现。这种问题要求评价者注意被评价对象的整体特性，类似于日常的调查提纲，但它同样能告诉评价者调查哪些方面的信息，起到了规范评价内容的作用。

为了给评价者制订收集信息的范围，在每个概括性问题后面可以规定具体的调查内容和范围。如，美国幼儿教育协会（NAEYC）所制定的幼儿园课程整体评价标准即以概括性问题呈现的，包括：① 课程是否能促进儿童与伙伴和成人之间的相互作用和学习，并有利于儿童对于知识的建构；② 课程是否能促进儿童在社会性、情感、身体和认知方面的发展，有助于儿童掌握民主社会的价值观等。[①] 在设计概括性问题时，我们要遵循以下原则。

1. 针对实际的原则

概括性问题必须是评价者需要解决的问题，通过概括性问题得出的信息可直接用于教育决策和改进工作。概括性问题不需要将评价目标行为化、具体化，减少转化过程，提高评价效度。

2. 简洁明了的原则

概括性问题较为抽象，在实际表述中易产生误解，因此，问题表述应简洁明了，避免让评价者产生理解偏差，造成评价失误。

---

① 转引自朱家雄，赵俊婷.幼儿园课程概论[M].北京：北京出版社，2016：117.

3. 突出重点的原则

概括性问题需抓住评价的主要因素。相对于指标体系而言，概括性问题强调整体判断，在一次评价中，问题数量不多，这是概括性问题的长处。一般来说，概括性问题的优点是效度高，易于编制且实用性强；它的缺点是不易量化处理，信度较低。

案例研讨

某教师在班上新增了“出租车之家”的游戏，幼儿很喜欢。考虑到在区域活动中选择这个游戏的人数比较多，教师增加了出租车的数量。之后，教师又发现，当打车的人比较多的时候，打车的顺序就比较乱，针对这一问题教师做了等待打车的顺序牌。后来，在幼儿游戏的时候，又出现了出租车碰撞的问题，教师就在活动室里制订了出租车的行驶路线，使出租车遵循基本的交通规范。为了帮助幼儿开展“出租车之家”游戏，教师还在图书角增加了一部分关于出租车的书籍，丰富幼儿的经验。

分析：在这个“出租车之家”游戏中，我们可以清楚地感受到，教师一边在实施教育，一边在观察和思考幼儿在游戏中遇到的问题，并不断地针对问题改进出租车游戏的活动材料、规则等。这体现了课程实施过程中的评价对改进教育措施、提高课程质量的重要作用。

模块四　幼儿园课程评价的实例

情境导入

一位儿童在拉小提琴的过程中，家长在不同阶段分别为他做了录音。例如："今天是某月某日，从今天开始，我练习拉××曲子。"然后是断断续续，不成曲调的琴声。接着是"今天是我练习××曲子的第十天"。大家听到的已经是连贯的曲子。最后一段录音是这位儿童即将登台演出的前一天录的："明天是六一儿童节，我将在庆祝会上演奏这个曲子。"这时候，这位儿童拉出的曲子欢快、流畅。请思考家长这样做的目的是什么。

本模块主要围绕幼儿园课程评价中较常使用的三种方法，结合案例进行阐述。

知识演绎

一、档案袋评价

（一）档案袋评价的内涵

档案袋评价(portfolio assessment)是一种典型的质性研究方法，源自20世纪80年代中期美国中小学教育实践。档案袋评价又称"文件夹评价"，是收集儿童在学习过程中有代表性的作品和典型的表现记录，以儿童的现实表现来判断儿童学习质量的评价方法。这种评估活动从多种渠道收集资料，旨在提供有关学生学习的实际水平的各种材料，重视儿童发展的过程，能从多角度、多侧面来判断儿童的优点和发展的可能性，为描绘每个儿童的学习情况剖面图和发展过程提供详细的资料。

幼儿园课程档案袋评价主要用于评价幼儿的发展、进步和成绩，进而形成新的课程。[①] 幼儿园课程档案袋评价主要有两个作用。一是评价幼儿的进步，了解幼儿在课程活动中的实际能力和进步空间，帮助幼儿确定新的发展目标。教师根据档案袋评价预见所有幼儿需要提供帮助的领域，“档案袋评价没有对与错的答案，通过比较可以得知对课程不利的因素，教师对课程活动的修正便有理有据”[②]。二是发展基于幼儿兴趣和教师兴趣之上的新课程主题。教师把这些评价结果统一用于小组学习或集体学习活动中，通过作品交流和分享，幼儿语言得到了发展，良好的语言能力又保障了小组学习活动的顺利进行。在这个过程中，教师适时协调并引导幼儿逐渐进入活动课程的“中心”，从而达成课程目标，避免了小组学习活动花费很长的“周期时间”，最终陷入无目的性的交谈和重复循环。

案例研讨

“幼儿社会适应能力的发展与突破”个案[③]

跃翰，男孩，3 岁半；第一次上幼儿园（适应）。我们侧重通过轶事记录的方法观察幼儿适应过程和进步，主要包括情绪、情感方面的适应，规则意识方面的适应，生活习惯方面的适应等。

(1) 刚入园的规则意识。

今天是他第一次上幼儿园，以前没有上过托班，但是根本看不出来，因为班里所有没有上过幼儿园的孩子甚至上过的都会有不同程度的哭泣。可是他没有哭，也不理会任何人，看起来有点冷漠，一个人在班里走来走去。早饭后，教师安顿孩子们坐在自己的座位上后，开始点名。

“跃翰，不准下座位。”

跃翰开始哭：“我在家都可以。”

可见他不习惯幼儿园的集体生活，因为不能像在家里那样随心所欲，要遵守一定的规则。这一时期孩子的情绪波动比较大，在观察孩子的同时，一个重要的任务就是通过合作者间的协商和家长的交流把孩子的评价信息及时反馈到教学中去。当然，这种评价与教学整合的很多策略都是合作伙伴多年来的经验。研究者更多的是从理论的角度或者利用网络信息提供一些解决的办法。

(2) 第一次笑——情绪情感的控制。

小孩子的情绪容易受感染，今天哭闹的次数多了起来，其他孩子的表情看起来都有点不高兴，跃翰的眼泪在眼眶里打转，但是没有哭。他一来就想玩橡皮泥。

---

① 赵亚，李立.美国幼儿园课程档案袋评价对我国幼儿园的启示[J].教育导刊(下半月)，2011(3)：93.

② Michae C. Anziano etc. Approaches to Preschool Curriculum[M]. New York：Glencoe/McGraw Hill，1995：389 – 393.

③ 张莉萍.运用档案袋法评价小班幼儿发展的行动研究[D].兰州：西北师范大学，2005：29 – 30.

他通过玩来转移自己的情感，但很快教师没收了玩具。“我不能破例让他一个人玩，因为孩子还没有规则意识，这样以后的活动就没有办法组织。”他整个早晨都不高兴，谁也不理。如果从孩子成长的角度来看，教师应该满足他的兴趣，使他在情感上慢慢地适应，逐渐理解幼儿园的常规，而且最重要的是评价一定要关注个体差异和评价的背景。

S教师让跟着节奏拍手、点头或者做自己喜欢的任何动作，他没有做，不高兴地坐着。只有在学习新的动作——开飞机时，才有点高兴地做了动作，而且做得很漂亮。在户外活动时，他第一次开心地笑了，在滑滑梯上玩得高兴极了，把室内的一切不愉快都忘了，这是我第一次看到他这么开心。

他的情绪转变很快，能够以适当的方式表现情绪。最近我们还发现，他对新鲜事物有着特别的兴趣，而对拍手、点头等习惯性的动作“不屑一顾”。他的能力很强，生活自理能力、独立性、坚持性、自我保护以及交往方面要比其他孩子好一些。

(3) 第一次拍手——进步。

今天没有到处乱跑，他慢慢明白了一些规则，在过渡时间能跟着教师铃鼓的节奏和音乐拍手，而且能够一边拍手一边跟着教师大声地用唱的形式介绍自己：“你好，我叫×××。”这是“第一天”主题下的小主题活动“介绍自己”。

分析：教师通过对幼儿的持续观察记录，选定幼儿社会适应相关表现，通过(1)(2)(3)三个不同类型活动的案例来持续性地、全方面地对幼儿社会适应能力的发展与突破进行记录，并将相关记录汇编成册，成为该幼儿个人成长档案内容，以此表现幼儿能力发展过程和水平。

(二) 档案袋评价的理念[①]

幼儿园档案袋评价作为幼儿园课程评价较为常用的一种形式，多用于汇集幼儿基本信息，收集幼儿作品、照片等。然而，简单的作品收集并非真正意义上的档案袋评价。先进的评价理念是档案袋评价法区别于传统评价方法的核心，其评价理念包括以下几方面。

(1) 改变了“课程、教学、评价”三者间过去的单向性评价模式，并以循环评价的动态评价模式取而代之(见图5-1)。

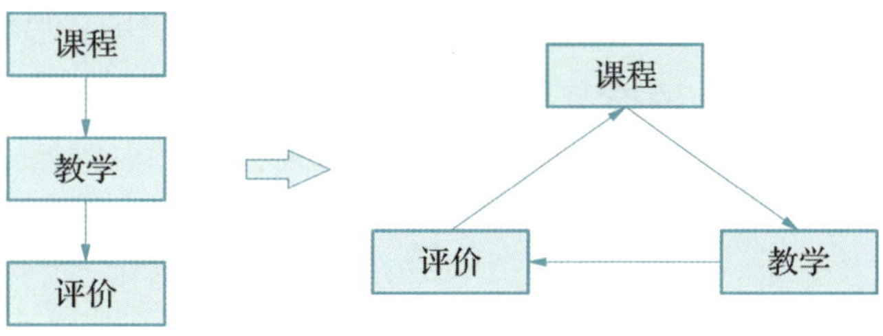

图5-1　评价范式图

① 虞永平，原晋霞.幼儿园课程[M].北京：高等教育出版社，2014：110.

(2) 评价渗透在课程实施过程中,属于“嵌入式评价”,而非在课程实施结束后评价,不会与日常教学脱节。

(3) 评价从关注幼儿对知识技能的掌握,转变为以幼儿运用所学知识获得成就为目的,更关注幼儿长远发展。

(4) 幼儿是档案袋内容选择的决策人,档案袋评价为幼儿提供自我学习机会,让他们学着自己判断自己的进步。

在运用档案袋评价方法过程中,关键在于评价观念以及相应的教育观、儿童观的转变,否则会失去档案袋评价的精神实质。

(三) 档案袋评价的运用

1. 档案袋评价的目的

在设计与使用档案袋前需明确几个问题:通过档案袋想要幼儿知道什么,幼儿能做什么,档案袋如何实现这些目的。

档案袋不是幼儿作品的简单堆积,而是与某一教育目标相关的幼儿作品与表现资料的汇集。建立档案袋目的在于记录幼儿各方面成长历程;反映幼儿在某方面的发展水平和发展过程;为教师了解幼儿提供素材;基于幼儿发展提供课程开发的信息;教师反思自身教育活动;建立家园沟通桥梁,实现与家长交流等。

2. 档案袋评价的内容

档案袋评价的内容是为评价目的服务的,是开展评价的载体。如教师想了解幼儿语言表达能力发展水平,则需通过讲故事、谈话交流等方法收集幼儿口语表达性活动资料。

档案袋涉及内容可包括:幼儿在园的各类作品,如绘画、折纸等;幼儿在园活动照片,如游戏的精彩瞬间等;表现幼儿发展水平的录音录像,如幼儿在游戏结束分享环节,对游戏的玩法以及游戏过程中遇到的困难和解决策略等的分享;教师对幼儿活动的观察记录,如形成游戏观察记录电子版二维码,供幼儿、家长、其他人员扫码观看等。

3. 档案袋评价的标准

要进行档案袋评价,教师须根据幼儿现实表现清楚地界定相应的评价标准。在档案袋评价法运用过程中,档案袋评价标准的拟定相对困难。表 5-2 中的“评价内容”,可以视为对小班幼儿社会领域发展的评价标准。

表5-2　小班幼儿社会领域发展的评价方案①

评价维度	评价指标	评价内容	评价方法	观察记录与分析评价
自我系统	自我认识	知道自己的姓名、性别、年龄；知道自己的爱好；知道自己的优缺点	个别谈话	
	自信心	完成简单任务时有信心；完成稍有难度任务时有信心；完成有难度的任务有信心	日常观察 家长访谈	
	独立性	在教师鼓励和要求下能独立做事情；自己能做的事情不请求别人；喜欢独立做事情和独立思考问题	日常观察 家长访谈	
	坚持性	能有始有终地做完一件简单的事；能坚持一段时间完成稍有难度的任务；能在较长时间内主动克服困难，实现活动的目的	日常观察 情景观察	
	好胜心	在感兴趣的活动中能努力做好；在竞赛情景及与他人进行的活动中努力争取好结果；做任何都努力争取好结果	日常观察 情景观察	
情绪情感	表达与控制情绪	情绪一般较稳定，经劝说能控制消极情绪；一般情绪状态较好，能用较平和的方式表达情绪，一般能自己控制消极情绪；一般情绪状态良好；能用恰当的方式对不同的情景做出适宜的情绪反应	日常观察 家长访谈	
	爱周围人	热爱尊敬父母；亲近班里的老师和小朋友；关心父母、老师和小朋友	日常观察	
	爱集体	喜欢幼儿园，愿意参加集体活动；在教师引导下能关心集体的事，为集体做好事；主动关心集体荣誉，热爱为集体做事情	日常观察	
品德行为	礼貌	在成人的提醒下能使用礼貌用语；能主动使用礼貌用语；能在不同情景下主动使用礼貌用语，举止文明	日常观察 家长访谈	
	诚实	不说谎话，不随便拿别人的东西；做错事能承认，拾到物品主动交还；做错事能主动承认并努力改正，不背着成人做禁止的事	日常观察 家长访谈	
	合作	能与小朋友一起游戏；能与小朋友合作游戏和做事；能成功地与小朋友合作游戏和做事	日常观察	
	遵守规则	经提醒能遵守规则；能自觉遵守规则；能自觉遵守并维护规则	日常观察	
交往行为	与教师交往	对教师的主动交往能做出积极反应；有时能主动与教师交往；经常主动发起与教师的交往	日常观察	
	与同伴交往	对小朋友的主动交往能做出积极反应；有时能主动与小朋友交往；经常主动发起与小朋友的交往	日常观察	
	解决冲突	与小朋友发生冲突是经教师帮助能够和解；能用适宜的方法解决与小朋友的冲突；能帮助解决其他小朋友之间的冲突	日常观察	

4. 档案袋评价的结果呈现

档案袋评价除了以登记信息或数字来表现幼儿的发展水平外，还需运用描述性文字评价儿童的发展特点倾向及速度，形成评价结果。评价结果就是把能够描述幼儿成长与进步的相关重要评价信息进行整理后，对幼儿发展进行整体评定，以模糊等级评语观察记录的方式呈现，如“小班幼儿社会领发展评估结果表”，见表5-3。

① 张莉萍.运用档案袋法评价小班幼儿发展的行动研究[D].兰州：西北师范大学，2005：52-53.

表 5－3　小班幼儿社会领发展评估结果表①

班级________　　　幼儿姓名________　　　日期________

维度	指示	观察记录	评语（在原有水平上的成长与进步、发展优势与劣势）	发展水平				教学建议
				4	3	2	1	
自我系统	自我认识							
	自信心							
	独立性							
	坚持性							
	好胜心							
情绪情感	表达与控制情感							
	爱周围人							
	爱集体							
品德行为	礼貌							
	诚实							
	合作							
	遵守规则							
交往行为	与教师交往							
	与同伴交往							
	解决冲突							

（四）档案袋评价的优越性与局限性

1. 优越性

第一，档案袋评价法表现出幼儿真实、全面、动态发展的过程，充分尊重幼儿发展的个体差异。档案袋评价不是创造评价情境，或是创造评价问题来评价幼儿，而是重视幼儿在日常生活中的真实表现，或是幼儿在活动中创造的各种成果，评价者基于幼儿活动表现进行直接观察。该评价方式与幼儿的实际表现相符合。一方面，教师为幼儿提供丰富多样的评价材料，反映幼儿在不同领域知识、技能、情感等方面的发展水平。另一方面，档案袋收纳幼儿的作品、照片、录像、成人的观察记录、幼儿自评、同伴评语等，评价形式、主体多元；动态收集的材料能够体现幼儿逐步成长与进步的纵向发展过程，通过材料了解幼儿发展的优势与不足，为合理地选择教学目标和指导策略以及课程改革提供依据，促进教学、课程与评价的整合。

第二，实现教学与评价、形成性与终结性评价的结合。由于档案袋主要由活动产品（幼儿作品等）组成，所以很容易将评价与教师的教学、学生的学习有机结合起来。档案袋评价有助于教师及时、准确地获得有关幼儿学习与发展的信息，对幼儿形成合理的教育预期，提出适当的学习

① 张莉萍.运用档案袋法评价小班幼儿发展的行动研究[D].兰州：西北师范大学，2005：69.

目标，选择有效的教学策略，并不断调整与改进，为幼儿提供适合其特点且卓有成效的教育。①

2. 局限性

第一，评价的效度难以保证，难以达到客观、真实地评价幼儿的目的。国外学者对档案袋评价所得分数与同一领域所做的其他评价所得分数进行了相关分析，发现学生的档案袋分数与标准化分数之间基本上是或然关系。

第二，评价信度较低。档案袋评价的标准化较低，灵活性较大，评价内容繁多，不便整理、分析。但倘若过分强调标准化，又会使评价产生标准化测量的弊端。

第三，实践运用中存在误区。如档案袋成了幼儿作品的收集袋，成了幼儿优秀作品集，成了取悦家长的筹码，成了美丽的修饰物等。

即使如此，幼儿成长档案袋评价作为一种质性评价方式，目前仍在我国幼儿园教育实践中得到广泛应用。教师在构建档案袋过程中，收集的作品内容要全面且具有选择性，同时要重视幼儿、同伴和家长的评价主体作用。此外，教育评价应承认和关注幼儿发展的个体差异，避免用同一套标准评价不同幼儿，在幼儿面前慎用横向比较。每个幼儿都有自身特定的发展历程，幼儿成长档案袋在呈现幼儿全方位发展资料的同时，也真实地把幼儿的个性差异展现在教师面前，为教师改进教学、促进幼儿发展提供反思基础。

二、作品取样系统

作品取样系统评价方案（the work sampling system）由美国著名的教育评价专家米歇尔（Meisels）借鉴表现性评价的基本理念研制开发，并在美国的幼儿园到小学五年级的儿童评价中广泛推广和使用。② 作品取样系统主要通过对教室内产生的真实经验与作品来帮助教师记录并评价儿童的知识、技能与行为发展，为教师观察和评价儿童提供了结构化的框架，可以帮助教师有效收集和分析儿童的发展信息。因此，作品取样系统作为表现性评价的一种，它从幼儿园日常生活情境入手，"观察幼儿积极从事与创作作品的经验为基础，提供一套方法来认识及监督幼儿在社会、情绪、体能及认知方面的进步与成长"③。

（一）作品取样系统的基础和实质

表现性评价的基本理念是作品取样系统的基础和实质。表现性评价是指在学生生活和学习的情境里，教师通过对学生完成实际作业表现的观察，依靠专业判断，对学生学业成就进行整体判断的评价方式。

---

① 肖远军.教育评价原理及应用[M].杭州：浙江大学出版社，2005：207.

② 于开莲，焦艳.两种学前教育评价新方案的对比——多彩光谱评价方案与作品取样系统[J].学前教育研究，2009(8)：10.

③ 虞永平，原晋霞.幼儿园课程[M].北京：高等教育出版社，2014：114.

1. 在真实的评价情境中进行

即对儿童的评价可在实际生活中进行，也可在模拟真实的生活情境中进行。从与儿童相关的生活中取材，可以自然引发儿童兴趣，使其尽其所能表现，以此了解儿童实际发展水平。它关心评价的表面效度，即该测验从表面看能否达到测验目的，儿童对内容是否有兴趣，是否能激发儿童运用知识进行判断。

2. 反映儿童的综合智能

表现性评价鼓励儿童自己主动建构答案，在评价过程中运用高层次思考表现多方面的综合能力，以建构合乎自己认知的、具有创造性的解决问题方案。与传统评价不同，表现性评价注重儿童活动过程和作品。一方面，活动过程能展现儿童解决问题的能力，如高层次思考能力、反思能力、合作能力、信息收集能力和创造力；另一方面，作品是各种能力综合作用的结果。

3. 评价与教学活动相结合

作为一种基于课堂教学活动的评价工具，作品取样系统的功能主要在于通过对教室内产生的真实经验与作品来帮助教师记录并评价儿童知识、技能与行为发展。因此，表现性评价贯穿教学过程。如采用教师观察的评价方法，就是评价与教学相统一的过程。

（二）作品取样系统的基本领域

作品取样系统涵盖五个领域，每一个领域又各自涵盖数个功能分项以及表现指标，每个领域都在三个系统中出现。作品取样系统详细地列举了每个年龄段儿童各个领域和表现指标（见表5-4）。

表5-4　作品取样系统涵盖五个领域

序号	发展领域	发展能力及指标
1	个人与社会发展	强调情绪和社交能力。个人发展包括儿童对于自己作为一个学习者的看法，他们所了解到的对自己与对别人的责任。社会发展主要是儿童交朋友、解决冲突，或在团体中有效运作的技能。
2	语言与文学	主要强调能传达与解释意义的语言和文学技巧，包括听、说、读、写、研究。
3	数学思考	焦点在于儿童思考数学以及解决问题所采用的策略，重点在于如何获得、使用策略来觉察和解决数学问题。
4	科学思考	涵盖对物理环境、生活世界与地球科学的探究及探究方法。
5	社会文化	对社会与文化的了解，了解人类之间的相互依存性以及人与环境之间的关系。
6	艺术	了解儿童在艺术方面主动或被动的表现，以其是如何运用艺术来表达、表现，以及整合儿童的经验、想法和情绪，如何发展对艺术的欣赏等。
7	体能发展	涵盖大动作技能、精细动作技能、个人健康和安全。

（三）作品取样系统的基本要素

在作品取样系统中，教师对收集的评价资料及对幼儿整体表现的评价，一年要整理三次，分别是：学期开始—学期结束—学年结束。作品取样系统的评价包括三个基本部分，即发展指引与发展检核表（developmental guidelines and checklists）、作品集或档案袋（work or portfolios)、综合报告(summary reports)等。

1. 发展指引与发展检核表——结构化的观察与评价

发展指引与发展检核表为教师提供系统的观察框架。发展指引提供3—6岁儿童发展架构和一套儿童在各发展领域的观察指标,增强教师观察的过程以及确保教师观察的可靠性和一致性。发展指引呈现对每个年龄阶段儿童发展的适宜期望,它可以让不同地方的教师用同一种标准来执行专业的判断,评价儿童的行为、知识、成就。同时,发展指引将每一个特定的技能、行为或成就以一个单句的表现指标来呈现,在每一个表现指标之后,接着陈述该指标的重要性,并列举几个表现行为的例子,以便教师观察和评价。以下是小班"个人与社会发展"领域的一项发展指引的具体内容,标题为"表现指标"(见表5-5),其下是对该"表现指标"的分析、举例。

表5-5　幼儿观察发展指引表现指标①

年龄	表现指标
3—4岁	3岁幼儿非常好奇,对周围世界的探索主要是通过对物体看、听、摸、尝、闻等感知、操作活动来进行的,它常常发生在幼儿活动或"玩儿"的过程中。描述观察到的事物时,还需要成人的支持和提示才能更精确地描述所观察的现象。
4—5岁	4—5岁幼儿主要是通过感知觉以及各种操作来认识周围世界。能够主动观察事物,看、听、摸、闻等感知觉以及动手操作是这个年龄最常见探索事物的方法,他们正在以有组织的方式说出他们对世界的观察。在教师的指导下,幼儿可以通过更进一步的观察找到所探究问题的答案。幼儿开始记录自己的观察。
5—6岁	5—6岁幼儿在观察大量事物的基础上,逐渐能够整理、加工自己观察来获得信息。5—6岁幼儿能够持续观察事物,初步理解事物之间的内在关系,发现一些浅显的规律。能够表现出用绘画等方式来记录观察的意识。

对自己正在发展的技能有信心②

3岁的幼儿通常觉得自己很能干,有能力做熟悉的事情,也带着这样的感觉到学校。但是,学校并不是他们熟悉的场所,幼儿可能对于这样一个陌生的地方感到犹豫。3岁幼儿展现对于学校感到熟悉的例子包括:

加入"娃娃家"游戏的小朋友通常进行平等游戏。

坐下来吃点心,并与其他人交谈选择个人的活动,如画画、拼图,或帮忙喂教室的小动物。

逐渐增加参与活动的种类与层次。

发展检核表是收集、组织、记录教师观察结果的工具,它列出了所有表现指标及提供一年三次评价幼儿表现的观察记录表格,教师对幼儿的观察就记录在发展检核表内,采用等级方式进行,所用评定等级分为三级(尚未发展、发展中、熟练),分别代表幼儿在各项"表现指标"的发展程度。以"豆豆在观察方面的评价信息"为例:

---

① 张慧.作品取样评价系统在幼儿园的实践运用研究[D].北京:首都师范大学,2011:40.

② 虞永平,原晋霞.幼儿园课程[M].北京:高等教育出版社,2014:115.

在中班科学领域“观察”这一评价内容上，王老师在科学活动中收集了豆豆在观察方面的评价信息，并依据 4 岁幼儿“观察”方面的发展指引，以检核表和作品的方式加以记录(见表 5 - 6)。

表 5 - 6 教师评价信息图①

	教师的记录	初步分析		分析依据
		检核表	老师对作品分析	
第一周期	照片：“发现叶子”活动照片 “叶子”活动中，豆豆自己主动拿起放大镜持续观察老师提供的不同叶子，只是将放大镜紧贴在眼睛上。在其他小朋友启发下，自己闻闻叶子告诉老师“有种味”。还告诉旁边的娜娜“我的放大镜没你的看得清楚”。	发展中	豆豆能持续观察叶子，在观察过程中乐于使用工具观察，并且知道不同工具观察效果不一样。	“观察”发展指引表现指标： 4—5 岁幼儿主要通过感知觉以及各种操作来认识周围世界。能够主动观察事物，看、听、摸、闻等感知觉以及动手操作是这个年龄最常见探索事物的方法，他们正在以有组织的方式说出他们对世界的观察。在教师的指导下，幼儿可以通过更进一步的观察找到所探究问题的答案。幼儿开始记录自己的观察。
第二周期	绘画作品《石头》 今天的科学探索活动，老师提供了许多石头，豆豆将不同大小的石头放在一起，一会“摸一摸”，一会拿起两块“比一比”，然后主动走到桌子旁，拿起笔和纸，把自己喜欢的一块红色小石头画下来，又拿起放大镜看不同的石头。	成熟	豆豆是全班第一个将观察到的石头用绘画的形式记录下来的幼儿，而且总是喜欢用放大镜进行观察和探索，对工具保持极大的热情。只是每当老师让小朋友说说自己发现了什么时，他总是默默听着别的同伴们发言。	
第三周期	照片：“菊花”活动表现 老师提供了两盆不同颜色的菊花让幼儿探索，在老师的鼓励下豆豆说出自己看到两盆菊花的不同。而且在观察时主动走到花盆的另一侧观察，然后告诉旁边的同伴“那边还有一个球呢”。可以看出，他能够感知到不同角度观察事物的效果是不同的。	成熟	豆豆在今天的活动中，观察得很细致，而且能够自主地从不同角度观察菊花的不同。只是在孩子们集体交流经验时不主动表达自己的想法。	

2. 档案袋(作品集)——资料的收集

档案是有目的地收集可以展现儿童努力、进步与成就的作品。作品取样系统主张以结构性的方法来收集两种作品：核心项目和个人项目。

(1) 核心项目(core items)。

核心项目用来表现儿童不同阶段的成长以及儿童在不同课程领域的作品质量。它主要收集语言与文学、数学思考、科学思考、社会文化和艺术五个领域的儿童作品，而儿童在“个人和社会发展”及“体能发展与健康”两个领域的指标由于很难用作品形式呈现，因此由教师直接观察并进行描述。作品取样系统只要求教师每个领域收集两个学习指标的核心项目，以免太多而无法整理。

① 张慧.作品取样评价系统在幼儿园的实践运用研究[D].北京：首都师范大学，2011：47 - 48.

有效学习指标符合五个准则：属于课程的重要部分；具有代表性，足以呈现儿童的纵向发展；与全体儿童有关；能反应概念和过程，不是某一具体内容；用作品集呈现比检核表更有效。如：一名幼儿园老师语言领域确定两个指标，即“用口语表达意愿并让他人了解”“使用符号来沟通想法”。

(2) 个人项目(individualized items)。

个人项目是用来展现儿童个人特质，以及儿童统整课程领域的作品。与核心项目不同的是，个人项目不需要教师事先规划，也不限于特定、单一领域，只要能展现某位儿童兴趣、才能、学习方式、重要成就或跨领域知识运用的作品都可以收集。档案的设计、选择及评价并不只是教师的任务，幼儿也可以参与其中。每个领域的个人作品一般为五个。

收录个人项目的四个特征：能反映儿童个人特殊领域和才能；能展现儿童个人的学习方式；能记录儿童个人重要成就；能显示统整技能。如：大班“我家附近”主题活动，幼儿建构作品反映出儿童的数学能力、社会文化知识、计划合作等技能。该活动中的模型制作过程照片、完成时照片以及幼儿对活动的反省，均可作为幼儿个人项目。以通过叙事性描述方式完成评价信息搜集的“发现叶子”活动为例。

评价信息搜集——叙事性描述“发现叶子”

第一次收集幼儿在科学领域的表现是在中班“发现叶子”的活动中进行的。要求教师针对幼儿的表现，填写研究者编制的观察记录表。由于“发现叶子”的主要活动目标是培养幼儿观察物体的能力。研究者根据幼儿观察能力的关键经验，编制了观察记录表。观察记录表主要涉及通过感官观察、工具观察、观察对比三个维度以及幼儿在活动中的风格表现。活动结束后，研究者发现，即使观察记录表已经为教师提供了观察记录幼儿在该领域表现的三个维度，但大部分教师的观察记录表仍然存在大片空白的情况。

其中一位教师的观察记录是一名幼儿不能持久观察一片叶子，经常换别的叶子，不是很专心，注意力都放在放大镜上了。在研究初期，通过对所有教师的观察记录的分析，研究者发现，这种形式的观察记录在教师中并非偶然，而是一种普遍存在的现象。

从教师观察记录中的“该幼儿不能持久观察”“不是很专注”等关键词可以看出，教师在记录的过程中已经添加了自己的主观判断。

3. 综合报告——幼儿表现总的整理

综合报告一年填写三次，分别是学期开始时、学期结束时和学年结束时，每次教师要结合“发展检核表”和“档案”的信息，利用自己所拥有的儿童发展的知识，来评判幼儿在各个领域的表现及进步。教师根据他们对于儿童的认识来划分等第，并书写一段“综合评述”描述幼儿的优点和需要关注的地方。综合报告既可以描绘出每个幼儿横贯五个领域的优缺点剖面图，也可以提供家长和教育管理者有关学生的发展信息，还可以为老师的教学规划作出指引。如：个人与社会发展领域情况，见表 5 - 7。

表 5－7　个人与社会发展领域情况

<table>
<tr><th colspan="6">个人与社会发展领域情况</th></tr>
<tr><th rowspan="2">具体维度</th><th colspan="2">发展检核表、作品集评价等级</th><th colspan="2">儿童进步等级</th><th>备注</th></tr>
<tr><th>达到期望</th><th>期望发展</th><th>达到期望</th><th>异于期望</th><th>需要发展理由、特殊长处以及易于期望表现等</th></tr>
<tr><td>自我概念</td><td></td><td></td><td></td><td></td><td></td></tr>
<tr><td>自我控制</td><td></td><td></td><td></td><td></td><td></td></tr>
<tr><td>学习方式</td><td></td><td></td><td></td><td></td><td></td></tr>
<tr><td>与他人互动</td><td></td><td></td><td></td><td></td><td></td></tr>
<tr><td>冲突解决</td><td></td><td></td><td></td><td></td><td></td></tr>
</table>

以教师对中班幼儿豆豆开展12周观察撰写的综合报告为例：在12周的收集期结束的时候，中班王老师依据豆豆三个阶段的发展检核表和作品情况，为豆豆写出综合报告(见表5－8)。

表 5－8　豆豆三个阶段观察发展综合报告①

<table>
<tr><th>检核表：符合期望</th><th rowspan="2">进步方面：达到预期</th></tr>
<tr><th>作品：符合期望</th></tr>
<tr><td colspan="2">豆豆在这一阶段观察活动中，能够主动地运用感官(嗅觉、触觉、视觉等)选行观察；同时，对使用工具观察事物保持持久兴趣，用绘画记录所见的意识很强。另外，豆豆观察事物十分细致，能够观察到许多小细节，如一个小花骨朵，能在教师的引导下，准确指出事物的明显特征，只是他不善于对观察到的事物主动进行口头表达。</td></tr>
</table>

作品取样系统的三个要素形成一个整体："发展检核表"以教师期望和国家标准为评价的标准，记录幼儿的成长；"档案"以视觉的方式呈现儿童作品的质量以及儿童跨时间的进步；"综合报告"将上述资料统整于一张精确的报告表，帮助家长了解幼儿发展概况，同时为行政主管分析了解幼儿水平提供参考。

三、多彩光谱评价方案

多彩光谱方案是由哈佛大学加德纳(H. Gardner)教授提出的多元智能理论和塔伏茨大学费尔德曼(R.S. Feldman)教授的认知发展非普遍性发展理论结合而来。二者均注重智能发展的多元本质，强调个体在各个领域的智能表现是不一样的，每个儿童都有自己智能的强项和弱项。教育要为每个儿童提供能充分展示他们智能强项和风格特征的平等机会。因此，多彩光谱是旨在发现儿童的智力强项、弱项，并对儿童进行针对性教育，发展儿童的智力强项，同时通过搭建弱项与强项之间的桥梁，促进弱项发展的一种评价方案。它是一种典型的表现性评价。

① 张慧.作品取样评价系统在幼儿园的实践运用研究[D].北京：首都师范大学，2011(5)：49.

（一）多彩光谱评价方案的基本构成

多彩光谱评价方案包括评价活动与活动风格评价两大部分，该评价方案由 7 个智能领域 15 个评价活动和 18 种活动风格构成。

1. 评价活动

评价活动充分体现这一方案的突出特点。即教师对儿童的评价并不是通过某种测试、量表来完成，而是在有意义的、真实的、结构化的评价活动中，通过幼儿操作材料、与人交往以及在活动中的各种表现来评价幼儿。为此，该方案为教师设计了涵盖运动、语言、数学、科学、社会、视觉艺术以及音乐 7 个智能领域的 15 个评价活动。评价活动详细说明了每一种活动的目的、材料和组织、具体程序、评价的过程和注意事项等，并提供了适宜于每个活动具体的观察指标、评价标准以及方便实用的观察表。

2. 活动风格评价

活动风格评价用于“描述儿童在各种情境中与任务和材料的互动关系……是从过程维度而不是结果上来反映儿童的学习或游戏”[①]。其具体内容涉及儿童是否愿意参与活动、参与活动时的自信心表现、游戏性、专注程度、坚持性、工作速度、健谈性、计划性、创新性、成就感以及与成人的互动等 18 种明显的风格特征。评价方案对每种活动风格都进行了详细界定和说明，并设计了活动风格检核表。教师可以运用这些检核表，参照风格的界定和说明，考察儿童在各个领域活动时所展现的不同风格特征。

（二）多彩光谱的评价特点

多彩光谱评价方案涵盖运动、语言、数学、科学、社会、视觉艺术以及音乐 7 个智能领域的 15 种能力。主要有以下特点。

（1）以发现儿童强项为目标，并主张为促成儿童的积极变化提供基础，强调在儿童的强项和弱项上建立联系，最终达到促进儿童多方面发展的目的。

（2）强调发现儿童的强项，给儿童提供适宜的学习机会和学习经验，认为所有儿童至少在一个领域有优势，不论该优势是相对自己还是其他同龄人而言。光谱评估关注儿童所表现出来的强项。

（3）注重具体情境创设。它打破传统智力测试模式，强调在具体活动中对儿童进行评估。在评估过程中，教师运用光谱活动材料，根据评估方案提供框架对儿童进行观察，从而对儿童在某一领域发展做出深入评估。

（4）以多元智能理论和非普遍性理论为基础，评估范围和程度较传统评估更广更深。光谱评价方案涵盖 7 个智能领域 15 个评价活动和 18 种活动风格，突破传统智力测试的狭隘性，也体现智力公平。同时，光谱方案有助于深入了解儿童在各领域表现。

---

① ［美］玛拉·克瑞克维斯基.多元智能理论与学前儿童能力评价［M］.李季湄，方均君，译.北京：北京师范大学出版社，2002：7－8.

(5) 补充和发展课程的同时，能对儿童个体和班级整体产生积极影响。

(6) 评估与课程密切结合。评估所用材料既是学习材料，也是优势评估工具，它模糊了课程和评估之间的界限。

(三) 多彩光谱评价方案优越性与局限性

1. 优越性

(1) 提供了一个在结构化的活动中了解儿童的方法，比起自然观察，较容易获得不同儿童在同一个问题、任务上的状况。

(2) 每一个评价活动都有详细的评分细则和等级量表，提供了一种结构性观察的框架，不仅使评价更为清晰和明确，也使得评价者的观察评价更有目的性和计划性。

(3) 多彩光谱方案认为评价的过程就是儿童的学习过程，同时通过"下一步建议"搭建现有水平到更高水平的桥梁，教师获得的教学建议可对评价结果的利用提供支持。

2. 局限性

(1) 评价活动来源于智力结构的分析，对幼儿园的课程虽然有一定的启示作用，但不是幼儿园常用的教学内容，不能直接用于幼儿园的教学。

(2) 光谱方案的评价一般采用一对一的形式，这与幼儿园的日常教学实际情形差别较大，且评价由评价专家进行。教师一旦脱离评价的设计和评价实施的过程，对于改进评价观念、增强将评价结果运用于教学的意识，没有实际的帮助，进而无法利用评价改进教学。

案例研讨

这是一则关于数学智能发展迟缓个案[①]，案例主人翁为阿曈，该案例为记录片段5，记录时间：2017年10月10日。

周二下午，A教师带领小朋友们户外活动。阿曈和他的好朋友康丞一起在玩篮球，我走过去问阿曈："阿曈，你能数数地上一共有几个篮球吗?"阿曈拿出小手指仔细地开始点数："1、2、3……"还没数完，他就不耐烦地说道："你觉得是几个篮球呢?"见状，我说："地上一共有7个篮球，你觉得我说对了吗?"我以为阿曈会继续数一数，好验证我的答案，没想到他说："你说得对。"地上的篮球分成一堆一堆的，其中有一堆放了3个篮球。我继续问阿曈："你看这里有3个篮球，你说他们是双数个还是单数个呢?"(注：9月底，大班10以内的单双数已经学完)"双数!"说完阿曈笑着看我，像是告诉我他的答案是对的一样。

可见，阿曈对于数数这一基本练习活动缺乏兴趣，并表现出排斥。对于已经学过的单双数判断，阿曈显然也没有掌握，对数字概念十分模糊。

分析：通过对阿曈的观察，可以发现阿曈在数学方面发展相对迟缓，缺乏兴趣。尤其是在

---

① 张海花.幼儿优势智能带动弱势智能发展的个案研究——基于多彩光谱方案[D].济南：山东师范大学，2018：28.

日常的数学活动中，阿瞳无法集中注意力，其数字排序、10以内的单双数判断、个位数的分合等基本数学能力发展迟缓。

延伸阅读

情境性评价①

幼儿园课程评价的原则要求我们要在重视目标实现的同时注重情境，一日生活活动中变化的情境，使得评价内容、地点、手段趋于多样，并得到富于个性化的信息。情境性的评价，即根据生活活动组织的指导思想、原则，遵循《纲要》在自然、真实的生活情境中评价的要求，通过描述、实录的方法，记录、分析教师和幼儿在特定情境中的行为，观察中既要关注生活活动中教育目标、内容的达到，又要关注变化情境下富有特性的过程，因此，情境性评价强调参与者积极参与评价过程，强调采用多种方式在广泛的真实情境中收集过程信息，然后评价主体作出一定的认同解释与分析。情境性评价多采用定性的方法，如观察记录、个体案例、教育反思笔记等。

情境性幼儿园课程评价方案是《整体性和谐发展课程方案》首次提出的。该方案的要点是：

(1) 情境性评价方案有两种类型，一是根据评价的目的和内容，设置一定的情境，引发幼儿相关的反应，从而推断幼儿发展的一般状况；另一种是利用现实生活的真实情境，通过观察幼儿和教师的行为，判断幼儿的发展、教学的成效。

(2) 情境性评价的主要特点是让幼儿处于感性的、具体的情境中，观察幼儿感性的、真实的反应。

(3) 方案列举的活动情境一般适合5—8名儿童参与。

(4) 方案的各个情境可分别进行，或交叉进行。

(5) 计算方法：A=5，B=3，C=1，各年龄项目的权重：100÷情境数；每一情境中项目的权重：1÷项目数。

主题自测

一、填空题

1. 课程评价贯穿于整个幼儿园课程设计与实施的始终，既包括设计前的__________，实施中的__________，还包括实施后的__________。

2. 幼儿园课程评价一般具有______、______、______、______、______的基本功能。

① 虞永平，等.幼儿园课程评价[M].南京：江苏教育出版社，2009：83－84.

3. 从评价对象、关注问题和评价方式的维度划分，将课程评价分____________、____________________。

4. 依据评价参照体系，可以将评价类型划为：__________、__________、__________。

5. 评价指标与评价目标是相互联系的两个内容，指标体系设计时应遵循原则，分别是：____________、____________、____________。

二、选择题

1. 教师在盥洗环节对幼儿生活卫生习惯相关内容进行评价，说明评价方法具有（　　）

A. 过程性。　　B. 情境性。　　C. 多元性。　　D. 发展性。

2. 以下属于课程建设"起点"的是（　　）

A. 课程目标评价。　　B. 课程实施过程的评价。

C. 课程效果的评价。　　D. 课程方案评价。

3. 以下评价主体中，具有双重评价身份的是（　　）

A. 家长。　　B. 教师。

C. 园长。　　D. 教育行政部门人员。

4. 某种课程评价是对课程计划本身的评价，不涉及课程计划可能有的效果，它关注的问题是"这个课程计划好在哪里"。这种课程评价属于（　　）

A. 形成性评价。　　B. 总结性评价。

C. 内在评价。　　D. 效果评价。

5. 幼儿园课程评价的客体不包括（　　）

A. 课程类型。　　B. 课程方案。

C. 课程实施过程。　　D. 课程实施效果。

6. 作品取样系统中用来呈现每个儿童的特性、学习风格、优点，以及对各领域智能的统整程度的是（　　）

A. 发展检核表。　　B. 个人项目。

C. 学习指标。　　D. 核心项目。

三、简答题

1. 简述档案袋评价的优越性与局限性。

2. 简述多彩光谱评价的特点。

3. 幼儿园课程评价应该符合哪些观念。

主题六　幼儿园课程设计(上)

主题目标

1. 了解课程设计的概念与层次,理解目标模式和过程模式的核心思想与基本特点。
2. 掌握幼儿园课程设计的实践样态及其操作的基本程序。
3. 理解幼儿园课程设计的整合取向,掌握幼儿园课程活动渗透策略的基本路径。

内容脉络

- 幼儿园课程设计(上)
  - 幼儿园课程设计的理论模式
    - 课程设计的概念与层次
    - 课程设计模式
  - 幼儿园课程设计的实践样态
    - 从目标出发而设计的活动
    - 受材料启示而设计的活动
    - 以方案借鉴而设计的活动
    - 由过程发现而设计的活动
    - 因评价引发而设计的活动
  - 幼儿园课程设计的整合取向
    - 幼儿园课程设计的整合取向概述
    - 领域活动渗透的含义与类型
    - 领域活动渗透的基本路径

模块一　幼儿园课程设计的理论模式

情境导入

有幼儿园教师反映，园长在园内开展课程教学观摩研讨活动时，经常提出课程活动应尽可能体现课程设计的原创度的要求，同时也要求大家积极投入园本课程开发工作。园长有时提到课程设计，有时又说是课程开发。到底何为课程设计和课程开发呢？

本模块围绕幼儿园课程设计这一相关内容展开阐述。

知识演绎

一、课程设计的概念与层次

课程设计、课程编制、课程开发是课程论中三个相近的概念，在英文中有 curriculum design、curriculum construction、curriculum development、curriculum making、curriculum building 等不同的词语表达。在实际运用中，人们并没有确切地区分它们，而是彼此混用，如泰勒的课程模式，有人将之称为课程设计模式，也有人称其为课程开发模式。尽管在课程实践中这三个概念常被视为同义，甚至混用，但相对于课程编制与课程开发，课程设计的表述更规范一些。《简明国际教育百科全书·课程》词条中有"课程设计"，却没有"课程编制"与"课程开发"。因而，本书采用"课程设计"这一概念。

课程设计指在一定教育理论指导下，运用设计技术，有目的、有计划地对不同层次的课程活动做出事先规划和安排，从而制订出课程计划、课程标准以及教材等，并以此来指导课程实施、课程评价的系统化课程建设活动。[①] 其中，理论指导和设计技术的运用明确了课程设计理

① 和学新，庞丽娟，岳辉.课程设计：相关概念的辨析与厘定[J].天津师范大学学报(基础教育版)，2019(3)：5.

论性与技术性统一的性质;“对不同层次的课程活动做出事先规划和安排”着眼于整体的课程活动,明确了课程设计活动的层次和内容;“课程计划、课程标准、教材”明确了不同层次课程设计的物化结果;“指导课程实施、课程评价的系统化课程建设活动”则指明了课程设计活动的归属,明确了课程设计活动与课程建设系统内平行要素间的关系。

课程设计可以分为宏观、中观和微观三个层次。宏观层次的课程设计主要关涉课程的宏观理念、结构、各种结构要素及其关系的设计,具体任务包括课程体系总体理念的设计,如课程体系的宗旨、总目标、总任务等内容的设计;课程体系中各类别课程之间的关系和结构设计,如国家课程、地方课程、学校课程的关系和结构,学科课程、活动课程的关系和结构,选修课、必修课的关系和结构内容的设计等。中观层次的课程设计主要指各类课程的关系和结构设计,具体任务包括学科课程内部、活动课程内部、选修课程内部各具体课程要素的关系和结构设计;隐性课程各构成成分的关系和结构设计等。微观层次的课程设计指具体课程各构成要素的设计,具体任务包括具体课程的理念、目标、内容、实施、评价等内容的设计等。

二、课程设计模式

课程设计模式是指,在课程设计过程中,由课程设计者根据一定的思想和理论,通过确定课程理念和目标,选择和组织课程内容,编制课程实施方案,制订课程评价原则等形成的课程设计范型。20 世纪以来,课程设计的基本模式主要有目标模式和过程模式。

(一)目标模式

目标模式是指以目标为基础和核心的课程设计模式。20 世纪初,由于工业和科技进步的影响,在欧洲和北美出现了一股追求“功效”和“唯科学主义”的潮流。在工业领域,典型的代表是在美国产生的著名的以行为主义、实证科学为基础,采用科学化目标管理的经典模式——泰罗制。受其影响,教育界出现了“教育功效化运动”和“教育科学化运动”,直接影响了当时的课程研究。研究者将科学的思想方法和技术应用于课程设计,其中最令人瞩目的是美国的博比特(F. Bobbit)和查特斯(W.W. Charters)。博比特是第一个探讨课程设计过程的研究者,是目标模式的首创者。

泰勒于 1949 年出版了《课程与教学的基本原理》一书,他在集其他学者研究之大成的基础上,经过八年研究的经验总结,将课程设计的目标模式系统化形成了典型的目标模式——泰勒模式。随后,在进一步的研究中,该模式不断得到修正、补充和完善,在目标模式的发展中又出现了塔巴模式、惠勒(D. Wheeler)模式和朗特里(D. Rowntree)模式等。

1. 目标模式的核心思想

在《课程与教学的基本原理》一书中,泰勒提出了课程开发的四个基本问题:学校应该达到哪些教育目标?学校应该提供哪些教育经验才能达到这些目标?这些经验如何才能有效地加以组织?如何确定这些目标正在得到实现?这四个基本问题后来被人们广泛地称为“泰勒原理”(the Tyler Rationale)。这四个问题明确地指出了课程设计的基本程序,即“确定教育目标—选择学习经验—组织学习经验—评价教育计划”。泰勒主张,目标具有引导课程选择和组织以及评价的主要功能,所以,泰勒模式被尊称为目标模式课程设计的典范。

2. 目标模式的基本特点

总体上看,目标模式具有如下基本特点。

(1) 强调目标是课程设计的出发点和核心。

目标是课程设计中选择、组织学习经验的指南,是设计评价工具和程序的标准,是课程设计的基础,其他步骤都要围绕预先制定的目标来进行。

(2) 强调目标的行为导向。

目标模式的设计者批评过去的目标叙述太模糊、不明确,毫无教育意义,因此,要求确立明确、可以测量的外显行为目标。因而,泰勒也被称为“行为目标之父”。

(3) 强调层次分明的目标体系。

将那些已被确定的课程目标的东西,按其不同的心理领域、不同水平做进一步的划分,以形成一个意义明确、层次分明的目标体系。如博比特将课程目标分为终极目标和渐进目标,查特斯将这两类目标视为“施教单元”和“教育理想”,惠勒则将其分为近程目标、中程目标和远程目标。[①]

3. 目标模式的评价

(1) 优越性。

目标模式的优点在于课程设计的条理性和简易性。[②] 具体的优点可归纳为如下几个方面。

第一,课程设计条理清晰。目标模式用明确的目标规定教育的方向,使课程内容的选择、课程的设计、实施及评价都有一个服务中心。

第二,增强了教育者的目的性。清晰的教育目标可以引导教育者不断思考自己的工作要达到什么目的,使课程设计过程成为一个理性的思考过程。

第三,课程评价简单易行。目标模式提供了判断教育成功与否的简单易行的准则——目标的达成程度,从而使课程评价变得简单明了,容易操作。

(2) 局限性。

尽管目标模式自产生后就一直处于不断修正、完善中,但受实用主义哲学及行为主义心理学的影响,其基本的目标—手段、效率—控制、预期—检验思想及技术机制却始终如一,呈现出机械性和“工具化”倾向。

第一,课程目标的行为化必然导致其分解和细化,可能造成教育视野的局限,“只见树木,不见森林”。而且,课程目标强调细化,与现代课程强调教育的完整性、系统性是相矛盾的。

---

① 沈剑平.课程编制的目标模式和过程模式述评[J].课程·教材·教法,1988(6):53-57.

② 冯晓霞.幼儿园课程[M].北京:北京师范大学出版社,2000:129.

第二，强调目标的行为化、可预期性和可测量性，必然忽视没有外显行为、非预期的、难以测量的学习结果，如情感、体验、态度方面的学习，而这些往往对幼儿的成长是极为重要的。

第三，课程评价重结果不重过程，重定量测量，轻质的分析，课程评价难以为改进课程提供有用的信息。

第四，过于强调课程设计的“科学性”“技术性”的一面，而忽视它的“艺术性”和“人性”，即个性和创造性，没有真正反映“人的教育”的本质。

有学者认为，目标模式将教育简化为科学的活动，依据“学校如工厂”(school as factory)的隐喻，把学生看作原料，把教育过程看作输入—产出的过程。这样，学生和教师的主体地位都消失了，他们的积极性、主动性、创造性都受到压抑。因此，人们把课程设计的目标模式又称作“工学模式”。

（二）过程模式

过程模式是指以过程为基础和核心的课程设计模式。英国著名课程论专家劳伦斯·斯滕豪斯(L. Stenhouse)在1975年出版的《课程研究与开发导论》中，对具有广泛影响的“泰勒模式”进行了批评。他认为，首先，目标模式误解了知识的本质，对于某些行为技能的训练而言，目标模式是适用的，但对于知识的学习来说，目标模式则是不恰当的，因为知识不能还原为行为，学习知识最有价值的意义在于进行思维。课程应当考虑知识的不确定性，鼓励学生进行个性化的、富有创造性的学习，而不是用某种不科学的目标束缚学习活动。其次，目标本身具有模糊性。实践中的课程很复杂，学生所能够达到的目标实际上是难以预测的。由于对普遍性目标的追求，会把学生丰富多样的发展可能性局限在既定目标之内，阻碍他们的发展。正是在对目标模式反思的基础上，斯滕豪斯提出了过程模式的课程观。

1. 过程模式的核心思想

斯滕豪斯以英国著名教育哲学家彼得斯(R.S. Peter)的知识理论为基础，即在知识以及教育本身具有内在价值的认识基础上，把课程设计的重点放在课程活动的展开过程中，认为课程设计不是先制订出一套“计划”“处方”，然后予以实施和评价，反对用预先确定的目标，尤其是行为目标来规定课程的进程和结果；认为课程的设计应该是研究、编制、评价合而为一的一个连续不断的过程；主张在课程设计中详细说明要学的内容、需采用的方法以及活动中固有的价值，然后根据儿童的需要不断调整，以使教育教学产生最大限度的效益，促进儿童最大限度地学习与发展。

2. 过程模式的基本特点

过程模式的最大特征是具有开放的设计思路，它的特征有如下几个。

(1) 课程不是预先被确定的。

强调课程实施的过程很复杂，有很多偶发因素，学生的学习不是直线式、被动的过程，而是一个主动参与和探究的过程，需要发挥教师的教育机智。课程不可能完全按照预定的目标、程序展开，必须根据具体情况不断做出调整。因此，课程设计应该是动态的不断修正的过程。

(2) 教育重在过程。

知识具有其自在的、多方面的价值，应重视教育活动过程以及活动过程所实现的价值。教育目的不仅在于追求预期的行为变化，还应在于鼓励儿童去主动探索有价值的领域，在探索的过程中实现多方面的发展，尤其是智慧、求知能力和批判能力的发展。

(3) 教师是课程的研究者。

课程设计的过程就是在教育活动过程中不断挖掘其内在价值，评价和修正具有内在价值的知识及其结构关系。这一过程要求教师成为课程设计的研究者。教师不仅仅是课程方案的执行者，也是参与课程的设计与发展者。教育是经验的改造，教师应该根据学生的实际情况，相对灵活地选择和组织课程内容，促进学生能力的发展。

(4) 注重形成性评价。

形成性评价是改进课程、提高教育质量的有效途径。过程模式强调通过过程评价对教学过程进行详细的考察、研究和分析，明确课程存在的问题以及问题的原因和性质，进而提出改进的策略。

(5) 强调一般性目标。

过程模式并不绝对反对目标，其反对的是设立具体的行为目标。它认为课程应该确定的是“一般性目标”或“总目的”，即确立总体教育过程的一般性的、宽泛的教育目标。这个目标是非行为性的，其表述方式应该是笼统的，有很强的原则性，并不构成最后的评价依据。

3. 过程模式的评价

(1) 优越性。

过程模式后于目标模式产生，其克服了目标模式的缺陷，在课程设计模式上应该说是目标模式的有利补充，丰富了人们对课程设计模式的认识。过程模式强调教育和知识的本体价值；强调课程的弹性、灵活性；重视课程的实施过程，强调在教育过程中对具体情境的诊断；主张应积极发挥教师和儿童在课程中的主动性、创造性；强调学生基本能力和素养的获得，而不仅仅是行为目标。这些都是对儿童主体精神和创造性思维的强调，体现了当代教育所宣扬的民主精神和人文精神。

(2) 局限性。

过程模式虽然论证了课程编制的基本原则和方法，但却没有提出明确而具体的程序和方案，在课程实践中可操作性不强，这应该是其最明显的不足。此外，过程模式忽视了目标的作用，没有明确的评价标准，因此课程实施和评价的过程都有一定的主观性；且该模式对教师素质的要求很高，教师应能领会和把握课程所要实现的价值的核心，并灵活自如地利用各种教育资源引导儿童的学习，否则教育的效果就难以保证。

延伸阅读

课程编制的目标模式与过程模式比较①

有学者对课程设计的目标模式与过程模式进行了较全面的比较，从中可以明显地看出两种课程模式的优势与不足，见表6-1。

表6-1　课程编制的目标模式与过程模式比较

比较点	目标模式	过程模式
教育观	教育是实现既定目标	教育使人更自由，更有创造性
知识观	知识是固定的让人接受的信息	是思维的载体
课程目标特点	精细、终极状态	宽泛、动态变化
课程目标来源	分解和对应教育目标	过程中学生的兴趣
课程目标的作用	控制、束缚	引导
课程关注点	目标达成、结果	过程、学生的满足
教学方法	讲授、传递	讨论、探究
教师角色	课程的执行者	参与者、讨论主持人
教师要求	技能性强、短期培训	观念和能力要求高、长期学习
学生角色	接受者	建构者、探索者
教学调控手段	目标控制、易操作	过程中的教育原则、难把握
课程效果	明显、快速、满足度低	不明显、长远、满足度高
课程评价	指标明确、评价简易	较模糊，评价较难

【观点讨论】

学习了幼儿园课程设计的目标模式和过程模式，我们知道，两种模式反映了课程设计的不同价值取向。甲同学认为，目标模式具有较强的操作性，程序明确，环节清晰，比较适合幼儿园教师；而乙同学却认为，根据幼儿的心理特点及社会的需求，过程模式更符合幼儿园教育的本质，应大力倡导过程模式。请问，你对甲乙两位同学的观点怎么看？简要谈谈理由。

案例研讨

请根据课程设计理论模式相关知识，分析案例中教师所秉持的是何种课程设计模式。

① 李季湄.关于幼儿园课程的几个问题——幼儿园教育目标、课程目标及其课程模式[J].学前教育研究，2001(1)：28.

小班角色游戏计划:宝宝过生日①

一、主题由来

过生日对每个幼儿来说都是特别开心的经历,生日蛋糕和生日礼物更是让他们兴奋不已。有一天,过生日的煜煜把爸爸妈妈送给他的生日礼物带来幼儿园分享,结果引发了幼儿对生日的热烈讨论。"我过生日的时候,爸爸妈妈送给我小汽车做礼物。""我最喜欢过生日了,因为可以吃好吃的生日蛋糕。""我过生日的时候,妈妈会给我做一桌子的好吃的。"……我们及时抓住幼儿的兴趣点,引发了他们在"娃娃家"里开展"生日会"的游戏。

二、游戏准备

(1) 前期经验:通过谈话,帮助幼儿回顾过生日的经历,丰富幼儿有关过生日的生活经验。

(2) 材料提供:"娃娃家"已有的游戏材料,如娃娃、小桌子、小床各一张,餐具、仿真食物若干;新投放的有关生日会游戏材料,如生日帽,用于自制蛋糕、生日蜡烛和生日礼物的纸盒、纸盘、彩泥等废旧材料若干。

(3) 环境创设:在墙面张贴幼儿的全家福照片和幼儿自己绘制的娃娃照片。

三、游戏过程

(1) 游戏主题导入:与幼儿商议拟开设新的游戏主题"宝宝过生日",与幼儿商议好角色的分配,请幼儿分别扮演爸爸、妈妈和宝宝。

(2) 游戏玩法讨论:在与幼儿一起回顾过生日的生活经验的同时,共同讨论游戏的主要玩法,如① 爸爸和妈妈去蛋糕店购买蛋糕,或者一起利用区域中的废旧材料为宝宝制作生日蛋糕、三明治等,还可以为宝宝制作生日礼物。食物和礼物做好后,照顾宝宝起床、穿衣服。② 爸爸和妈妈为宝宝戴好生日帽,并送给宝宝生日礼物,为宝宝唱生日歌,一家人围坐在一起吃生日蛋糕;也可以邀请其他区域的幼儿来家中一起为宝宝庆祝生日。③ 生日会结束后,收拾餐桌和餐具。

(3) 交代游戏的注意事项:不争抢游戏材料,游戏结束后将材料整理放回原位。

(4) 幼儿自主开展游戏,教师观察与指导。

(5) 游戏经验分享与交流,游戏结束。

四、观察要点与方法

采用定点观察方法,重点观察幼儿是否在预设的情境下,用动作、语言表现出照顾宝宝、为宝宝过生日的情境,是否有比较稳定的角色意识。

五、指导建议

(1) 在幼儿进行游戏时,教师可以扮演客人参与游戏,巧妙地引导扮演爸爸、妈妈的幼儿准备过生日需要的各种物品,或者与幼儿一起做蛋糕,以便在幼儿制作遇到问题时给予适当的引导和提示。

---

① 本案例改编自董旭花,王翠霞,阎莉,刘霞.幼儿园创造性游戏区域活动指导:角色区·建构区·表演区[M].北京:中国轻工业出版社,2015:27.

(2) 可以在班级同时开设几个角色区,并让幼儿去相应的区域购买需要的材料。比如可以开设蛋糕店,引导"娃娃家"里的爸爸、妈妈去蛋糕店为宝宝购买生日蛋糕;也可以将美工区的部分材料投放到"娃娃家"内,让动手能力强的爸爸、妈妈为宝宝自制蛋糕和其他食品。

六、价值分析

过生日是幼儿较为熟悉且难忘的经历,在过生日时,每个幼儿都会有不同的体验。但对于小班幼儿来说,想要在角色游戏中重现自己过生日的经历,并与伙伴一起进行扮演有一定难度,这需要幼儿在自我经验积累的基础上,发挥自己的想象,自我主导角色定位下的具体活动。比如:做什么好吃的饭菜,选什么样的物品做礼物,做什么样的生日蛋糕等。通过这个游戏,幼儿的自我服务能力和社会交往能力都将得以提高。与此同时,在角色体验中,幼儿的语言表达能力、动手能力等也会有所提高。

分析:该游戏计划以"价值分析(回溯式目标)"取代传统的"游戏活动目标(预设式目标)"的写法,对该游戏活动带给幼儿实际的、有益的新经验是通过事后回顾的方式加以梳理。这种"回溯式"的创造性游戏活动目标的写法带有明显的过程模式取向。因为对于创造性游戏来说,由于游戏活动本身的"低结构性"特点,游戏活动的走向与所呈现的形态具有较大的开放性,这也就意味着幼儿在游戏中所获得的有益经验,同样也具有较大的宽泛性。游戏带给幼儿的发展价值蕴含在活动过程之中,难以如高结构的集体教学活动那样予以明确预估。而且,在创造性游戏活动计划的制订中,如果要求预先拟定游戏目标,则极易导致教师因受既定目标的影响等缘故,在对幼儿的观察与指导中,出现不自觉地以游戏目标为中心,对幼儿游戏进行过多的"合目的性干预",过分强调游戏目标而忽略游戏过程。[①]

① 吴振东.幼儿教师教育技能10项修炼[M].福州:福建人民出版社,2019:22.

模块二　幼儿园课程设计的实践样态

情境导入

在一次关于怎样设计一个具体课程活动的研讨中，有位骨干教师介绍她所设计的“好玩的牛奶盒”这一课程活动的起因是家长送给班级许多牛奶包装盒。另一位新教师满脸疑惑地问道：我们园长在新教师培训会上，跟我们说幼儿园课程活动设计要先从课程目标开始，然后选择课程内容。那到底课程活动设计应该从什么要素开始呢？

本模块着重介绍幼儿园课程设计的实践样态。

知识演绎

一、从目标出发而设计的活动

前述目标模式和过程模式，可以说是课程设计中影响最大的两大理论模式，代表两种不同的课程设计价值取向。对教师而言，可能接触更多的是微观层次的课程设计，即将课程目标、课程内容、教育途径等基本要素组织起来，形成相对的“静态”的课程计划。从微观层次的课程设计而言，可以根据课程设计的实际逻辑起点划分为五大样态。这里的“课程设计的实践样态”，指的是课程设计在实践过程中所具有的形式。

课程是教育的载体，而教育是一种有计划、有目的地培养人的实践活动，是有事先确定的阶段性发展目标，如《指南》所制定的各年龄段典型行为表现，就是各年龄段教育应努力达到的预期效果。在课程设计中，根据既定的阶段性发展目标，由目标出发来选取比较贴近幼儿兴趣的活动内容，进而进行相应的课程活动设计，也是幼儿园课程设计在实践层面较为常见的样态。比如，小班入园教育阶段本身就有引导幼儿熟悉幼儿园内环境、适应幼儿园集体生活这一阶段性发展目标。教师基于这一目标，选取幼儿相对感兴趣的内容为载体设计课程活动，其操作基本程序是“课程目标—选取幼儿感兴趣的内容—实施—评价”。

二、受材料启示而设计的活动

材料是课程活动的物质媒介，不同的材料蕴含着不同的使用价值，当然，如果基于该材料研发的角度不同，同样的材料也有不同的课程价值。基于材料而研发的活动内容与方式不一样，带给幼儿相应的活动经验也是不一样的。在幼儿园课程活动设计中，教师常常会受材料所蕴含的课程价值的启示而研发出相应的课程活动。比如，班级家长送来若干个牛奶包装纸盒，教师利用这些牛奶包装纸盒让幼儿玩起了“探秘屋(光影游戏)”游戏活动，在该游戏活动中，幼儿可先完成“探秘屋”的设计与搭建工作，然后再利用所搭建的“探秘屋”玩起相应的“光影游戏”。

基于材料而设计的课程活动的基本程序，一是低结构活动设计方向：“活动材料—挖掘玩法(内容)—实施—价值分析(评价)”；二是高结构活动设计方向：“活动材料—挖掘玩法(内容)—目标—实施—评价”。

三、以方案借鉴而设计的活动

这里所谓的“方案”，指的是优秀活动设计方案，常见于公开出版的、由省市教育主管部门审定通过的地方性幼儿园课程教参，刊发于专业期刊，或是散见于教研观摩交流之中。应该说，在课程设计中借鉴与改造已有方案这一途径，也是一种常见样态。尤其对新手教师而言，基于幼儿实际与自身专业水平，从模仿、借鉴，对已有的优秀活动设计方案进行合目的性调整修改，使之更贴近本班实际，这既是一种比较现实可行的做法，也往往是课程活动设计的重要途径之一。

当然，这个借鉴与改造工作因人因实际情况而异，有的可能只是选取已有优秀活动设计方案的内容素材，比如歌唱活动设计中，只选用该方案中优秀的歌曲这一素材；而有的则可能是对已有活动设计方案的实施形式、已有的活动环节等进行调整。其操作的基本程序是“已有方案—结合实际的借鉴与改造—实施—评价”。

四、由过程发现而设计的活动

幼儿园课程实施过程既是落实与完成既定课程目标的过程，同时又是催生新的课程活动内容的过程，是幼儿园课程活动中“预设与生成”的有机统一。课程实施过程是师幼在特定时空高频次、多方位、近距离的情感、认知、身体等互动的过程，是思维碰撞、心灵交流的主体间性的互动。在这特定的互动过程中，幼儿所绽放的智慧光芒、所展现出的兴趣，都有可能成为新的课程活动内容的来源。如在大班角色游戏活动中，有一位幼儿在游戏中将自己旅游带回来的小扇子(工艺品)展示出来,一下子引起同伴的关注与讨论。该班教师也时不时地参与幼儿的讨论。捕捉到"扇子"这一兴趣点之后,该教师认为幼儿的这一兴趣点具有课程价值,且具备实施的可行性,于是,在该游戏活动后设计了"各种各样的扇子"美工区域活动。显然,这些与扇子相关的活动设计的来源便是教师在游戏过程中基于对幼儿兴趣的观察与捕捉研判。

事实表明,在一些以幼儿兴趣与关注点为基础而展开的系列性课程活动,往往就是这种课程设计思路与实践样态,其操作的基本程序是"实施过程—捕捉兴趣与关注(内容)—实施—评价"。

五、因评价引发而设计的活动

幼儿园课程评价有过程性评价和结果性评价两种类型。但不管是何种课程评价类型,现代教育评价理念下,评价是为了发展,课程评价是为课程质量的提升而服务的。过程性的课程评价,有助于教师在课程实施过程中对课程实施进行及时的调整。调整有可能是现场的微调,即进入课程实施中的"相互适应取向";也有可能是进入课程创生取向,直接生发新的课程活动,即该生发的课程活动完全是基于过程性评价而现场设计的。当然,也有可能是囿于现场条件,而将基于过程性评价而生发的课程活动,以一种"延时实现"的方式呈现。而结果性的课程评价,往往是因评价而发现了幼儿在能力发展、经验积累或兴趣关注等方面具有课程价值的相关信息,然后基于因评价或获悉的这些相关信息进行相应的课程设计工作,产生了新的课程活动。因评价引发课程活动设计的操作基本程序是"开展评价—获得具有课程价值的相关信息—实施—评价"。

案例研讨

请运用幼儿园课程设计的实践样态相关知识,分析案例中教师活动设计的基本思路。

幼儿园里"森林小公园"的树叶落了一地,这引起了正在散步的大班幼儿的兴趣。他们看着高矮、粗细不一的树木,开始讨论"森林小公园"哪一棵树的树径是最粗的。后来由讨论慢慢变成为争论,大家都认为他发现的那棵树是最粗的。面对幼儿的各执一词,教师顺势组织全班幼儿围绕"可以用什么办法来确认哪棵树的树径是最粗的"这一话题展开讨论,并提供机会让幼儿动手尝试自己的想法。最后,在教师的协助下幼儿们用实际测量的数值确认了"森林小公园"最粗的三棵树。

分析:案例中该教师所设计课程活动的思路,除了能够及时呼应幼儿的兴趣,善于从幼儿感兴趣的事件中捕捉具有课程价值的素材外,更为主要的是具备开展活动(测量)相应的课程资源,即课程活动"材料"。简言之,这个数学测量活动是源自幼儿兴趣,受园内"森林小公园""材料"(树木)所启示而展开的。

模块三　幼儿园课程设计的整合取向

情境导入

有教师说，《纲要》和《指南》对幼儿园课程都是按五大领域来划分的，大家对五大领域课程模式也相对比较熟悉，但在《纲要》和《指南》中也提及幼儿园课程中领域划分是相对的，在具体实施过程中要关注各领域的内容相互渗透。那么，这个“领域间相互渗透”反映了何种课程设计的取向呢？

本模块主要阐述幼儿园课程设计的整合取向及其做法。

知识演绎

一、幼儿园课程设计的整合取向概述

整合，也称为综合或统整，指的是把不同类型、不同性质的事物组合在一起，使它们成为一个整体。[①] 整合是整体形成的环节和过程。整合的核心是联系的建立。与整合相反的方向就是割裂或分开。在课程设计中，课程设计本身就是将课程各要素组织起来，当然，这个“组织起来”的样态或结果肯定是追求一种“有序、有机联系”，而非“无序、相互割裂”的关系，因而，从这一意义上而言，课程设计本身就自带有“整合”之义。

幼儿的心智是以“整个”的方式成长的，幼儿也是以“整个”的方式来认知世界的，因而，幼儿园的课程活动也应该是以“整个”的方式呈现给幼儿。幼儿园课程设计的整合，指的是课程活动中各活动类型及其内容的整合，包括学习活动、生活活动、游戏活动等三大活动类型与内容的整合；各活动类型与内容间的整合，如各学习领域活动间的整合，生活活动中各内容间的整合，各游戏活动类型与内容的整合；具体某一活动类型与内容间的内部整合，如语言学习领

① 教育部基础教育司组织编写.《幼儿园教育指导纲要(试行)》解读[M].南京：江苏教育出版社，2002：87.

域中,具体还可以分为各种语言学习活动类型与内容间的内部整合,角色游戏活动中各主题活动内容间内部整合等。幼儿园课程设计的整合取向,所主张的是幼儿园课程活动间应该呈现一种有机联系的整体。

此外,幼儿园课程设计的整合层次,还可以粗略地将之分为观念和实践两大层面的整合,其中,观念层面的整合是课程设计中整合的灵魂,只有在观念上确立起整合的意识、整合的信念,也才有行动上的真正的整合。实践层面的整合,又包括课程内容的整合,课程实施的方式、方法、途径与手段等方面的整合。但不管是观念或实践层面的整合,其最终的落脚点都是发展上或目标上的整合,也就是说,课程设计的整合取向就是为了更好地促进幼儿身心全面和谐健康地成长。

幼儿园课程设计的整合层次,还可以根据不同标准划分出不同的结果。鉴于在幼儿园课程设计中属于"分"的取向的课程方案或课程模式,通常是指学科(领域)课程,因而,在这里所讨论的幼儿园课程设计的整合,指的便是基于学科(领域)课程的有机联系,即幼儿园课程设计的整合取向,指的是领域间的整合。《纲要》在"教育内容与要求"中指出,"各领域的内容相互渗透,从不同的角度促进幼儿情感、态度、能力、知识、技能等方面的发展"。《指南》在"说明"部分指出,"儿童的发展是一个整体,要注重领域之间、目标之间的相互渗透和整合,促进幼儿身心协调发展,而不应片面追求某一方面或几方面的发展"。而领域间整合的实操关键是"渗透",即领域活动渗透。通过渗透策略去恢复不同领域内容间的一些固有联系,将某些内容还原成整体的、联系的状态,并尽可能发现和挖掘领域间新的、更多的联系线索。[①]

延伸阅读

课程设计有三种基本的取向[②]

课程设计需要考虑的一个重要问题是价值选择,基本的价值选择包括学科、学生和社会三方面。按照价值取向的不同,课程设计有三种基本的取向,即学科中心取向、学习者中心取向和问题中心取向。

学科中心取向,这是最流行、使用最广泛的课程设计,强调以知识为中心设计课程,其最基本的形式包括科目设计、学术性学科设计、广域设计三种。课程设计的学习者中心取向,强调关注学生的兴趣、需要,使课程适应学习者,而非学习者适应课程,进而使每一个学习者都能够得到个体的充分自由的发展;其主要包括经验中心设计、人本主义设计、开放教室设计、浪漫(激进)设计等类型。而课程设计中的问题中心取向,其重点是关于个人和社会生存问题,从社会问题及学生的需要、兴趣和能力出发,课程的组织很大程度上取决于研究的问题领域的性质,选择的内容必须和考虑的问题有关,因此内容经常是跨学科的,并且还在很大程度上是以学生的需要、关注点及能力为基础的;其主要类型有生活情境设计和核心设计。

① 教育部基础教育司组织编写.《幼儿园教育指导纲要(试行)》解读[M].南京:江苏教育出版社,2002:92.

② 王春燕.幼儿园课程概论[M].北京:高等教育出版社,2007:26.

二、领域活动渗透的含义与类型

领域表示的是学科知识的边界，只不过这样的学科知识边界比原来的学科来得宽泛一点而已，比如艺术领域其实就包括音乐与美术学科。领域课程所表示的是领域知识组织及其实施的一种载体形式。幼儿的认知发展水平决定了他们认识事物的方式是“整个”的，以“整个”的方式进行学习，即整体性学习是幼儿学习的基本特征之一。而在领域课程背景下，幼儿整体性学习方式往往易被人为地割裂，给幼儿经验获得的整体性、有机联系性带来极大的威胁。因而，通过领域活动渗透策略以加强领域间的横向联系成为幼儿园课程建设的共识与基本路向。所谓的领域活动渗透，指的是依托领域而展开的课程活动，在凸显领域核心价值的基础上，通过有目的地相互融合的方式使不同领域的内容能在某一具体的领域学习活动中发生有机的相互联系，确保幼儿经验获取的整体性。

在课程实践过程中，领域活动渗透类型又可以分为“目标类隐性渗透”和“内容类显性渗透”。前者指的是在幼儿身心发展中，有些基础性能力、学习品质或习惯的养成是属于所有领域应共担的任务，在领域学习活动中不能将该活动的价值局限于本领域，而应将这些“共担的培养任务”有机地融入各领域。比如幼儿语言能力的培养问题，语言作为一种交际工具和学习工具无处不在，在语言领域活动中，幼儿语言能力的学习与培养是以显性而直接的方式进行的，但其实所有的教师都是幼儿语言学习的“教育者”。只是承担非语言领域活动的教师，在组织其他领域学习活动中，是以一种比较隐性的方式让幼儿来感受、理解与学习语言。如在科学领域活动中，教师将幼儿比较零碎的回答，以一定的句式整合，并反馈给幼儿，为幼儿完整清晰表达提供某种示范，这其实也是在贯彻领域渗透的思路。后者指的是在某领域学习活动中，明显将其他领域学习内容以一定的形式进行有机融入。比如，在艺术领域（音乐）学习中，请幼儿将所学习与理解的歌曲内容以画画方式表现出来；在艺术领域（美术）学习中，请幼儿将所创作的绘画作品编成故事并讲述出来；等等。

根据领域渗透活动产生的方式，又可以分为“预设式领域渗透”和“生成式领域渗透”。前者指的是领域渗透的内容、时机与方式，即“渗透什么”“何时何处渗透”“用何种方式渗透”已作好预先的规划。后者指的是领域渗透的内容、时机与方式，并没有作明确的预先规划，而是根据领域学习活动展开的实际情况，灵活而巧妙地将相关领域内容随机进行渗透。

三、领域活动渗透的基本路径

领域活动渗透的基本路径，即领域活动渗透的基本思路有如下三种方式。

一是将其他领域的学习内容作为开展本领域活动的教学手段进行渗透。如在科学活动“认识天气”活动环节设计中，教师让幼儿用绘画的形式设计各种天气图示，这就是在科学领域活动中将艺术领域（音乐、美术、舞蹈）作为教学手段进行间接而有机地融入。在此类领域渗透活动中,艺术往往在活动中只是一种表达手段,或是活动中某一具体形式,而非教师组织该领域学习活动的重点,要处理好“活动手段与活动目标”的关系,不宜在活动中强调艺术技能、技巧,即切勿出现“喧宾夺主”现象。

二是在“领域课程”背景下,将本属于某领域所直接承担的某种特定能力的培养任务进行有机渗透。如“学会与他人友好相处”,一般认为是属于社会领域的学习内容,但在艺术活动“礼貌歌”活动中,教师结合歌曲学习,将“学习与他人相处的技能”作为该活动目标之一进行处理。此类领域渗透活动,一般是该领域学习内容本身已蕴含了其他领域的活动价值,即所渗透的领域学习目标,在该领域学习活动中确实占有一定的比重。这样的领域渗透活动的实践形态,其实已偏向于“整合活动类型”,已难以将之归入具体某领域的学习活动。

三是直接将其他领域学习内容进行有机融入。如在语言活动“月亮姑娘做衣裳”中,直接渗透了对月亮这个自然现象的认识,这就是在语言领域活动中融入了对科学知识的认识。如在艺术领域(美术)活动中,幼儿学习用彩泥做苹果,教师可以配合手工的操作步骤,即兴编一首儿歌:“搓搓搓,搓成一个小圆球,上下轻轻压个坑,中间再插一根柄。”通过念儿歌、做手工,幼儿动手又动脑,既能顺利完成美术教学活动任务,又能受到美的熏陶,提高口语表达能力。再如,在中班健康领域活动“鞋带蝴蝶结”中,教师除了教会幼儿系鞋带的方法,避免走路时摔倒,还可以引导幼儿讨论“如果我不会系鞋带,应该怎么办?”这样的话题,让幼儿形成基本的交流、倾听和社会交往能力。这样的处理方式,其实就是在健康领域的教学中渗透了人际交往和社会适应的成分,不仅能促进幼儿社会性的成长,而且也提高了教学活动实施的效果。

案例研讨

请根据所提供的活动案例,结合本模块学习内容,分析该案例可以将哪些相关领域学习内容进行有机整合。

这是大班下学期体育活动“斗鸡”(民间游戏),活动核心目标是练习单脚站立和单脚跳,发展幼儿腿部力量和身体的平衡能力。该活动有个环节是这样设计的:让幼儿单脚站在所折的报纸上,将报纸进行边对边、角对角对折的次数越多,报纸面积越小,意味着幼儿单脚站的支撑面就越小。在活动中,教师引导幼儿将报纸对折后,直接单脚站在所折的报纸上,比赛谁站得时间最久,或是能否坚持到教师所规定的时间……

分析:教师第一次示范将整张报纸边对边、角对角对折时,可以有意识地引导幼儿观察报纸对折前后的变化,即对折后再将报纸展开,整张报纸“变成”两个一样大小的长方形,这也就是“二等分”;在第一次对折的基础上再次边对边、角对角折一次,则可发现整张报纸“变成”四个一样大小的长方形,即“四等分”。如果该教师在前面两次对折时能够有意识地引导幼儿去观察并发现这样的变化,让幼儿知道这就是“二等分”“四等分”,那么,就说明该教师能够在组织民间体育游戏活动中巧妙地将数学相关经验渗透其中。

主题自测

一、判断题

1. 尽管在课程实践中课程设计、课程开发和课程编写这三个概念常被视为同义，甚至混用，但相对来说，课程设计的表述更规范一些。（　　）

2. 目标模式的课程设计，“选择学习经验”是课程设计的第一步骤。（　　）

二、选择题

1. 以下哪些不是过程模式的特点（　　）

A. 课程不可能完全按照预定的目标程序展开，必须根据具体情况不断做出调整。因此，课程设计应该是动态的不断修正的过程。

B. 教师不仅仅是课程方案的执行者，也是参与课程的设计与发展者。

C. 注重终结性评价。

D. 课程应该确定的是“一般性目标”或“总目的”，即确立总体教育过程的一般性的、宽泛的教育目标。

2. 晨间活动时，某教师发现班级幼儿对“瓶盖”感兴趣，于是在考虑综合因素后，决定设计有关“瓶盖”话题的活动。该教师活动设计属于（　　）

A. 从目标出发而设计的活动。

B. 受材料启示而设计的活动。

C. 以方案借鉴而设计的活动。

D. 由过程发现而设计的活动。

3. 幼儿园课程设计的整合，包括（　　）

A. 学习活动、生活活动、游戏活动等三大活动类型与内容的整合。

B. 各活动类型与内容间的整合，如各学习领域活动间的整合，生活活动中各内容间的整合，各游戏活动类型与内容的整合。

C. 具体某一活动类型与内容间的内部整合，如语言学习领域中各种语言学习活动类型与内容间的内部整合。

D. 以上都对。

三、简答题

1. 简述课程设计的理论模式与实践样态。

2. 简述幼儿园课程设计的整合取向。

3. 简述领域活动渗透策略的基本路径。

主题七　幼儿园课程设计(下)

主题目标

1. 理解幼儿园主题课程的含义、特征，了解主题课程的类型。
2. 了解主题课程网络图的类型，掌握主题课程网络图的编制方法。
3. 了解主题课程环境创设的基本内容与意义，理解主题课程活动创设的基本要求。
4. 掌握主题课程环境创设的基本思路，掌握主题课程设计的基本程序与实施的注意事项。

内容脉络

- 幼儿园课程设计（下）
  - 幼儿园主题课程概述
    - 幼儿园主题课程的含义与依据
    - 幼儿园主题课程的特征与类型
  - 幼儿园主题课程网络图与编制
    - 主题课程网络图的含义
    - 主题课程网络图的类型
    - 主题课程网络图的编制
  - 幼儿园主题课程环境与创设
    - 主题课程环境创设的基本内容
    - 主题课程环境创设的主要意义
    - 主题课程环境创设的基本要求
    - 主题课程环境创设的基本思路
  - 幼儿园主题课程的设计与实施
    - 主题课程设计的基本程序
    - 主题课程实施的注意事项

模块一　幼儿园主题课程概述

情境导入

甲同学跟乙同学说，既然《纲要》和《指南》都是以“领域”来划分幼儿园课程内容，而且幼儿园教师对“领域课程”的组织与实施也相对比较熟悉，为什么还要倡导“主题课程”呢？

本模块学习内容将比较系统地介绍“主题课程”的含义、特征、依据，以及组织与指导等相关知识。

知识演绎

一、幼儿园主题课程的含义与依据

中国百余年幼儿园课程发展史中，具有代表性并产生了较大影响的幼儿园课程改革主要有三次，其中两次与主题课程密切相关。主题课程是幼儿园常见的课程类型，也是幼儿园课程建设中普遍采用的课程模式之一。

（一）主题课程的含义

主题课程，指的是师幼在一定时间内围绕某一中心话题而展开的系列活动的总和。这个“话题”即主题的中心内容，它可以是与日常生活相联系的具体事物或现象，如“中秋节”“超市”“游乐园”等；也可以是比较抽象的内容，如“滚动”“植物的生长”“食物的旅行”等。这些系列活动在内容上通常具有一定联系，在形式上则可以是集体教学、区域活动、游戏活动、生活活动、自由活动，或是环境创设、家园合作等。本书对单元课程与主题课程不做区分，也将主题课程与主题活动或主题活动课程持同义，为表述方便统一使用主题课程。①

20 世纪 90 年代中期以来，伴随着瑞吉欧学前教育体系在全世界传播，方案教学或项目活动、项目课程(project approach)概念也在国内得到推广、运用。目前幼儿园在开展主题课程时，往往也会吸纳项目课程的先进理念，如，强调关注幼儿兴趣与需求；强调生成活动在主题课程中的比重；淡化所预设的主题课程目标，而转向关注主题课程实施过程中幼儿的感受与体验。从刚性形态逐渐走向弹性形态，从教师主导式走向幼儿主动探究，可以说这是当前主题课程发展的基本趋势。

（二）开展主题课程的主要依据

中小学生的主导活动形式是“学习”，是对学科知识的系统学习与掌握；而幼儿的主导活动则是“游戏”，是对其所生活的世界进行启蒙式的认知、情感的熏陶及经验的建构。生活世界不同于以知识方式而存在的学科世界，它是以问题的形式而存在的；而问题本身就是以一种整体方式而存在着，它并不属于哪一门学科知识，问题的解决需要综合地运用到多门学科知识。

而且，幼儿对生活世界的认知是以整体性的方式进行的，整体性学习是幼儿重要的学习特征之一。生活世界是整体的，幼儿的认知方式也是整体的，根据“以学定教”的原则，通过课程活动而带给幼儿的学习内容，也应该是以整个的方式加以呈现的。这便是幼儿园倡导主题课程的理由所在。

尽管主题课程的推行，在一定程度上打破了学科(领域)课程模式一统天下的局面，减轻了人们对学科(领域)课程模式的过分依赖，在实践层面上给幼儿园课程模式的多样化带来新的活力，但不可否认的是，由于受学科(领域)课程模式的影响，主题课程在实施过程中，仍带有浓厚的学科(领域)课程模式的印迹，即以知识传递为使命，以强调知识的横向联系作为主题课程推进的基本逻辑。主题课程因而也被诟病为“穿新鞋走老路”，即“以主题为名，行学科之实”的“拼盘活动”。当然，对主题课程的另一种抨击声音，就是主题课程带给幼儿的经验有可能存在简单重复，缺乏纵向的有效递进，主题间缺乏有机联系，难以构成有机的整体。

二、幼儿园主题课程的特征与类型

特征是事物存在的一种形式，分析事物的特征，从某种意义上，有助于人们加深对该事物的了解。主题课程的主要特征可以概括为整合性和关联性两大方面。

① 吴振东.幼儿园主题课程实务指导[M].福州：福建人民出版社，2021：2.

(一) 主题课程的特征

1. 整合性

20世纪二三十年代,陈鹤琴和张雪门分别创立了“五指活动课程”和“行为课程”,即主张以活动的方式将五大领域学习内容有机整合起来,以整个的方式加以实施。两位幼教先驱所主张的幼儿园课程模式,便是主题课程。20世纪80年代中后期,针对当时全国幼儿园所实施的“分科课程”存在的弊端,掀起了一场“去分科课程”,重新走向主题课程模式的改革。强调课程整合可以说是主题课程最主要的特征,课程整合包括目标整合、内容整合、手段与方式整合等。在内容整合方面,主题课程强调课程内容的横向有机联系,而分科课程关注的则是课程内容的纵向逻辑。

2. 关联性

主题课程的实施本身就是由各种相关的系列活动所构成的,且这些系列活动是围绕一定的话题而展开的。因而,关联性可以说是主题课程的基本特征之一。无论是内容上还是经验上的关联,都使主题活动具有一定的“专题性”。主题课程的专题性,可以体现在系列活动内容层面上的关联,即课程内容的关联与整合;也可以体现在活动经验层面上的关联,即课程实施追随幼儿兴趣与关注点,课程依幼儿的兴趣链而展开。

(二) 主题课程的类型

在幼儿园主题课程实践中,人们基于对主题课程的认识及所持的课程实施取向的不同,往往会在主题课程前面添加不同的限定词,如综合性主题课程、探索型主题课程、开放型主题课程等,由此产生了各种各样的主题课程的类型。

根据主题课程所蕴含信息量的大小,以及实际开展时间的长短,可以将之分为大主题课程和小主题课程。

依主题活动缘由与活动展开逻辑,可以分为预设型主题课程和生成型主题课程。前者强调活动开展预先的计划性;后者主张活动开展应根据实际情况作出灵活的调整,强调活动的应变性。

根据主题课程展开的价值取向,又可划分为活动导向主题课程和知识导向主题课程。前者指的是主题课程展开的逻辑是以幼儿兴趣为导向,活动走向沿着幼儿有价值的兴趣点和关注点而展开的,类似于活动课程;后者所展开的逻辑则是以领域知识的传递为导向,活动走向通常是以领域知识传递为主的,在传递领域知识的同时,强调领域知识间的横向联系,其实质乃是学科(领域)课程。

根据主题课程内容所涵盖领域,可分为领域性主题课程和综合性主题课程。前者指的是所展开的主题系列活动主要限于某一领域，比如大班系列科学活动“香喷喷的大米从哪里来”[①]，教师从幼儿平时生活中所吃的白米饭入手，沿着“稻谷种子—农民播种—嫩绿的秧苗—长满谷穗的稻田—农民收割水稻—农民扬晒谷子—晒谷场上金灿灿的稻谷—农民将稻谷加工成大米—香喷喷的米饭”这个循环路线，相继开展了“谈话活动、参观活动、家长来园助教、采访活动、科学探究活动、美术表征活动”等系列活动；后者指的是主题课程的开展覆盖两个或两个以上的领域内容，这种跨领域间的主题系列综合活动，则是通常所谓的幼儿园主题课程，或综合性主题课程。

延伸阅读

生态式主题课程[②]

鉴于目前幼儿园课程通常采用“混合式”课程模式，即主题课程与其他类型的课程模式并存，我们认为有必要借鉴生态式教育理念来赋予主题课程新内涵，即提出“生态式主题课程”。“生态”一词最初见于生态学，是指在一定地域（或空间）内生存的所有生物之间、生物与其所处环境之间的相互关系，强调系统中各个因素之间的相互联系、相互作用以及功能上的统一，含有系统、整体、联系、和谐、共生和动态平衡之意。所谓的“生态式主题课程”，指的是在幼儿园课程系统中，主题课程与其他类型课程活动是“共生共荣、共在共进”有机联系的一个整体；在主题课程子系统中，主题课程所展开的系列活动在内容维度上具有横向性联系，在类型维度上既有多样性，相互间又具较强的关联性，使得主题课程活动呈现出一种动态的、生长性的“生态系统”。

混合式幼儿园课程模式[③]

尽管当前幼儿园课程更多是以“主题课程与领域课程并存”的混合式课程模式呈现，但在实践层面上，主题课程实施形态则不尽相同。目前幼儿园主题课程实施形态可能有以下三种方式。

一是“以领域集体教学为主，区域活动和游戏活动为辅”模式。如每周有两至三次领域集体教学活动是与主题课程实施有关的，其他两次左右的领域集体教学活动则与主题课程内容相关不大，这两次左右的领域集体教学活动内容独立于班上当下所开展的主题课程，往往用来实施学科知识，相对比较系统，比较难与当下所开展的主题课程建立较自然的横向关系，如数学或体育。同样的，在班级所开展的区域活动或游戏活动中，应该有一至两个活动是服务于主题课程的实施需要，即所谓的主题课程背景下的区域活动或游戏活动。

---

① 公燕萍，吴振东.科学活动应是幼儿的探究之旅——优质幼儿科学活动的特征分析[J].教育与教学研究，2015(1)：121.

② 吴振东.幼儿园主题课程实务指导[M].福州：福建人民出版社，2021：8.

③ 吴振东.幼儿园主题课程实务指导[M].福州：福建人民出版社，2021：4.

二是“以区域活动和游戏活动为主，领域集体教学为辅”模式。如班上的区域活动内容都是与主题课程的开展相关的，即主题课程的实施主要是通过区域活动这一形式展开的，且当下班上所开展的游戏活动内容，也有部分是与主题课程的实施相关；教师再根据主题课程的实施情况，根据需要开展一至两次旨在整理与提升幼儿在区域活动中所获得的经验，或是解决幼儿在区域活动中所存在的共性问题的集体教学活动，而其他的领域集体教学活动内容，相对而言则与主题课程直接的关联度不强。

三是“以领域集体教学与区域活动和游戏活动并行”模式。即在整个主题课程实施过程中，与主题课程实施相关的领域集体教学、区域活动和游戏活动，比重相对均衡，没有出现明显的偏颇。

案例研讨

下面所呈现的“张先生回家嫁妹”①这一案例是发生于1926年11月29日至12月5日，是陈鹤琴开展幼稚园课程试验的实例。请运用主题课程相关知识分析该案例的特点。

1. 张先生又要回家去了，我们小朋友应该怎样？

(1) 张先生为什么又要回家去了呢？

① 前个月张先生为什么不对小朋友说明，匆匆地回家去呢？你们还记得写信给他吗？② 这次他又要回家去了，我们请他来报告。③ 请张先生来谈话，问张先生几时动身，问张先生家里的情形怎样。

(2) 送些什么给张先生带回去？

① 张先生喜欢什么东西？小朋友自己做的，张先生非常喜欢。② 小朋友做些什么呢？有许多东西，如泥做的或样子太大的，等等，张先生是带不回去的。③ 小朋友大家来做，画几张好看的图画，剪贴几张好东西，刺绣几张好物件。那些东西，既便于携带，又很有趣。

(3) 张先生也送礼物给小朋友，小朋友喜欢什么？猜猜张先生要送什么？

以上三项，大约在星期一、二两天可以做完，星期一做(1)、(2)两项，到了星期二上午开一个欢送会，这个会可以做的：

① 张先生报告回家去的路径；② 送礼物给小朋友；③ 小朋友送礼物给张先生；④ 唱欢送歌；⑤ 讲故事、奏中国乐器，答谢小朋友的好意；⑥ 小朋友跳舞做游戏；⑦ 欢呼；⑧ 茶点，小朋友说笑话，教师说笑话，唱歌。

2. 张先生怎样回家去的？

…………

3. 张先生的信来了，我们来写回信吧！

…………

---

① 北京市教育科学研究所.陈鹤琴全集(第二卷)[M].南京：江苏教育出版社，1989：157－160.

分析:这个课程活动由若干活动所构成,属于典型的主题课程活动。该案例最主要特征便是课程内容来自幼儿生活。课程缘由为在星期一“朝会”谈话中张先生报告因为妹妹结婚,所以星期二下午要回去了,大约十天以后回来。[①] 该班便以此事件组织幼儿展开相应的形式多样的系列活动,整个主题课程活动展开的线索,是以张先生回家开送别会(幼儿计划送张先生的绘画作品礼物,张先生说明自己归去的路径、要用的交通工具等,幼儿帮助张先生算回家和来校的旅费)、张先生回家后给幼儿写信、幼儿给张先生回信、张先生来校与幼儿团聚的方式推进的,丰富生动、自然有序。

① 张泸.张宗麟幼儿教育论集[M].长沙:湖南教育出版社,1985:565.

模块二　幼儿园主题课程网络图与编制

情境导入

有同学认为，在“五指活动课程”和“行为课程”的实施过程中，并没有要求编制主题课程网络图，现在的主题课程要求编制网络图是读图时代的要求，你同意这种观点吗？

本模块主要介绍幼儿园主题课程网络图与编制。

知识演绎

一、主题课程网络图的含义

主题课程网络图，也称为主题网、主题纲、主题树、主题概念网等，是指通过一定方法将与主题相关的一系列概念进行归纳整理，并以一定的逻辑层次和“网状”的形式加以呈现。主题课程网络表示的是主题课程实施过程中的走向或路径，编制主题课程网络图的目的，是对主题课程活动的展开理清头绪，展示出主题课程各活动内容及其相互之间的层次和关系。在实践中，一份完整的主题课程网络图的产生过程应该是这样：预设于活动之前，调整于活动之中，完善于活动之后。但总体而言，编制主题课程网络图，是教师对主题课程活动的准备工作充分的一种体现。主题课程网络图的主要功能体现在如下三个方面。①

一是能够让教师充分调动起与主题相关的知识经验，并通过对这些相关信息的条分缕析，增强教师对主题理解的深度与广度，从而能更有效地选择与整合课程内容。

① 刘霞.幼儿园主题教育课程中主题网的功能与基本类型[J].学前教育研究，2011(3)：35－36.引用时有调整。

二是能够让教师逐步明确主题课程活动学习的内核，确定相应的主题课程目标，并由此做好主题课程具体的实施方案，而不至于因为课程主线不明确而天马行空，使课程活动轨迹走向无序与随意。

三是能够增进教师与幼儿、幼儿与课程间的互动。幼儿参与编制主题课程网络图的过程（就某一主题进行联想、讨论与交流的过程），有利于教师了解幼儿关于主题的原有经验和认识，并在此基础上寻求和发现可以并值得延伸、扩展和深入探讨的课程内容，随机生成新的主题，综合提高教育效果。师幼共同编制主题课程网络图的过程也可以使幼儿从教师和同伴那里获得有关的经验和想法，充实和扩展自身的有关认识，同时发展分类思维能力。

二、主题课程网络图的类型

在《现代汉语词典》(第 6 版)对“网络”的解释是由许多互相交错的分支组成的系统。这个“分支”在主题课程网络图中就是各具体课程活动内容的集合体。“集合体”是以什么形态存在的，以及互相交错的各“集合体”间又呈现出何种逻辑关系，这其实与教师对幼儿园课程概念的理解密切相关。

持幼儿园课程“目标说”者，可能就会以幼儿教育目标或发展需求作为编制主题课程网络图的依据；持幼儿园课程“内容说”者，在编制主题课程网络图时，可能就会以学科（领域）的相关知识或概念为准；而持幼儿园课程“活动说”者，则可能会以幼儿的兴趣、经验与关注点作为主题课程网络图的编制逻辑。由此而产生的主题课程网络图的三大类型，即幼儿学习与发展目标导向型、内容（或）概念相关联型、儿童经验导向型。

除此之外，也可以从所呈现的图形的明显差异，将之直观地划分为六种常见类型。

1. 网状主题课程网络图

网状主题课程网络图，顾名思义，就是以网状形态呈现主题课程脉络，居该网络图中心位置的一般就是主题名称，主题实施中所预设的各个活动依一定的逻辑关系逐级展开，形成一定的以主题名称为中心的包围状或半包围状的网络。网状主题课程网络图，除经典式如图 7 - 1 外，还有两种变式，如图 7 - 2、图 7 - 3。

图 7 - 1 所展示的是比较经典的网状主题课程网络图，将主题内核信息进行“洋葱式”的分解，再将所分解出来的每一级信息以及相应的活动依次呈现。这种图形比较适用于以预设为主的主题课程活动，或是事先已对该主题课程活动的可能走向做较丰富的预设。但预设可能非常丰富，实际上有的活动在具体实施中可能没有与幼儿的兴趣合拍，导致没有实际产生，所以这种图形一般会用虚线表示预设，实线表示具体实施。

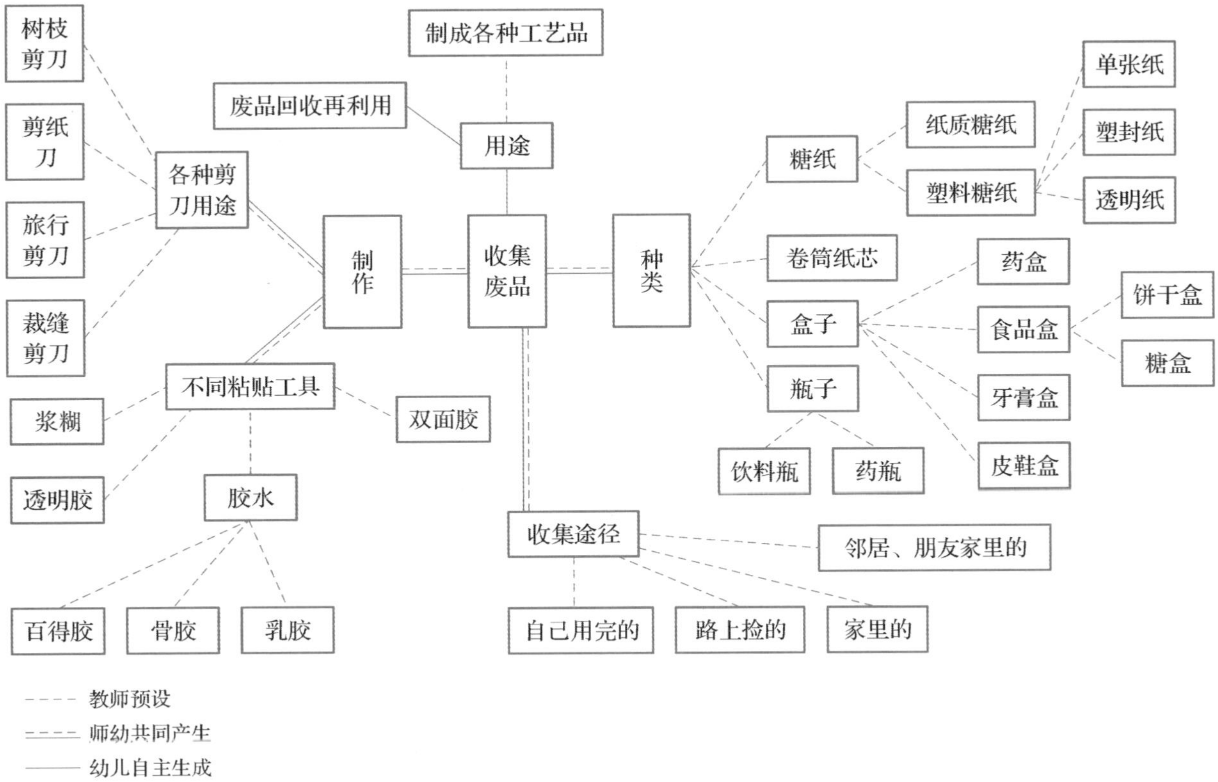

图 7－1　经典主题课程网络图①

图 7－2 是属于经典主题课程网络图的变式，带有分支状，每个小分支往往代表着某一子主题的内容与相应的活动。不同子主题的信息容量不同，其所衍生的活动数量也不相同。从整个图形来看属于不规则形，比较适用于生成型主题课程活动，或倡导生成理念的主题课程实施取向。

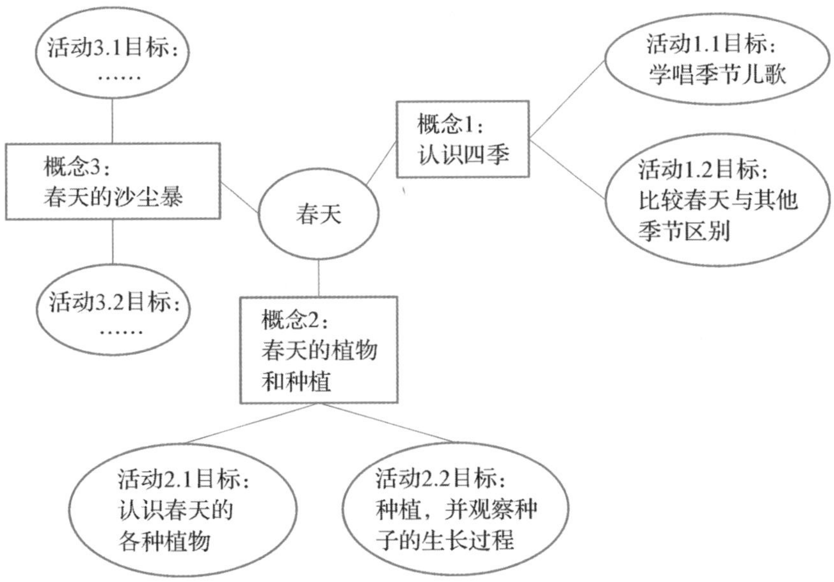

图 7－2　经典主题课程网络图变式 1②

① 上海市教委教研室.幼儿园探索型主题活动实施与案例[M].上海：上海科技教育出版社，2001：132.
② 甄丽娜.我国幼儿园主题式教育组合课程实践模式研究[J].陕西学前师范学院学报，2014(6)：2.

图 7－3 也属于经典主题课程网络图的变式，呈伞状或是蜘蛛网状，将各个活动所属的领域明确加以标注，可以比较直观形象地看到各领域活动在该主题中的比重，但制作相对复杂且所能展示的活动数量比较有限。

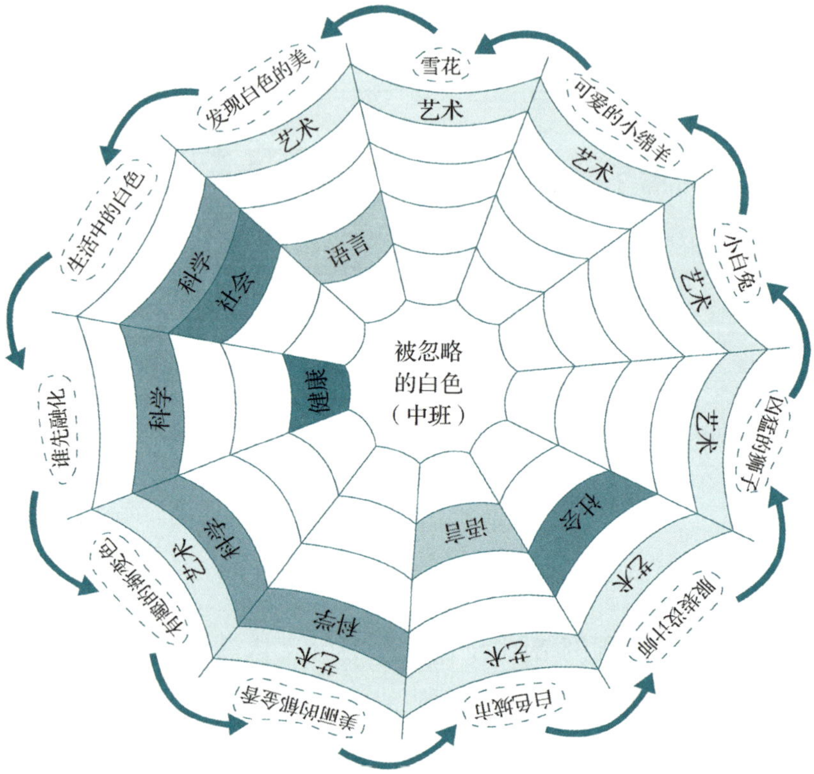

图 7－3　经典主题课程网络图变式 2①

2. 树状主题课程网络图

树状主题课程网络图，也称为主题树，一般将主题课程名称置于树干部分，而将主题课程实施的活动脉络以树枝的方式呈现（见图 7－4），其寓意是主题课程活动像大树那样生长，主题树中空白的地方是为幼儿生成活动预留的空间。树状网络图较常见于早期的主题课程活动。

---

① 浙江师范大学杭州幼儿师范学院幼教集团.故事在主题中开始——蛛网式幼儿园主题活动案例集[M].杭州：浙江大学出版社，2011：67.

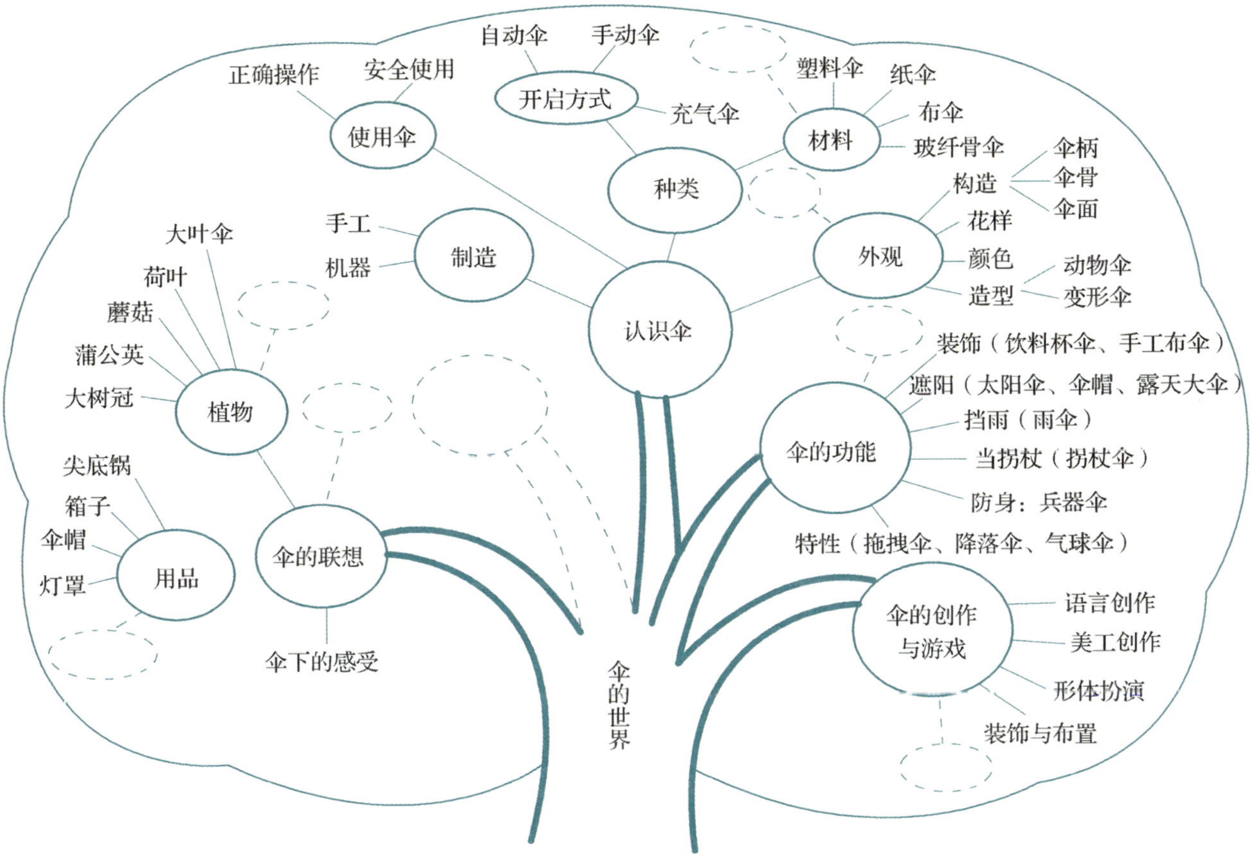

图 7－4 树状主题课程网络图①

3. 饼状主题课程网络图

饼状主题课程网络图，居于图中心的依然是主题活动名称，以圆心分割的五个扇形，分别表示了五大领域的名称以及各领域相应的目标。在饼状图外分别标识出主题实施各具体活动内容、实施途径及所属领域。与前面提到的网络图相比较，饼状主题课程网络图增加了各领域目标，即该主题目标分解到各领域的子目标，有助于增强目标意识。其存在的明显不足：一是主题活动过分强调对五大领域的覆盖，即领域的均衡性，易导致拼凑现象出现，且带有较强的“学科取向”所应承载的目标；二是主题实施的各个具体活动，即各领域具体活动，从网络图上无法呈现出活动间应有的逻辑关系。

---

① 陈福静.幼儿园主题活动的设计与实施策略[M].北京：中国轻工业出版社，2016：68.

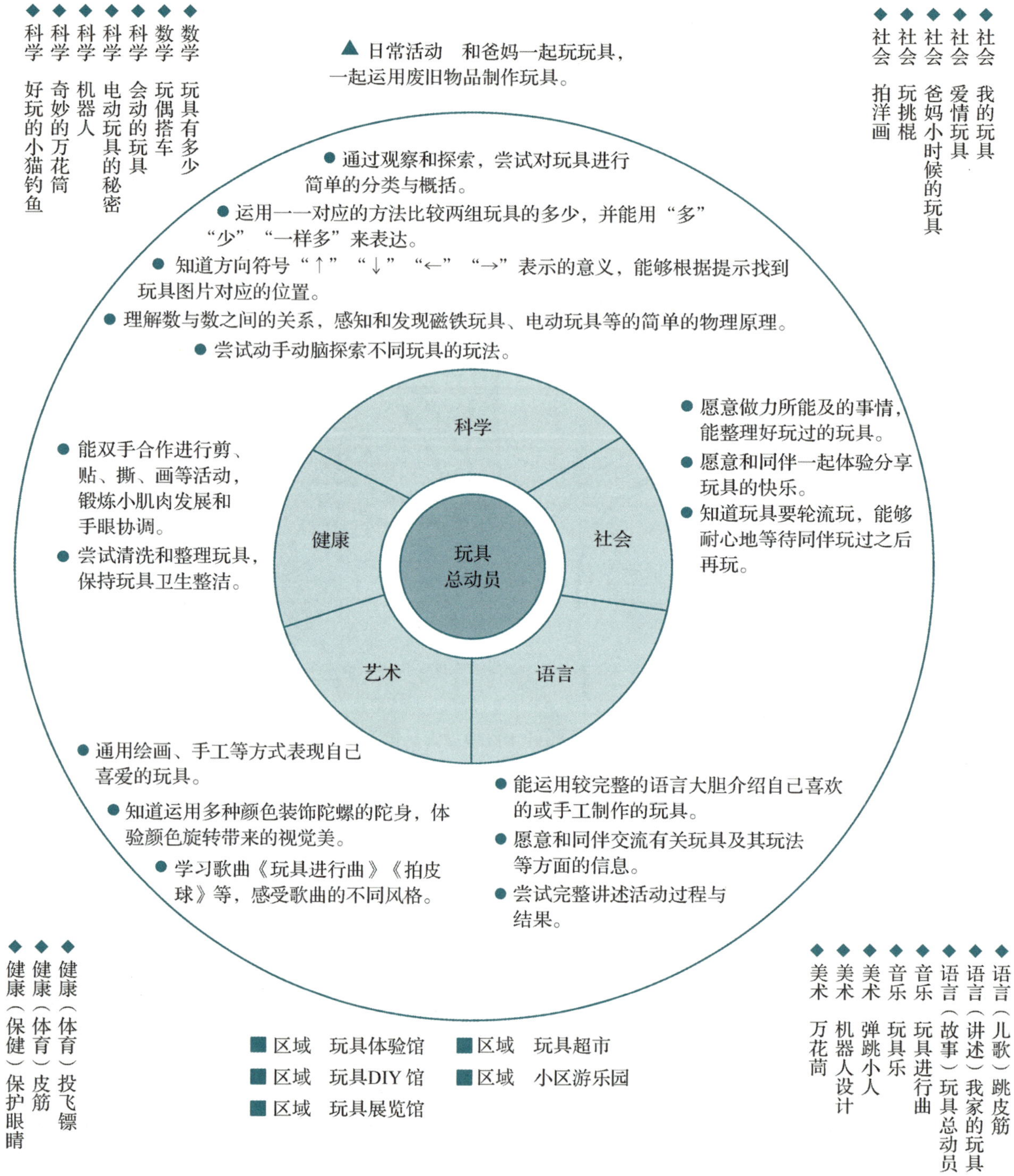

图 7-5 饼状主题课程网络图①

4. 径向结构状主题课程网络图

用思维导图的模板来制作主题课程网络图，应该是目前比较时兴又便捷的一种制图方式，径向结构状（左右分支状）主题课程网络图（见图 7-6）便是其中之一。居于图中间的仍然是主题名称，整个网络图的内容分布于左右。本例中将主题课程活动的六个阶段均分于左右，右边

① 李建军.幼儿园课程概论[M].南京：南京师范大学出版社，2018：103.

是前三阶段,左边是后三阶段,分别列出每阶段具体涵盖的活动内容、活动组织形式或途径,以及活动的性质(实线框内的活动表示预设的活动、虚线框内的活动则表示生成的活动)。采用该网络图来呈现主题课程实施情况,比较便捷,课程推进的顺序清晰,同时也便于将所生成的内容进行及时调整,能够比较完整地将整个主题课程实施情况加以表达。

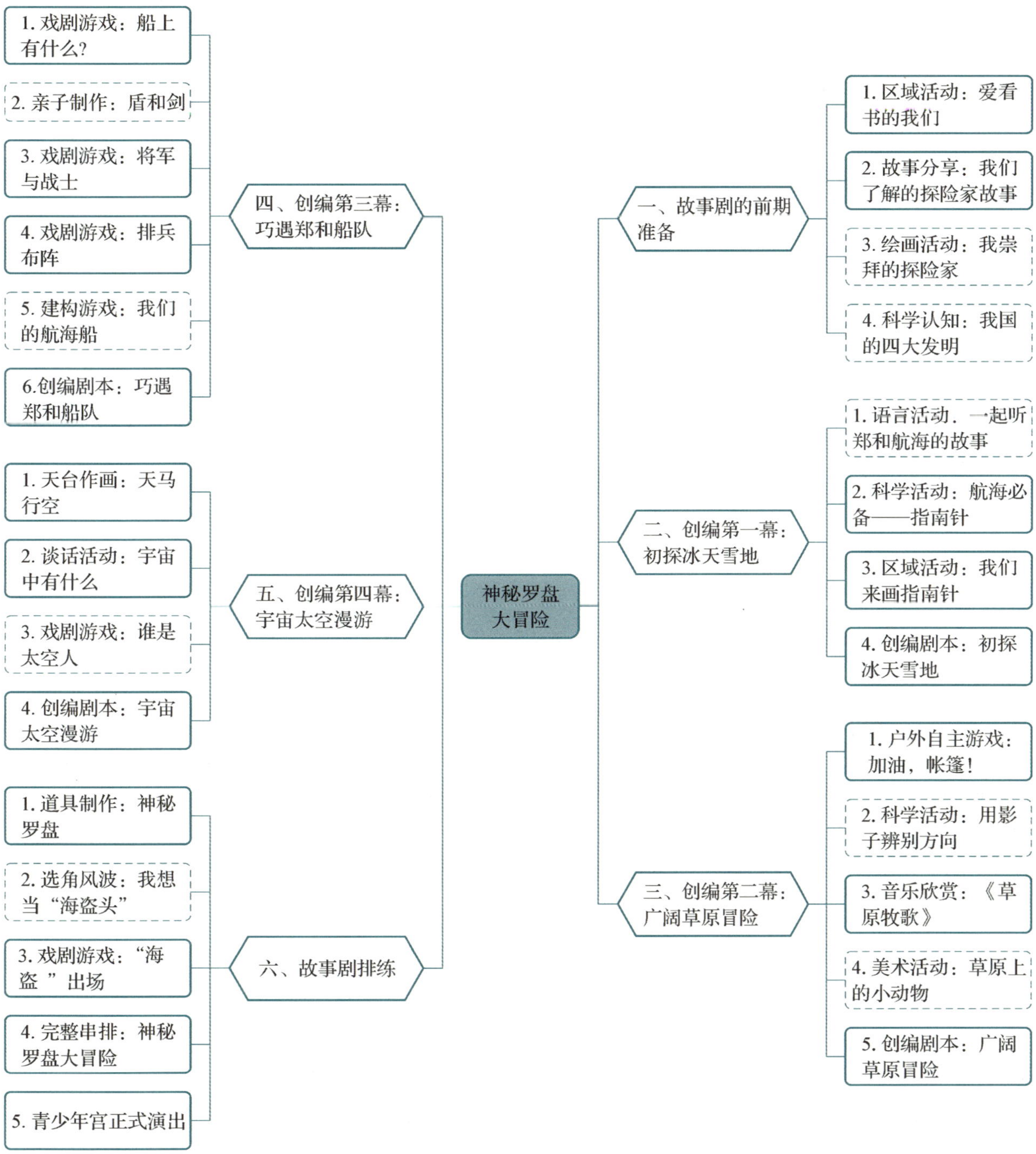

图 7－6　径向结构状主题课程网络图①

① 源于福建省泉州市丰泽幼儿园大班故事剧主题活动“神秘罗盘大冒险”,提供者:付毅芳。

5. 鱼骨状主题课程网络图

鱼骨状主题课程网络图，主题名称居于鱼头位置，从鱼尾到鱼头这条鱼骨表示主题实施的几个主要阶段或是几个子主题，每个阶段或子主题的具体活动则分布于鱼刺之中。采用这种网络图来呈现主题课程实施情况，可以一目了然地呈现出主题课程推进的各阶段的顺序，以及各阶段所包含的具体活动内容。由于受鱼骨形状的制约，这种形式的网络图可能比较适合小主题课程活动，即容量比较小的、实施时间比较短的主题课程，不太适宜用来呈现所生成的子主题，或所生成的具体活动内容。

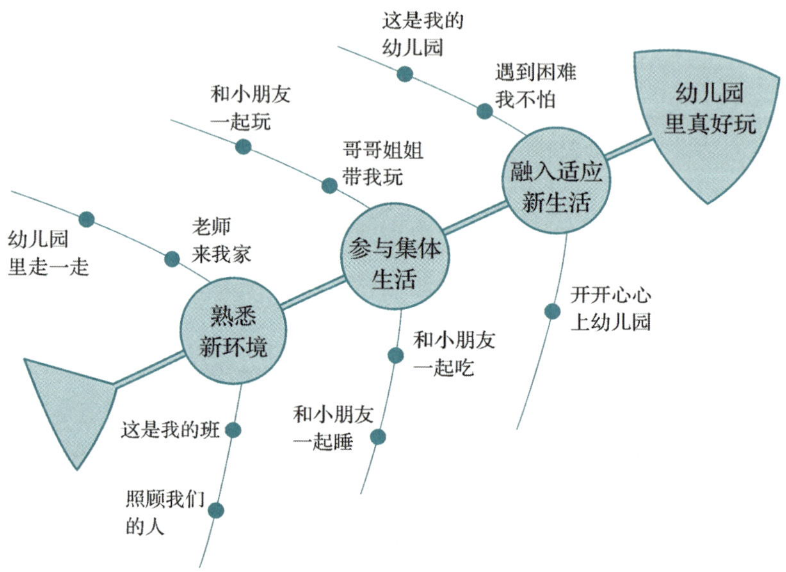

图 7-7　鱼骨状主题课程网络图①

6. 递进状主题课程网络图

递进状主题课程网络图，通常适宜领域性主题课程活动，即围绕某一话题开展系列活动，主题推进的各具体活动间存在较明显的递进关系。如大班科学领域系列活动：香喷喷的米饭哪里来？（见图 7-8）。这一主题课程根据事物发展的时序性设计了系列化探究活动，有助于帮助幼儿建构有机而整体的活动经验。

以上是六种主题课程网络图。一份高质量的主题课程网络图，除了要直观形象、具有一定的美感、便于制作，还应该能将主题课程实施情况做比较清晰的呈现，包括主题课程活动性质、组织形式、活动开展顺序。如是预设活动或生成活动、集体教学活动、区域活动、游戏活动还是亲子活动等，在每个活动名称前标识序号，以示主题课程各具体活动开展的先后顺序。

① 幼儿园课程资源编写组.生活·活动·经验——幼儿园课程资源[M].南京:江苏凤凰教育出版社,2019.

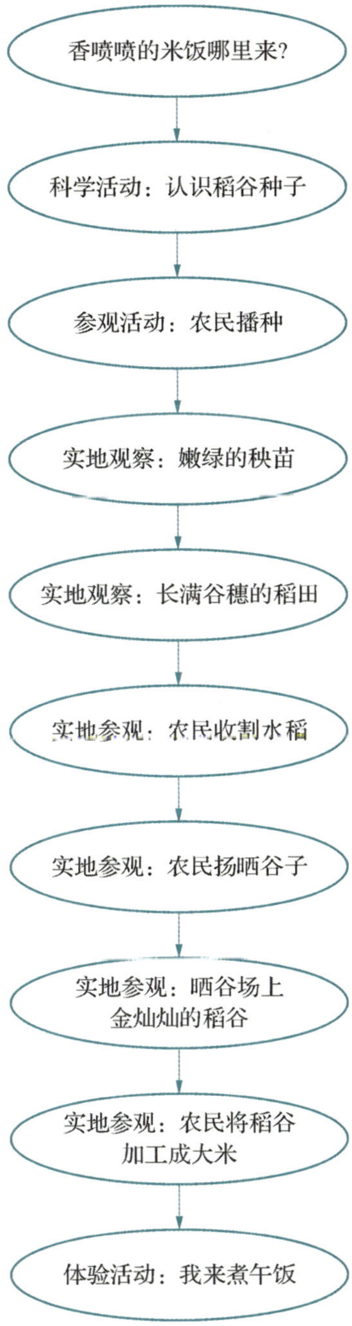

图 7－8　递进状主题课程网络图

三、主题课程网络图的编制

主题课程网络图的编制，其实就是将主题课程实施的各个具体活动，以一定的逻辑关系加以直观地图示化。因而，编制主题课程网络图的首要工作，便是对主题课程可能的走向进行分析，在此基础上采用适宜的主题课程网络图类型加以呈现。

1. 因素分析法

因素分析法，指的是按一定分析思路对主题所包含的基本概念进行深入的剖析与整理，所剖析而来的概念间依一定的逻辑关系，以主题为核心逐级展开，概念与次概念共同构成主题课程展开的基本路径，并依此路径设计具体活动。

如，主题课程活动“好吃的食物”①，经分析可知其包含的概念可能包括：食物的来源、食物的种类、食物的烹调、食物的保存、食物的选购、食物的营养等概念；而在“食物的种类”概念下，可能还有五谷类、果蔬类、油脂类、肉类、鱼类、奶类、蛋类等次概念；在“食物的保存”概念下，可能还有腌渍法、冷冻法、真空法等次概念。这些概念与次概念共同构成“好吃的食物”主题展开路径，再依这些概念与次概念设计相关的活动。因素分析法大致有三种方法：要素分析法、活动分析法和问题分析法。②

要素分析法，指的是在主题课程可能走向的设计中，以主题课程核心所内含的基本要素为依据进行合理联想，这些基本要素往往也是人们对某一事物或某一现象作全面了解的基本维度。比如，要了解一座房子，人们会从构成这座房子的基本要素，如门、窗、墙壁和屋顶等角度去进行仔细考察；要了解自然现象，则一般会立足于特征、成因、种类、与人们关系等；要观察认识某种常见的动植物，人们会从外形特征、生活习性或生长特点、种类、功能等角度切入（见图7-9）。

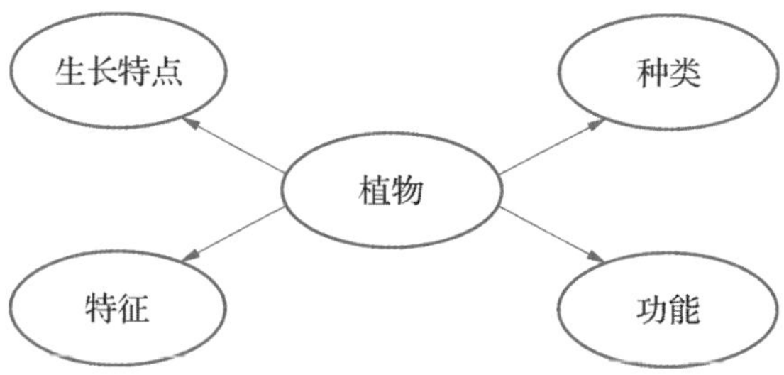

图7-9 要素分析法

由这些基本要素再衍生出二三级的活动，比如由植物的生长特点衍生土培、水培，喜阴、喜阳植物等；由植物的特征衍生出有果实与无果实，再由有果实的植物衍生出植物果实的各种类型。

活动分析法，指的是以该主题课程核心所引发的基本活动为依据，这些活动的发生具有一定时间上的先后顺序，即先发生（做）什么？再发生（做）什么？接着发生（做）什么？最后发生（做）什么？如主题课程“桥梁”，围绕桥梁认识的基本活动，主要有“桥梁图片资料收集”“桥梁建造视频资料收集”“实地观察”“设计与制作桥梁”等，显然，对桥梁认识的这些活动是有先后顺序的，先有感性认识与经验积累，才有桥梁设计与制作的参与性体验活动（见图7-10）。

① 周淑惠.幼儿园课程与教学——探究取向之主题课程[M].台北：心理出版社，2006：104.

② 虞永平.生活化的幼儿园课程[M].北京：教育科学出版社，2009：102.

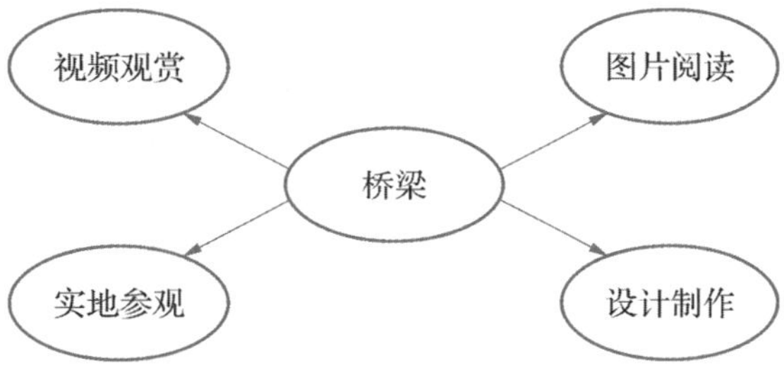

图 7－10　活动分析法

该主题课程由这些基本活动还可能再衍生出其他活动，比如桥面上有各种各样的汽车，由汽车再引出常见交通工具等二三级活动。

问题分析法，通常适用于该主题课程核心所蕴含的信息，本身就属于一个"问题"，由这个"核心问题"会引发相关联的系列"次问题"，从而构成主题课程活动的网络图。比如，主题课程活动"火灾"，为什么会发生火灾？火灾现场是怎样的？怎样预防火灾？发生了火灾怎么办？由这些问题又可以进一步延伸相关问题，如"火灾现场是怎样的？"可以进一步延伸为：人们是怎样逃生的？火灾是怎样被扑灭的？等等。这些细化的问题可引起幼儿进一步的回忆、调查、讨论和模拟等活动(见图 7－11)。

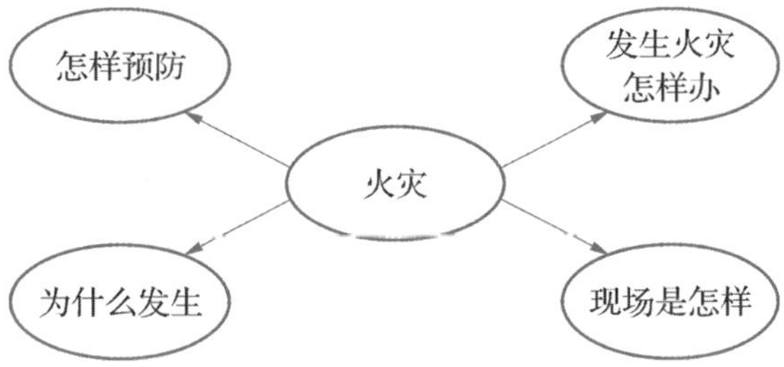

图 7－11　问题分析法

2. 头脑风暴法

头脑风暴法，也称为"头脑激荡法"，指的是暂时将头脑放空，立足于儿童视角，并调动起与所要"风暴"的话题所有的相关知识经验，围绕所要"风暴"的话题的可能走向，即幼儿可能感兴趣与关注的话题进行天马行空式的假设或联想，旨在打破思维惯性与成人视角，使之更能贴近幼儿的生活世界，为主题课程日后的顺利实施奠定基础。

教师在采用头脑风暴法构思主题课程的各种可能走向时，一般是先放松自己，尽量清空头脑中与"主题"无关的"杂念"，并在面前放置一张大的白纸与笔。进入头脑风暴状态时，教师要将在头脑中闪出的与主题相关的信息比较迅速地在白纸上记录，不必去考虑该想法是否具有可行性，或是否会觉得很荒唐，也不必考虑是否要在白纸上做很清楚的记录(以自己能看懂为准)。到了头脑风暴法结束，即已经无法再将思想自由地驰骋下去之时，教师再回过头整理刚才在白纸上所作的记录。整理的过程就是先将相关或相近的想法进行归类与合并，进而给归类合并后的想法命名，最后再根据一定的逻辑关系进行联网，并以一定方式将之图示化，编拟出主题课程网络图。

幼儿园的主题课程通常是以班级为单位而实施的，因而，班级两位教师都有义务与责任来为主题课程的可能走向进行一番头脑风暴，尽量发挥出“1＋1＞2”的“备课效果”。因而，建议在采用头脑风暴法构思主题课程可能走向时，切忌坐在一起面对面边谈边想边记，而应是两位教师分别独立开展，并在此基础上面对面交流，通过交流互相取长补短，并根据实际情况进行适当的增删。

3. 调查统计法

主题课程内容的产生与实施都离不开对幼儿的关注与了解，实践表明，越是贴近幼儿生活世界的主题课程活动，其实施效果越是明显而有意义，幼儿在主题课程实施过程中往往较能表现出主动性、愉悦性与有效性。

了解与关注幼儿的途径与方式多种多样，如观察幼儿行为、倾听或与幼儿谈话、幼儿作品分析、向家长了解等。在筹划主题课程实施路向伊始，可以通过向家长发放问卷调查的方式，来了解幼儿对即将展开的主题课程内容的了解与关注情况。如在中班主题课程活动“蔬菜一族”中①，教师设计了一张主题前期调查表，编拟的题目有：“您家菜篮子里常见的蔬菜有哪些？孩子知道的有哪些？孩子有和您一起买菜的经历吗？您觉得在这个主题中可以为孩子准备什么？您的孩子对蔬菜的什么话题最感兴趣？作为家长，请您为蔬菜主题拟设计一个亲子活动”等。

通过活动去观察分析幼儿行为、倾听或与幼儿谈话以及对幼儿绘画等作品分析，更适宜运用于主题课程实施过程之中，并根据所获取的信息进行课程层面的价值评估，再对主题课程实施走向进行相应的调整。

基于编拟主题课程网络图之需的问卷调查，其调查内容无非是关于幼儿对主题课程内容的已有了解情况，以及幼儿对该内容关注方向，即“想怎样玩？想知道什么？”在问卷题目编制方式上，对于教师已有比较明确的“答案”，可以采用封闭式题目；而对于教师想了解的未知的信息，则建议采用开放式题目，如，对班级即将开展的“动物世界”这个主题活动，您的孩子最关注什么？(请用“1、2、3……”等表示您孩子关注的程度，“1”表示最关注，以此类推)。当然，教师在问卷题目编制时，还应将如何整理统计这些已收回的信息等因素进行适当地考虑。

教师在编制问卷时，还应注意拟好前言与指导语。前言主要对开展此调查的目的以及问卷完成时间作简要说明，以消除家长的顾虑，激发家长参与的热情。指导语主要是用来指导家长如何作答，以及提出作答的要求，必要时可以附上样例；指导语要求简洁明了，用语恰当，便于理解。问卷收回并整理统计后，教师可以将已获得的相关信息，结合班级集体交流讨论等方式进行进一步的聚焦，最后再将聚焦后的信息运用于网络图的编制。

以上所介绍的三种方法，前两种是基于教师的专业素养，以“教师视角”来直接构思主题课程网络图，可以根据个人习惯与专业水平选用其中一种；而后一种是了解幼儿相关信息的一种手段或方式，可以将之作为前两种方法的辅助手段进行配合使用。

---

① 林晓丰.幼儿园班级主题墙创设的教育价值及其优化策略[J].湖北广播电视大学学报，2012(10)：143.

案例研讨

请运用主题课程网络图相关知识，分析该预设的主题网络图特点。

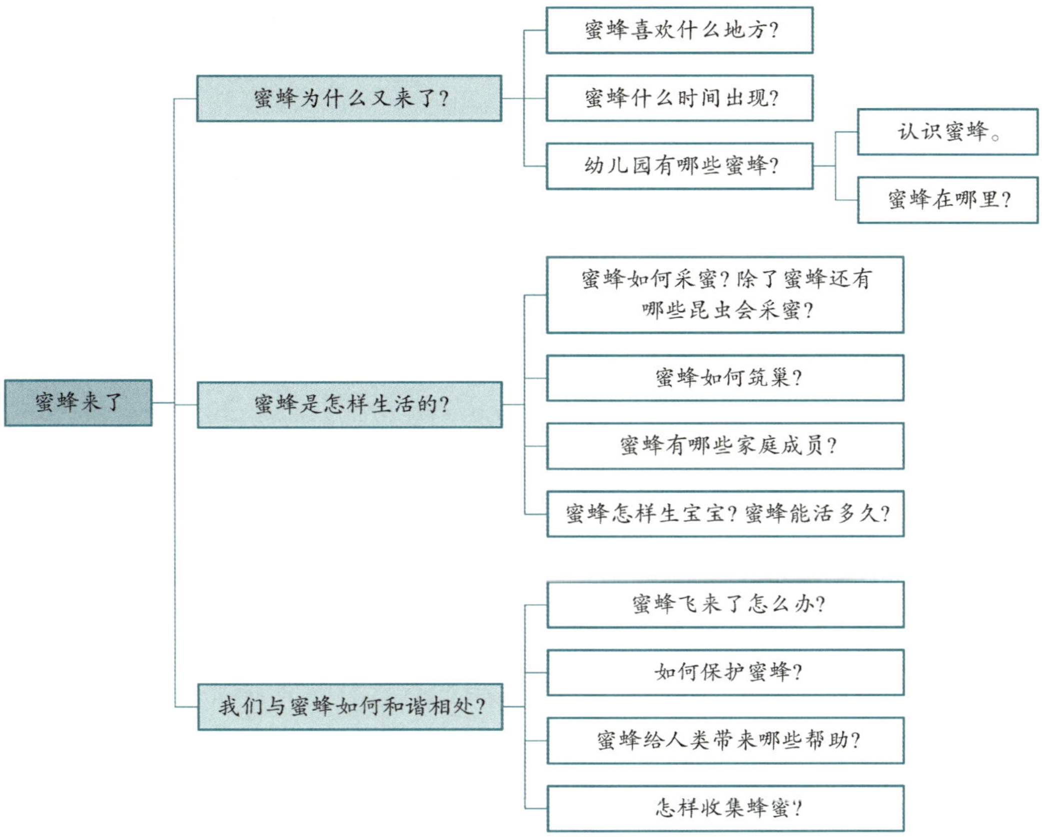

图 7 - 12　预设的主题网络图①

分析:首先，以幼儿感兴趣的问题为主题活动推进线索，体现了该主题课程活动推进所具有的探究性，这是该预设的主题网络图最显著的特点。其次，该网络图采用“括号式”的格式，网络图呈现三级活动，逻辑思路清晰。有了这样一个预设的主题网络图，也就意味着该主题活动不仅是有趣的，而且是有序的。

① 卢衬衬.蜜蜂来了[J].早期教育(幼教·教育教学),2024(7/8):81.

模块三　幼儿园主题课程环境与创设

情境导入

有幼儿园教师反映在创设主题课程环境时，尤其是在创设主题活动墙时，尽量让幼儿参与，尽量体现儿童视角。但毕竟是幼儿稚嫩的小手，他们创设的主题活动墙的效果没有成人所创设的那样“整齐、干净、漂亮”，有的幼教辅导员或行政主管官员入园视导时，经常嫌弃他们园的主题活动墙创设没有其他园的好看。面对这样的评价，教师也很郁闷。请问你是怎样看待这一现象的。

本模块主要围绕幼儿园主题课程环境与创设进行阐述。

知识演绎

一、主题课程环境创设的基本内容

主题课程环境直观而集中地反映了主题课程的实施进程与实施效果。主题课程环境主要包括主题活动墙、与主题相关的区域活动材料提供与环境创设。其中，主题活动墙是主题课程环境创设的核心内容。主题活动墙既是主题课程实施的途径之一，也是为主题课程的实施而服务的；由“环境即课程”观之，主题活动墙也是主题课程本身，主题活动墙反映着主题课程学习内容、学习过程乃至学习成果。

这里的主题活动墙中的“墙”，是主题课程环境创设呈现的载体或地方，因而，所谓的“主题活动墙”不仅包括平面粘贴于室内墙面或走廊的墙面，也包括陈列于玩具柜等家具的台面、侧面、背面或室内窗台面，或是天花板下可悬吊的立面空间，或是立放于地面的主题版面。主题活动墙集中反映了主题课程实施过程与学习成果，呈现在主题活动墙的内容包括调查表、幼儿作品、活动照片（图片）、文字记录等。

二、主题课程环境创设的主要意义

主题课程环境的创设是主题课程实施的重要途径，主题课程环境的创设水平直接影响到主题课程的实施进程与质量。创设主题课程环境的主要意义有如下四方面。

1. 有助于幼儿明确主题课程的基本走向

如果在主题活动墙中，教师能够将主题课程脉络图以图文并茂的方式加以呈现出来，即将主题课程实施的路向加以事先展示，那么，幼儿便可从中直观地获知近阶段班级所开展的主题课程活动的内容，以及即将展开的活动。这样的主题课程环境，既可以引起幼儿关注与期盼，也有助于幼儿有意识地准备与积累的相关经验。

当然，主题课程实施伊始所展示给幼儿的仅是主题课程实施的“骨架”，至于“骨架”上的“肌肉”，则是在主题课程实施过程中由师幼共同完成的。

2. 有助于幼儿回顾主题课程走过的足迹

在主题活动墙的创设中，教师会将主题课程实施过程中，幼儿参与具体某一活动的照片、完成的绘画、手工或建构等作品的照片，编拟的故事、儿歌、台词、想法与问题等以图配文的方式加以表达这些幼儿在主题课程走过的足迹。教师应有意识地引导幼儿利用晨间入园、放学离园、区域活动、餐后等自主支配的自由活动时间去驻足观察。

幼儿透过这样的主题活动墙，便可以将自己参与主题课程实施的过程做个简单的回顾，加深他们对曾参与活动的印象，并及时对所获取的经验做个简单的梳理，同时也利于幼儿了解同伴参与主题课程的一些活动情况，及时向同伴学习。回顾有利于幼儿对自我参与主题课程活动的状态做相应的调整，以更好的状态进入主题课程的下阶段的相关活动。

3. 有助于幼儿获得多方发展提供的机会

幼儿对主题活动墙的关注，利于他们观察能力的培养；同时，幼儿在关注过程中，通常也会与同伴围绕所共同关注的事件进行讨论交流，利于锻炼幼儿的口语表达能力；而主题活动墙本身所要求的艺术性，比如造型美、色彩美等，利于幼儿审美能力在与活动墙的互动中得以提高；主题活动脉络图所展示的活动有序推进，也有助于幼儿有序思维方式的培养；教师邀约幼儿参与主题活动墙的创设工作，彰显幼儿主体性，也利于幼儿动手能力与解决问题能力的培养。

如此观之，主题活动墙也是幼儿学习与发展“墙”(地方)。主题活动墙的创设能为幼儿获得多方面发展提供宝贵的机会。

4. 有助于教师生成相应的活动创造可能

如前所述，高质量的主题活动墙可以引起幼儿的关注，并与之积极互动。教师可以通过观察幼儿与主题活动墙的互动情况，从幼儿间的交流谈论，幼儿对活动墙内容聚焦的频率等方面，去捕捉幼儿的兴趣与关注点。如在开展“冬天来了”的主题课程活动中[①]，师幼共同在墙上布置了“冬天，我们穿什么”后，教师在另一面墙上布置冬天的景色，在大树上挖许多可开关的洞，放上一两个动物。在活动间隙时常有幼儿围在边上议论不休，教师等时机成熟，顺势生成了另一个子主题课程活动“动物怎样过冬”。

教师可以通过幼儿的关注而获取到相关信息，再来研判主题课程预设的走向与幼儿关注点的契合度，并根据研判情况对主题课程的实施做出相应的决断，如是否生成相应的活动，所生成的活动适宜以何种方式以及在何时实施，所生成的活动与主题课程预设的实施的方向或进度如何合理处理，等等。

三、主题课程环境创设的基本要求

主题课程环境创设既是主题课程实施的重要途径，也最能反映教师的课程观。教师对主题课程环境的认识不同，其所提出的主题环境创设的要求、创设的方式，以及创设的质量也不尽相同。这里侧重阐述主题活动墙创设的基本要求。

1. 合目的性

合目的性原则，指的是主题课程环境的创设应为主题课程的有效实施而服务，应将主题课程内容、课程走向与课程进程等信息加以有效呈现，并能吸引幼儿的关注，使幼儿能主动地与之互动。

这里所谓的与“主题课程”具有对应关系的“班级的环境创设”，主要指的是主题活动墙。但主题活动墙只是班级环境创设的核心内容，不是全部。在主题课程实施过程中，没有必要强制性地要求教师在班级的环境创设中都必须冠以主题课程的色彩，以避免教师为了突显与主题课程内容的关系，而出现“拉郎配”式生搬硬套的做法。

2. 主体性

环境即课程，环境是幼儿学习与发展中的“无言之师”，这是幼儿园课程潜在性特征的基本内涵。对幼儿而言，参与环境创设既是他们与环境直接互动，并在互动中获得学习与发展的机会；同时也是他们在教育活动中的主体地位，在环境创设工作的直接体现。

主题课程环境创设的主体性，指的是幼儿在其中居主人翁地位。当然，这个“主人”需要成人的指导。在主题课程环境的具体创设中，幼儿的这一“主体性”便是在教师指导下，幼儿所拥有的一种主动参与的权利，且这一权利应在活动中得以直接而充分的体现。在幼儿园的环境创设中，只有看到幼儿参与的身影，看到幼儿走过的足迹，这样所创设的环境才真正具有课程意义和体现儿童意识。

---

① 何玲.发挥主题活动中墙饰的教育功能[J].基础教育研究，2009(11)：51－52.

3. 动态性

主题课程环境创设的动态性,体现在它是伴随着主题课程活动的不断深入而逐渐丰富起来的。这是由主题课程环境反映主题课程实施的过程,为主题课程的实施而服务这一关系定位决定的。因而,那种在主题课程环境创设中,追求一步到位、装饰性有余而课程意义不足的做法是不适宜的。

主题课程环境创设的动态性,为主题课程在实施过程中的调整预留了生成的空间,也为主题课程的实施留有几许的期盼。如果主题活动墙将主题课程预设方案一览无余地加以呈现,并组织幼儿按图索骥,必然会降低幼儿对主题课程实施的兴趣与关注度。

4. 实用性

这里的实用性,主要指的是除了要求教师在指导幼儿主动参与创设的过程中,要将环境创设的课程价值充分体现出来外,还要关注教师实际操作的便捷性。在主题课程实施过程中,应引导教师将时间用于对幼儿的观察、分析、现场指导,以及基于观察分析相应的跟进措施的提出。因为这最能体现与促进教师专业成长的工作内容,而不是本末倒置地让教师的精力过多地耗费在环境创设之中。

主题课程环境创设的实用性,最能直接体现其便捷性,一是材料的选用上,建议采用牛皮纸直接张贴在墙面作为背板,或选用软木板、KT 板为主题墙背板材料,或直接以瓷砖墙面为背板;二是应充分发挥教师的集体智慧,积极借鉴思维导图方式,从思维导图模板中研发出适宜本园实际、适宜各种不同主题课程类型的活动墙饰“母版”,以供教师在实践中根据需要灵活选用与调整。

5. 艺术性

审美化是幼儿园环境创设的基本要求,作为主题课程环境创设,在确保符合前述四个基本要求外,理应将艺术性尽量体现其中。主题课程环境创设,在版面规划与造型设计、内容呈现的样式、材料的选用、颜色搭配等方面,应尽可能体现视觉上的一种审美需求,如整体协调、重点突出,疏密合理、适当留白,色调怡人、艳而不俗,形式多样、富有创意,美观大方、有序和谐等。

如在大班主题课程活动“各种各样的桥”中①,幼儿用长形纸绘制出一座座心目中的桥,如果教师将幼儿的这些作品一并呈现在主题墙上,肯定会因主题墙空间有限而出现版面拥挤的景象,进而使人产生压抑之感,严重影响主题活动墙应有的审美趣味。教师巧妙地将幼儿的作品张贴在纸板上,并连接成吊桥悬挂在长廊上空,桥的各种有趣造型与颜色交相辉映,可以想象出这样环境创设是多么富有审美情趣,难怪幼儿每天进出活动室,都会忍不住要仰望一下自己的心目中的桥,其内心显然是充盈着满满的自豪感的。

---

① 林晓丰.幼儿园班级主题墙创设的教育价值及其优化策略[J].湖北广播电视大学学报,2012(10):143.

四、主题课程环境创设的基本思路

根据主题课程内容性质、各年龄段幼儿的特点，以及教师在主题课程环境创设的意图，主题课程环境创设的基本思路主要有逐一展开式和中心辐射式。

1. 逐一展开式

逐一展开式的主题课程环境创设，指的是根据课程的发展进行相应地创设，主题课程环境创设与主题课程实施进度基本保持一致，通常主题课程刚开始时以介绍为主，以资料收集、主题说明为主；课程进行中，逐步展现幼儿的作品，布置互动墙等。逐一展开式的创设思路一般适用于以下四种情况。

一是主题课程实施本身具有较明显的阶段性，比如故事剧主题课程活动，该主题课程是按“开始导入、感知探索、编构排练、表演展示”四大环节依序推进，那么，在环境创设中就可以按这一推进顺序逐一展开。

二是在主题课程实施中有更多的生成比重，未展开的部分是期盼着主题课程在推进中有生成的精彩。

三是教师出于制造活动悬念的考量，旨在通过悬念来激发幼儿参与主题课程活动的好奇心与积极性。

四是教师习惯于依主题课程内容展开的时间顺序来创设，根据主题实施后的具体情况，收集整理能够反映该阶段活动的资料后，再根据不同资料的性质选用适宜的方式加以呈现。如中班主题课程活动“大豆芽”下的子主题课程活动“果实与种子”中①，主题课程活动的主要过程：收集种子→认识种子的种类→给种子分类→用种子制作贴画→种子发芽实验等。教师和幼儿在墙面上布置了四个相关栏目版面：种子展览会（实物收集）、结果了（种子贴画）、种子发芽了（书面记录）、我爱吃的豆制品（绘画），每一块墙饰都是一个有序的整体，并依主题课程活动过程，由幼儿用图文并茂的方法记录他们各自在探索活动中的体验、认识、信息、发现或初步的共识，并将这些资料依序布置在相应的版面加以逐一呈现。这样逐一展开的创设思路，使幼儿可以从墙饰的变化中清楚地了解主题活动的开展情况及某一内容的不断发展和变化。

2. 中心辐射式

中心辐射式的主题课程环境创设，指的是教师将事先编拟好的主题课程脉络图所展示的主要推进方向，以图文并茂的方式直接展示出来，当然，教师所展示的仅是主题课程实施的“骨架”而已，且在展示这一主题课程实施的“骨架”时，应该是建立在幼儿充分讨论的基础上，由师幼在活动现场共同完成的。强调师幼的共同参与，不仅充分突显幼儿在环境创设中的主体性

① 何玲.发挥主题活动中墙饰的教育功能[J].基础教育研究，2009(11)：51.

地位,更是要让幼儿有强烈的参与感与认同感,以充分发挥环境创设在主题课程推进中的作用。

中心辐射式的主题课程环境创设,其初始呈现的信息通常是将主题课程名称居于图的中心位置,由这个主题课程名称再向四周延展出相关的"骨架",代表主题课程将来的走向,整个图形呈现出以主题课程名称为中心向四周辐射的特点。采用此思路来创设主题课程环境,有利于幼儿对主题课程展开的走向有整体性的了解,使幼儿能够有意识地做好相关经验的准备。但采用此方式创设时,需要特别注意的是要为主题课程可能生发的活动预留一定的空间。

案例研讨

请运用所学的主题课程环境创设相关知识,对下面"三借芭蕉扇"这一主题墙创设谈谈你的看法①。

图 7－13　"三借芭蕉扇"主题墙

分析:该主题墙体现了以下几点。一是主题墙创设是动态的,是随着主题课程活动的推进而逐步丰富起来的;该主题墙根据主题课程活动的需要共划分为七个块面,内容有"我分享""我喜欢""我谈谈""我绘画""我创编""我竞选""我参与"等。二是主题墙创设是为主题课程活动的推进而服务的,主题墙所展示的是幼儿在参与主题课程活动中走过的"足迹",即以幼儿在主题活动中表征(如活动照片记录、幼儿绘画、幼儿创编台词等)为主,且所展示的内容图文并茂,以图为主。三是主题墙所运用的材料简易方便,直接以白纸为底板,加上边框稍加装饰,简单自然,不烦琐奢华;主题课程活动结束,在拍照留底做主题课程活动资料后,便可以根据下个主题课程开展的需要,重新布置。

① 吴振东.幼儿园主题课程实务指导[M].福州:福建人民出版社,2021:30.

模块四　幼儿园主题课程的设计与实施

情境导入

有同学反映，在参加幼儿园教师资格的笔试时，曾遇到要为某一主题课程活动编制主题网络图的考题，而在设计某一领域集体教学活动方案时并没有遇到这样的设计要求。是不是主题课程活动的设计相对比较复杂呢？

本模块围绕主题课程活动设计的程序，以及实施时应注意的事项这一话题而展开。

知识演绎

一、主题课程设计的基本程序

程序指的是事情进行的先后次序，是关乎事情有序运行的一种行事规则。主题课程设计的基本程序，是主题课程设计质量的重要保障。

（一）选择与确定主题

1. 主题课程内容的来源途径

陈鹤琴主张“大自然、大社会都是活教材”。他认为，幼儿是在周围的环境中学习的，应该以大自然、大社会为中心组织课程。由此可以认为，凡是幼儿感兴趣、适宜幼儿认知水平、利于幼儿发展、符合教育目标的，均可视为幼儿园主题课程内容的范畴。

（1）来自幼儿生活中的有趣话题。

幼儿园课程是在幼儿生活世界展开的，生活性是幼儿园课程的基本特性之一。主张主题课程内容应来源于幼儿生活，这也是实施主题课程的应然取向。在幼儿生活的衣食住行中都蕴含着主题课程活动的可能，这些主题往往题材广泛，可以是植物类、动物类、自然物类、文化类、生产与生活类。比如，有一名幼儿将他在家里吃过的一个大海螺的螺壳带来班上，并将它放在班级的“自然角”，结果这个大海螺成为近阶段班级幼儿谈论的话题，教师呼应幼儿的关注点，开展了有关“海底世界”的主题课程活动。再如，有一位幼儿跟父母亲去外地旅游，带来一把别具特色的好玩的手摇折扇，引起了同伴的关注与兴趣，教师组织幼儿开展了“各种各样的扇子”的主题课程活动。

幼儿生活中有趣的话题是主题课程活动中主题产生的重要来源之一，要捕捉到生活中有价值的话题，关键在于教师对幼儿生活世界的了解与关注。在日常生活中，教师要积极与幼儿交流，主动倾听幼儿间的交谈，细心地分析幼儿的绘画作品，敏感地捕捉幼儿在游戏中不经意或不寻常的行为表现。

(2) 来自幼儿学习中的衍生话题。

幼儿在参与各种学习活动的过程中，往往也会发现一些他们想进一步探究与了解的问题，或激发他们产生相关兴趣的话题。这种由幼儿参与主动学习而产生的话题，即主题课程活动产生于各活动类型与内容的开展之中，表明了幼儿园课程活动的运行处于一种比较良好的生态关系。这在客观上要求教师在课程实施过程中，要牢牢树立起教育整体观的意识，要善于去找寻与捕捉各课程活动类型与内容之间潜在的联系。如，在开展课程活动“雪孩子”时，教师通过动画片的观赏活动，使幼儿在学习、理解、体验该作品的基础上，萌发相应的兴趣点，并由此生发出一系列的相关活动，开展了与“雪孩子”相关的主题课程系列活动，见下图所示。

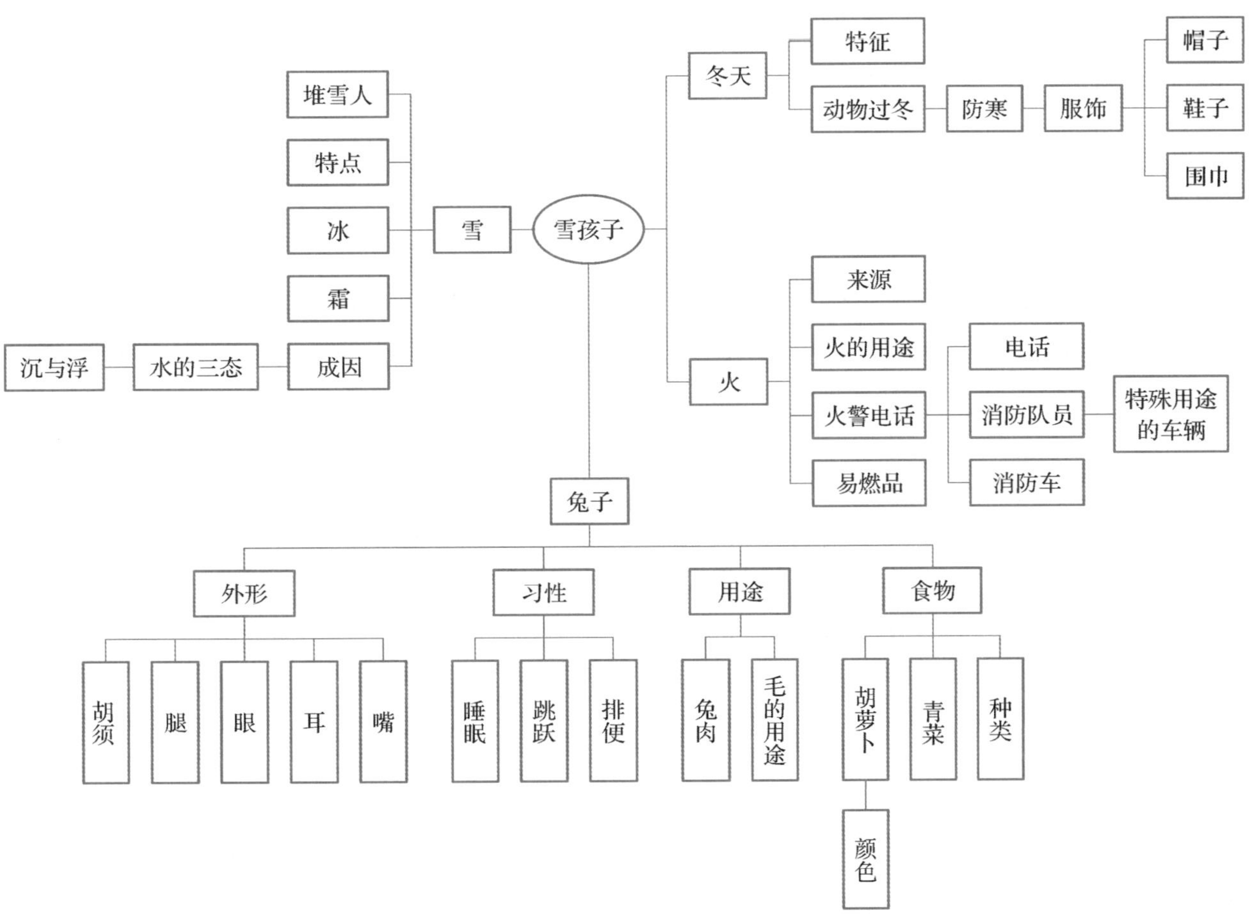

图 7－14 “雪孩子”主题课程系列活动

（3）来自幼儿生活中的节庆活动。

幼儿在生活中会遇到各种各样的节庆活动，如中秋节、端午节、国庆节、元旦等。了解这些节日的由来与演变，以及感受当地节庆活动的一般习俗等，这本身就是幼儿学习的内容，也是他们应该掌握的基本经验。因而，幼儿园在某一节日即将到来之前，往往会根据年龄段的特点，围绕该节日的节庆活动展开与该年龄段相适宜的主题课程系列活动。

（4）来自幼儿生活中的科学现象。

在幼儿生活中所遇到的一些常见的自然现象、社会现象和生命现象，如风雨雷电、蓝天白云、河海湖泊、林立的高楼、飞架的桥梁、天上的飞机、海上的轮船、路上的汽车、四季变化、成长历程、生老病死等。对这些现象的感知，以及对现象背后的浅显原因的初步了解，也是幼儿在科学领域学习中的常见内容。

在主题课程活动中，教师也常常就某一话题展开系列的活动，如开展"交通工具大比拼""春天来了""我的变化""我的家乡""各种各样的桥"等，旨在让幼儿通过主题课程系列活动的学习，对该话题所涉及的内容有个比较完整的了解与掌握，并在参与主题课程活动的学习过程中，进一步激发幼儿探究的欲望与学习的热情。

（5）来自社会生活中的重大事件。

社会生活中所发生的大事，往往是人们关注与谈论的话题。这些重大事件往往渗透于成人的交谈、电视荧屏、图书画报，以及幼儿好玩的玩具中，幼儿作为生活在这个现实社会生活中的一分子，自然而然也会感受到这些重大事件对人们生活的影响。

在幼儿园教育活动中，在考虑幼儿年龄特点的基础上，也时常会将这些重大事件，以主题课程活动的形式加以展开，旨在让幼儿对这些重大的社会事件有所了解，如幼儿园曾围绕"北京奥运会""神舟飞船"而开展主题课程活动。某市在开始推行垃圾分类的环保活动时，该市的幼儿园就曾围绕"垃圾怎样分类"这一社会热点话题而开展相应的主题课程活动。

以上所介绍的主题课程内容的来源途径，侧重于幼儿的视角。如果从教师的角度而言，主题课程内容的来源有可能来自各种教学参考用书，也有可能来自班级所拥有的课程活动资源等。

延伸阅读

主题的四个基本来源①

虞永平教授在《论幼儿园课程中的主题》一文中，明确提出主题的四个基本来源：① 学科或领域，即主题是以一定的学科或领域为基础来设计，主题名称往往是该学科或领域中幼儿关注的话题。如"冬天的世界""夏天的水果""六一儿童节""落叶飘飘"等；② 社会生活事

① 虞永平.学前课程与幸福童年[M].北京：教育科学出版社，2012：75－77.

件和幼儿自身的生活事件,如“台风来了”“大桥通车了”“小兔子生病”“我们的新朋友”等;③ 人们专门提炼和概括的过程、原理或变化规律,如“变”;④ 文学作品,文学作品中的人物、事件、物品、道理、场景等都是主题内容生成的线索。

2. 确定主题的依据

主题的确定是需要根据一定标准进行评量的:① 这个主题幼儿会喜欢吗?符合他们的兴趣和需要吗?适宜幼儿的发展水平吗?② 它能够涵盖哪些领域的学习内容?能促进幼儿哪些方面的发展?③ 它的可行性如何?主题所需的材料容易获得吗?是否容易转化成幼儿直接参与的具体活动?④ 它与近期实施过的主题之间的关系如何?是否有相关联的经验进行衔接与连贯?能否较好地规避或补救上一主题课程在领域均衡上存在的问题?

3. 主题命名

主题课程内容确定后,一般就得给即将围绕这一内容而开展的主题课程活动取个名称,即主题课程命名。主题课程命名的基本要求应体现出儿童化、趣味化、浅显化,即主题课程的名字应该是好记好听、浅显易懂,对幼儿有吸引力,能够激发幼儿强烈的参与欲望,以及丰富的想象力的。比如“好玩的绳子”“蔬菜宝宝历险记”“有趣的测量”“春天来了”“小蜗牛去哪儿”“种子的世界”“玩具总动员”“去演一场木偶戏”等。

需要特别指出的是,主题课程的名称(形式)与主题课程的实施(内容)的关系,有可能是相一致的,即从主题课程的名称就大致可以推知其活动内容;也有可能相去甚远,即主题课程的名称仅是表示该主题课程活动的起点而已,主题课程在实施的过程中,因追随幼儿的兴趣等缘故,而生成出与主题课程名称不一致的相关活动。在这里姑且将之分别称为表内核型和表起点型的主题课程活动。相对而言,在主张生成性主题课程活动中,出现表起点型主题课程的概率相对较大。

(二)确定主题课程目标

主题课程目标与具体活动目标在表述上都强调目标的行为主体要一致,且主张从幼儿角度出发,即行为主体为幼儿。其两者不同点为一是主题课程目标表述相对比较笼统,一般是采用简单复合句的形式进行表述;而具体活动目标要求则具体明确,且具有可操作性。二是具体活动目标的数量一般是二至三条,而主题课程目标的条目数量一般确定在五条左右;其中,在这五条左右的主题课程目标中,从心理发展维度来讲,要求尽量涵盖认知、动作技能和情感态度类;从领域覆盖维度而言,则要求涉及尽可能多的领域。

但如果某主题课程是偏向于某一领域,则在五条左右的目标表述上,往往会有两条左右的目标是涉及主题课程所偏向的领域。比如主题课程偏向于科学领域,则五条目标中通常会有至少两条是直接涉及科学领域的。

（三）考虑主题实施方式与途径

主题课程的实施路径，通常包括集体教学活动、区域活动（含游戏活动）、环境创设、日常活动以及家园联系等。这一步骤通常以主题课程网络图进行直观展示，如中班上学期主题课程活动“帽子秀”预设走向网络图（见图 7－15）。

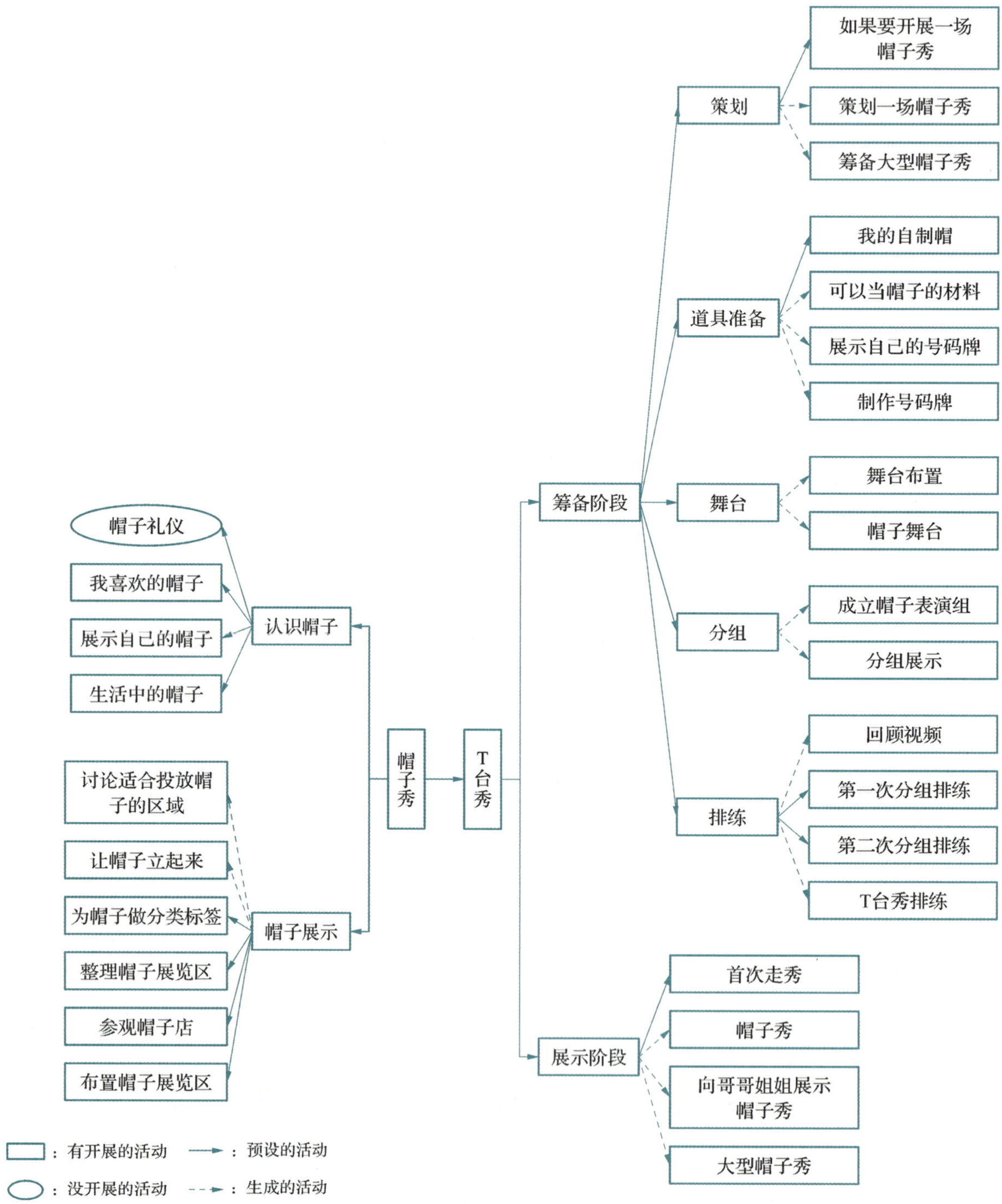

图 7－15　“帽子秀”预设走向网络图①

① 叶俊萍.幼儿园课程资源建设新思路——“宝宝博物馆”建设的理念与实践[M].福州：福建人民出版社，2016(5)：97.

(四)设计具体的活动方案

不管是何种活动形式,都需要根据各活动形式的基本要素进行一番设计。如领域集体教学活动设计的要素,主要包括活动目标、活动准备、活动过程,有时也包括活动意图和活动延伸等。区域活动设计的要素,则包括区域名称、区域内容及材料、区域功能与指导要点。当然,在设计具体的活动方案时是带有预设性质的,在具体开展过程中,由于受幼儿各种意想不到的反应、偶发事件等多种因素的影响,应该进行相应调整。

为了主题课程的顺利开展,教师在考虑主题课程开展过程中,除了考虑主题课程实施所需的环境创设,还会考虑如何利用园外资源等问题,整合各方资源使之能够围绕主题形成教育合力。

需要注意的是,不管是设计领域集体活动目标还是分析区域活动的价值,都应考虑与既定的主题课程活动目标的匹配性,即确保具体活动目标与主题课程目标的对应关系。当然,这种考虑主题课程目标与具体活动目标的匹配关系,可能更适合预设型的主题课程活动。如果是生成型主题课程,则主题课程目标也应是生成性目标取向,即主题课程目标是在课程实施过程中产生的。一般生成型主题课程在课程结束后,需要对课程实施全程做个梳理与展示,进而在此基础上对该主题课程带给幼儿的有益经验进行分析与总结,总结出的主题课程价值即可视为主题课程目标。也就是说,如果所执行的是生成型主题课程,那么,在主题课程设计环节应该可以将主题课程目标的拟定省略,即直接进入实施的具体活动内容。

而在幼儿园主题课程的实践中,受目标导向惯性思维的影响,比较可行的做法是先拟定主题课程目标,至于主题课程实施过程生成的成分,再依具体生成情况对主题课程目标进行适当调整。也即,在生成课程取向下,课程实施过程是动态的,课程目标也是可以调整的。

二、主题课程实施的注意事项

教师在主题课程实施过程中应注意的事项,在这里概括为七大方面,并就七大问题的成因或认识,以及解决的具体策略做简要阐述。

1. 主题课程实施中的领域均衡性问题

主题课程实施中的领域均衡性问题,其实是涉及课程整合问题。而课程整合是多层面、多维度的,有隐性整合与显性整合,有课程实施方式与手段的整合、课程目标的整合、课程内容的整合、课程资源的整合等层次,领域均衡性涉及的是课程内容整合,即意图通过某主题课程活动将五大领域加以统整,使之有机地成为一个整体,以最大限度地发挥其在促进幼儿身心发展方面的价值。

在领域均衡性问题上,即在对课程整合的认识上宜持更为广义的理解。比如,艺术领域中的奥尔夫音乐活动，同样也有蕴含着幼儿建构科学探究经验的价值，如让幼儿感受不同乐器发出不同的声音、同一乐器发出声音的大小、用同一器具敲击不同乐器所发出的声音变化；奥尔夫音乐中的节奏活动，也与数学活动中的模式经验有异曲同工之妙。也即，本属于艺术领域的奥尔夫音乐活动，貌似没有将科学领域内容整合其中，但从幼儿经验建构的角度来分析，其已整合了科学领域内容，属于隐性的整合类型。

同样的，有的课程内容貌似整合了，领域均衡性貌似得以体现了，但也不排除有的课程内容的整合，其实对幼儿身心发展仅是一种巩固与加深的成效，未必带给幼儿具有实质性的多元关键经验的建构。这种显性的内容整合，即所整合的课程内容明显分属于不同的领域，但其最终带给幼儿深层次的经验却是一样的。因而，在主题课程实施过程中，领域均衡性问题既要重视，但又不必过分拘泥，而应以自然整合为要。

其实对主题课程实施质量而言，幼儿在该主题课程活动“‘知’了什么”并不重要，重要的是幼儿是在活动中到底“‘行’了什么，怎样‘行’”，以及透过“行之”而能使幼儿“乐之”。因而，在某一具体主题课程活动中，领域的均衡性处理应该在一种有心与无为之间，如果过于纠结于五大领域的均衡性，反而有可能适得其反地走向“拼凑活动”之路。

再且，主题课程中的领域均衡性问题，宜将之置于一学期或一学年来考量，即通过不同主题课程活动间的有目的的调整来处理。比如，发现在上个主题课程实施过程中，某些领域活动失衡了，那么，在设计与实施下个主题课程活动时就应有意识地加以规避或补救。因而，在主题课程实施过程中，采用一定的方式来调控领域均衡性问题还是有必要的。

2. 主题课程实施中的拼盘问题

强调课程内容的横向联系，应该是主题课程有别于领域(学科)课程的重要特征之一，也是主题课程实施中着力追求的方向。但从主题课程实施的实际效果来看，在课程内容的有机整合工作上，却时常出现事与愿违的现象，即经常出现颇受大家诟病的弊端——拼盘活动。拼盘活动不仅没有让各科知识形成“有机联系”，反而将分科课程关注知识系统性的优点也丢掉了。[①] 因而，在主题课程活动的具体实施中，建议可以尝试通过以下两种方式来进行主题课程的设计与推进。

一是在主题课程实施中，采用“内生式”的思路催生具体的课程活动内容。即先对主题课程内容本身所蕴含的内在价值进行分析，在此基础上“由内及外”演绎具体课程活动内容。采用这一具体课程活动内容的研发思路，各具体课程活动内容，犹如大树的树枝是从树干中生长出来的，这些生长出来的树枝间，乃至它们与大树树干间都有着一种“骨断筋连”的内在关系。而与这种“内生式”相对应的研发思路则是“外添式”，即在构思主题课程中的各具体课程活动内容时，机械地将五大领域的内容依“由外向内”思路进行直接填充。如果沿用树枝与树干的隐喻，那么，采用“外添式”研发思路下的“树枝”不是从树干“长”出来的，而是人为地“拼装”上去的，这势必会导致各课程活动内容间缺乏内在联系，从而出现所谓的“拼

① 李云淑.幼儿园主题活动中的拼盘问题及其解决[J].上海教育科研，2011(2)：93.

盘”现象。

二是主张采用“问题中心”的课程设计取向,即基于解决某一具体问题而生发的各种具体课程活动内容。“问题”本身就是以一种“情境”,而非以“学科”方式而存在的,而“情境”既是具体又是整体的。这个“整体性”体现在解决这一具体问题需要“多学科”知识的协同参与。

案例研讨

某中班借鉴实习场理论开展了“房子”的主题课程活动,其中有一个“子主题”是每组幼儿要给自己房子装修。每小组6人拥有一座用硬纸皮与木条做起来的仿真房子,每个小组给自己的房子命名完之后,就面临着给自己的房子进行装饰。而在“装修房子”时,遇到一个如何给“房子”开挖一个外开窗户的小问题。请分析幼儿在解决开窗这个现实问题时,会涉及哪些领域的学习内容。

分析:“开挖外开窗户”是该小组遇到的一个真实问题,从领域课程的角度来说,确实无法明确归属于何种领域性质的活动。但幼儿在开展“开挖外开窗户”活动时,又确确实实涉及多领域。如社会领域中的协商、分工、轮流乃至争执与妥协;语言领域中的讨论、交流乃至争辩;科学领域中的测量、图形、二等分、工具选择与使用;艺术领域中的给窗扇进行图案装饰;也有可能窗户开挖成功后,本组幼儿忍不住来一阵“载歌载舞”的庆祝活动……如此分析,“开挖外开窗户”这样的基于解决问题的活动,自然而然地整合了四大领域内容。

3. 主题课程实施中的途径问题

将幼儿园教育活动的途径划分为“生活活动、游戏活动和教学活动”,这是目前较普遍的“三分法”的观点。在这里将之调整为“生活活动、区域活动和教学活动”,其中,区域活动则又可细分为“区域操作活动”和“区域游戏活动”两大类型。“区域操作活动”更多的指向幼儿语言与认知发展,如语言区、数学区、科学区、美工区、音乐区等;而“区域游戏活动”则更多的指向幼儿情感与表现方面,如角色区、建构区、木工区、沙水区等。将教学活动默认为集体教学活动,是面向全体幼儿的、带有集体行动性质的领域教学活动。

主题课程实施的途径,包括领域集体教学活动、区域活动、生活活动、环境创设以及家园共育等。就目前幼儿园主题课程实践而言,除了环境创设的熏陶、生活活动渗透、家长的参与以及周边资源的利用,主题课程实施的途径主要有三种形态,即以领域集体教学为主,区域活动为辅;领域集体教学与区域活动并行,且占比各半;以区域活动为主,领域集体教学为辅。这三种形态应该代表着对主题课程的认识,以及园所教师专业素养水平。在幼儿园课程实施不断往低结构化、开放性方向发展,即课程游戏化背景下,“以区域活动为主,领域集体教学为辅”应该是主题课程实施途径的发展方向。

4. 主题课程实施中的预设与生成问题

主题课程实施中的预设与生成问题，其实就是处理“计划与变化”的关系问题。预设就是对主题课程实施的一种准备，关于课程准备在课程实施过程中的重要性，我国幼教先驱张雪门先生早在20世纪30年代就明确指出，“教师对于儿童在幼稚园的时候，行为上的方法和材料已知有所准备，更不能不知道应如何的准备。若仅凭着环境使他们自由动作，必致各个人乱来一气，往往有冲动而少结果。而且儿童的行为，因倾向不同，绝难一致，教师更有顾此失彼之苦。所以我们对于课程不能不有准备”①。

即使是以方案教学活动著称的瑞吉欧幼教人也明确指出，“假如成人已经想到一千种假设，那么我们很容易接受出现一千零一甚至二千种假设的事实。当成人自己曾经想过许多可能性时，会持开放的角度去面对新的想法，也比较容易接受未知的事物。只持有一个假设会导致成人将全部的注意力集中在该问题”②。由此可知，对主题课程实施做好预设工作，即在课程实施之前要做好充分的准备，乃是提升课程实施质量的重要保证。

但“计划不如变化快”，预设的活动方案在付诸实施的过程中，要去关注活动中的具体变化。因而，教师应对所预设的活动方案作出适当调整，甚至创生出相应的活动，以适应当下活动的实际情况，这是课程实施中所倡导的一种应然的价值取向。正因如此，冯晓霞教授明确指出，“课程实施本质上是一个课程的‘再设计’过程，是教师富有创造性的劳动”③。

那么，在主题课程实施过程中，如何处理生成问题呢？首先要对源自幼儿的兴趣或关注点作课程价值层面的研判，即应是有利于幼儿的新经验，促进幼儿身心健康发展。其次是要对所生发的课程活动实施的可行性，以及具体实施时机、实施形式等问题进行研判。比如是即时生成还是延时生成，是采用集体教学还是区域活动，是生成某一具体活动还是某一子主题系列活动等。这里所谓的“即时生成”，指的是教师基于幼儿兴趣点的价值性，以及实施可行性的研判，认为可以即时加以回应并生发出相应的活动；“延时生成”则指的是教师基于综合研判，决定另择合适时机开展相应的活动以回应幼儿的关注。

至于在某一主题课程活动中，预设活动与生成活动的比重问题，这涉及教师个体课程素养、园方课程管理机制，以及主题课程内容性质等主客观因素。就教师个体课程素养水平而言，通常是课程素养水平越高者，其在主题课程活动中生成活动的比重往往会越大；反之亦然。

5. 主题课程与领域课程的关系问题

已有研究表明，整合课程（主题课程）与分科课程（领域课程）的优势各有千秋，不能简单地替代。将两者有机地统一起来，走“混合式课程”可以说是幼儿园课程体系中的一种现实存在。

---

① 戴自俺.张雪门幼儿教育文集(下卷)[M].北京:北京少年儿童出版社,1993:821.

② C.Edwards,L.Gandini,G.Forman.儿童的一百种语文——瑞吉欧·艾蜜莉亚教育取向进一步的回响[M].罗雅芬,连英式,金乃琪,译.台北:心理出版社,2000:249.

③ 冯晓霞.幼儿园课程[M].北京:北京师范大学出版社,2000:96.

就两种课程类型混合比重的不同而言，幼儿园“混合式课程”形态同样也有三种：以主题课程为主，领域课程为辅；主题课程与领域课程并行，约占比各半；以领域课程为主，主题课程为辅。在幼儿教育整体观理念下，主题课程是幼儿园课程的主要模式，因而，最为适宜的混合式课程形态，乃是“以主题课程为主，领域课程为辅”。那么，在这种课程形态下，如何处理好两者关系？基于课程实践经验，我们认为可以有两种处理策略。

一是镶嵌式，指的是在主题课程实施之中，将领域课程的实施有机嵌入。其具体又有两种处理方式，一是在每周五个集体教学活动时间中，安排三至四节用于承担主题课程实施任务，一至两节承担领域课程学习任务。二是将领域课程中的高结构教学内容，作为一个环节插入主题课程中的低结构活动中，比如在主题课程实施中的区域活动中，用某一小段时间进行高结构式教学，如向幼儿讲解一些基本技能与基本规则等。

二是分离式，指的是主题课程的实施与领域课程的实施是分开的，其在课程运行模式上，通常是以“主题课程周”和“领域课程周”相对独立的方式而存在的。在单位时间完成主题课程实施任务，即主题活动周；主题课程实施结束后，根据该主题课程实施情况，对需要通过领域课程来开展的学习任务，则直接采用领域集体教学的方式来推进，即领域活动周。

6. 主题课程实施的时长问题

目前时常出现一个主题课程实施持续长达一学期，甚至更长的大主题课程活动现象。对于超长时长的主题课程活动，即从期初持续开展到期末的这种做法的合适性，确实难以进行简单判断，但对此做法有这样的疑问：幼儿对主题课程兴趣与关注度真的能有效持续这么长吗？如果将一个主题课程从期初开展到期末，是否将幼儿的视野局限在了该主题课程之内？时长为一个学期的主题课程活动，是否意味着教师需要对该主题课程内容进行较深入的挖掘，才能为课程活动的开展提供必要载体？这样的主题课程是否有将幼儿培养成某方面“专家”的嫌疑，即“点深而面不广”？

或许上述这种能够维系几个月的主题课程活动，更适宜于以小组(4 至 6 人)探究的项目活动课程模式。而关于主题课程实施时长问题的认识与处理，吴华莹认为除了坚持“因幼儿的兴趣而开始，因幼儿的专注而持续，因幼儿的收获而结束”[①]这一总原则，是否可以根据幼儿在某一主题课程实施过程中的具体表现，采用“小组分流式”的实施方式，即主题课程的实施告别“一起开始、一起结束”的活动习惯，而是走向“始于集体行动，终于小组甚至个别行动”。

《鸽子：幼儿科学知识的建构》一书所介绍的一个主题课程实施案例或许对大家会有所启迪。[②]“主题进行约三周，我们发现孩子们渐渐地出现了两极化的现象。有些孩子对鸽子的热度仍在持续中，但不少孩子对鸽子的热度已渐消退。为了了解各个孩子的想法，于是我请每一个孩子画下自己所知道的关于鸽子的事情。结果真的很准确地看出了孩子们对于鸽子的了解及期待的状态。于是成立了‘鸽子研究小组’(另一组则选择研究爱弥儿旅顺分校的‘慎斋

① 感谢泉州市鲤城区传春幼儿园吴华莹老师贡献了此观点。

② 林意红.鸽子：幼儿科学知识的建构[M].南京：南京师范大学出版社，2004：127.

堂’）。我们发现这群真正对‘鸽子’主题有兴趣的孩子就是不一样，他们很认真、很用心。”

具体某个主题课程实施的时长，原则上以幼儿的兴趣与关注所持续时间与强度为依据。建议幼儿园在主题课程实施时长管理上，规定属于小主题的课程时长宜在 2 至 3 周左右，大主题课程时长在 4 至 6 周左右。这样算来，一学期以 18 周核计，则可以开展 2 个左右的大主题课程活动，或 3 个左右小主题课程活动。主题课程活动数量充分了，幼儿透过主题课程活动而建构的经验，才有可能是丰富多元与生动的。

7. 主题课程实施的评价问题

主题课程实施的评价问题，涉及评价取向、评价主体、评价内容、评价方式等问题，这里仅从教师个体在所承担的主题课程实施的任务这一维度，介绍三种比较常用的评价方式。

（1）主题课程设计整体评估。

主题课程设计整体评估，是教师在课程实施中必做的一项评价工作，主要是教师对所设计的主题课程方案作一个预先的检核评估，检核主题课程设计方案的适宜性，并根据评估结果及时地加以修订，以提高主题课程的实施效果（见表 7－1），属于主题课程实施前的一种评价。

表 7－1　主题课程设计整体检核评估表①

班级		主题名称			调整建议
项目	内容		是	否	
主题	1. 是否符合幼儿的兴趣与需要				
	2. 是否包含多方面的教育价值，有助于达成多项教育目标				
	3. 是否涉及各个学习领域				
	4. 是否具有可行性				
目标	1. 单元目标是否符合幼儿教育目的和课程总目标				
	2. 目标是否符合幼儿的发展水平				
	3. 目标是否包含认知、情感态度、动作技能三大教育目标领域				
	4. 单元目标与具体活动的目标是否吻合				
	5. 本单元目标是否是上一单元目标的延续与发展				
内容	1. 内容与目标之间是否对应				
	2. 内容是否符合幼儿的发展程度（难易度）				
	3. 内容是否符合幼儿的兴趣与需求				
	4. 内容是否涉及主要课程领域				
	5. 内容是否动静态的活动均顾及				
	6. 内容是否注意到季节性				
	7. 内容是否突显地方性				
	8. 内容是否注意到文化的传承与介绍				

① 转引自冯晓霞.幼儿园课程[M].北京：北京师范大学出版社，2000：213.

续　表

班级	主题名称			调整建议
项目	内容	是	否	
活动准备	1. 知识经验的准备是否充分			
	2. 教具、学具或操作材料是否合适、充分			
	3. 活动空间或地点是否合理			
	4. 环境的创设是否丰富、与主题相符			
方法	1. 采用的教学方法是否能充分反映内容的特质			
	2. 教学方法是否符合幼儿的学习方式的特点			
	3. 活动流程的转换是否合宜			
	4. 教具或资源的使用是否合宜			
	5. 对活动过程中可能出现的问题是否有所准备			

(2) 具体教育活动效果评价。

这里的具体教育活动，指的是区域活动和领域集体教学活动，评价的方式可以采用表格式，也可以采用描述式(即撰写活动反思)。表格式活动效果评价的项目主要有：我采用的指导策略合适吗？我设计的活动形式有趣吗？我预估的活动目标达成了吗？采用等级评价法，即按"1、2、3、4"进行评价，无法涵盖在评价项目与评价等级范畴的，但认为是应该评价的内容，则以"存在问题与分析"的形式呈现(见表7-2)。

表7-2　具体教育活动效果评价表

评价项目	等级				存在问题与分析
	4	3	2	1	
我采用的指导策略合适吗					
我设计的活动形式有趣吗					
我预估的活动目标达成了吗					
备　注	"4"表示"好"，"3"表示"较好"，"2"表示"一般"，"1"表示"待加强"。				

(3) 主题课程效果评价。

在"主题课程活动实施记录"之后，往往还需要对主题课程实施情况进行小结。主题课程活动实施小结，一般是通过比较全面地回顾与评估该主题课程活动带给幼儿的实际经验，比对原拟订的主题课程目标，对主题课程目标的达成情况进行评量，为下次开展另一个主题课程活动作参考。关于主题课程实施效果的有效性评价，有学者建议可以从以下几个方面进行①：① 主题内容的兴趣性、适切性、教育性；② 主题活动过程幼儿的探究性、体验性、主动参与性；③ 主题展开是否能有效利用环境资源；④ 主题活动是否有明确的目标指向，幼儿相关的核心能力是否得到培养；⑤ 能否实现主题背景下各领域的有机渗透和自然整合；⑥ 是否有显性的主题化环境和儿童整体感知的学习历程，教学和游戏是否相辅相成。

① 庄春梅.漫谈主题活动课程[J].幼儿教育导读(幼教版)，2013(1).

当然，教师也可以不采用评估目标达成度这一导向，而是针对主题课程实施过程中教师的活动组织与指导策略的有效性方面，谈谈自己的感悟与收获，即所谓的“我们的感悟”。当然，也可以是两者皆有之，即评估主题课程活动目标的达成情况，也谈个人在整个主题课程活动实施中的教学反思与感悟。

【实践项目】

纸是人类最常用的物质之一，是我国四大发明之一，历史悠久。在科技发达的今天，纸的用途变得多种多样，而纸的原料、生产过程等都与环保相关，同时，纸对于幼儿而言又是好玩的素材。通过此活动，可以培养幼儿初步的环保意识。

请根据上述资料，围绕“纸”这一话题为大班幼儿设计主题课程活动。具体要求：① 编制出该主题课程网络图；② 编订出该主题课程目标；③ 编写其中一个子活动的具体活动方案，如果所编写的子活动方案是属于集体教学活动，请按“活动名称、活动目标、活动准备、活动过程（活动主要环节）”来编写；如果所编写的子活动方案属于区域活动，请按“区域活动名称、区域活动预设目标、区域材料提供与环境创设、区域观察与指导要点”来编写。

主题自测

一、选择题

1. 以下关于网络图的说法，不正确的是（　　）

A. 鱼骨状主题课程网络图，不太适合用来呈现所生成的子主题，或所生成的具体活动内容。

B. 采用饼状主题网络图，主题实施的各领域具体活动从网络图可以呈现出活动间应有的逻辑关系。

C. 采用径向结构状主题课程网络图，比较便捷，课程推进的顺序清晰，同时也便于将所生成的内容进行及时调整，能够比较完整地将整个主题课程实施情况加以表达。

D. 递进状主题课程网络图，通常适宜领域性主题课程活动，即围绕某一话题开展系列活动，主题推进的各具体活动间存在较明显的递进关系。

2. 某教师根据班上幼儿的兴趣，初步确定了“动物”主题，但是幼儿已经熟悉的动物有哪些，幼儿感兴趣的动物又是哪些，具体对什么感兴趣，等问题还需要在主题网设计前进一步了解，对此，教师适宜采用以下哪种方法进行了解（　　）

A. 问卷统计法。

B. 观察法。

C. 因素分析法。

D. 头脑风暴法。

3. 主题课程中所谓的“主题活动墙”是指(　　)

A. 平面粘贴于室内墙面或走廊的墙面。

B. 陈列于玩具柜等家具的台面、侧面、背面或室内窗台面。

C. 悬挂于天花板下可悬吊的立面空间。

D. 立放于地面的主题版面。

E. 以上都是。

二、简答题

1. 简述幼儿园主题课程环境创设的基本要求。

2. 简述幼儿园主题课程实施应注意的主要事项。

主题八　中外经典幼儿园课程方案

主题目标

1. 了解中外经典幼儿园课程方案的理论基础、构成要素。
2. 熟悉中外经典幼儿园课程方案的实施过程、主要特点。
3. 能够结合实际比较全面地评价中外经典幼儿园课程方案。

内容脉络

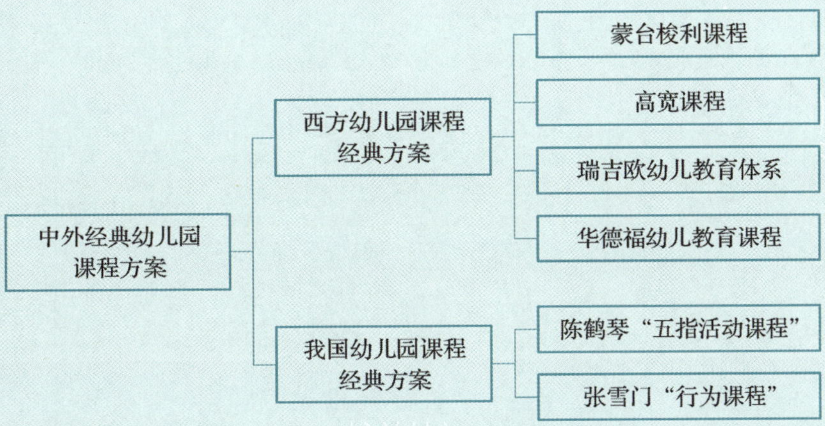

模块一　西方幼儿园课程经典方案

情境导入

家长们来到一家采用蒙台梭利课程的幼儿园参观。在一间教室里，家长发现，班里的孩子年龄不一，小朋友们可以随处走动，交谈，教师除了起初的示范操作玩教具，后面基本都是在一旁观察。孩子们也大都模仿教师的做法，规规矩矩，平静又认真(有人说是严肃)。于是引发了一些家长们的议论：有的家长很焦虑，认为孩子们会变得不会表达；有的家长质疑，如果孩子过早地被规矩束缚，或者习惯了权威，会不会缺少童真和挑战规则的勇气；也有的家长认为，这些玩教具自己也能买到，孩子只是模仿，教师却不教孩子们别的玩法，孩子来到这样的幼儿园能学到什么呢？

你认同上述说法吗？你有什么看法呢？本模块将与你一起学习西方几种经典幼儿园课程理论与方案。

知识演绎

一、蒙台梭利课程

蒙台梭利(M. Montessori)，意大利历史上第一位女医学博士，世界著名的幼儿教育家，1896年毕业于罗马大学医学系，后进入精神病院做临床助理医生，主要研究智障儿童的心理与教育问题，为他们设计出一套训练的方案并获得了巨大的成功。对智力缺陷儿童教育的成功给了她新的启示：既然智障儿童通过教育能够达到正常水平，那么正常儿童通过训练和教育，不是可以达到更高水平吗？同时，她认为人们的许多缺陷之所以成为永久性的问题，主要由于生命的初期，即3—6岁时期缺乏良好的教育，为此，她开始了正常儿童教育的研究工作，并于1907年在罗马贫民区创办了“儿童之家”，开始实验她的教育思想与教育改革方案。经过不断的探索与总结，形成了自己独特的幼儿教育理论与方法。

（一）蒙台梭利课程的理论基础

1. 敏感期

蒙台梭利在大量观察与研究的基础上，认为与生物界现象类似，儿童心理的发展也有各种“敏感期”。幼儿心理发展的“敏感期”是跟儿童身心成长发育密切关联的，并在不同的年龄阶段表现出不同的敏感性特征。根据这一认识，蒙台梭利认为智力的高低是由儿童在敏感期阶段所打下的基础决定的，儿童敏感期阶段使得儿童有特别强烈的愿望去接触外部世界，容易习得知识，使自己在生活和学习中充满活力。

在敏感期阶段，儿童对自己感兴趣的事物会给予更多的关注，对自己不感兴趣的事物则会选择置之不理。在敏感期持续期间，儿童会表现出对某些特殊事物和活动产生特别的兴趣和偏爱，对于喜欢的事物或是活动中的内容记忆很好，对于这些内容的学习效果也很理想，而且掌握得也十分迅速，这正是对于儿童教育的最佳时机，因此，从儿童的学习层面来认识这一问题，这些敏感阶段对儿童来说至关重要。儿童的成长必须紧紧围绕着敏感期展开，错过之后将是无法弥补的，可以说关注儿童成长的敏感期是蒙台梭利教育的核心理念所在。[①]

蒙台梭利进一步认为，每个儿童有不同的发展节律，即要实施个别化教学，让儿童根据自己的需要进行活动，因此，环境和教育就成为十分重要的事。教师的职责之一就是发现这个差异，并提供最佳的环境，促进其更好地发展。

2. 具有吸收性的心智

蒙台梭利在《吸收性心智》一书中写道：“儿童有一种天生的能量，促使他通过吸收性心智适应当下的时代与文化。这就是人类漫长童年存在的意义。”所谓的吸收性心智，指的是 0—6 岁的婴幼儿的心智，会像海绵一样，将周围环境中的一切无选择地全盘吸收。儿童生活的经历给他提供了丰富的印象，在未来的认知过程中儿童再将这些印象进行分类和重组。这些经历在儿童生理和心理之间持续地相互影响，成为儿童心智成长的基础。这种吸收性心智从出生到 3 岁时是无意识的，在 3—6 岁逐渐变成有意识地吸收。吸收性心智让儿童建立适应自己成长环境的个人属性和社会属性。儿童吸收风俗习惯、社交准则，建立自己对群体的归属感，这个归属感能给予其安全感和自信。

3. 有准备的环境

所谓有准备的环境，一方面是指充满爱与快乐的心理环境，另一方面也是指经过教师组织与安排的物质环境，主要指有充分的可供儿童操作使用的材料或教具，以及有关的设备。蒙台梭利认为，儿童在一种有准备的环境中能够达到最佳的学习状态。在这个环境里，自由是最主要的特征。在这个环境里，儿童可以根据自己的愿望自由选择学习材料，自由地活动，自由地

---

① 杨影.蒙台梭利课程本土化的个案研究[D].吉林：东北师范大学，2015：28－29.

表现。但是这种自由不是没有纪律的自由，否则儿童会变得无法控制，所以自由与纪律是并行存在的，蒙台梭利也认为儿童的自由是要有纪律作为规定的。①

4. 自由的教育

受卢梭(J. Rousseau)、福禄倍尔(F. Froebel)的自然教育思想的影响，蒙台梭利认为教育的首要任务是激发儿童的内在潜力，使之获得自由的展现和自然发展，其目的是培养具有"独立、自主"精神和善于工作的人。蒙台梭利指出，真正科学教育的基本原则是给儿童以自由，允许儿童按照其个性自由地表现。因此，在儿童教育中，应当允许儿童自由地选择教具和工作，以满足他们的内心需要。同时，儿童应有权利选择自己要做什么和决定自己工作要做到什么程度。教师对儿童要有足够的尊重，否则，自由的教育又怎么能够实现呢？

（二）蒙台梭利课程方案介绍

1. 蒙台梭利课程的目标

在课程目标定位上，蒙台梭利认为儿童具备自我成长并形成健全人格的生命力，所以蒙台梭利教育的主要目标是协助儿童开发自己内在的潜能，发展出身心均衡的人格，为进入成人世界做准备。② 蒙台梭利课程主要是通过工作的方式，让儿童把内在的生命力表现出来，在工作过程中培养儿童的注意力，在自由和主动的活动中让儿童自我纠正，使儿童在为其设置的环境中成为具有特质的人。

2. 蒙台梭利课程的内容与方法

在蒙台梭利课程中，教育内容由四个方面组成：日常生活练习，运动练习，感官训练，初步的知识学习。

日常生活练习旨在培养儿童的独立自主能力和精神，学习实际生活的技能，并促进儿童注意力、理解力、协调力、意志力的发展以及良好的生活习惯的养成。与儿童自身有关的日常生活练习主要是儿童的自我服务，包括穿脱衣服、刷牙、洗脸、洗手、梳头、洗手帕等；与环境有关的日常生活练习主要是做家务，包括扫地、拖地板、擦桌椅、摆餐桌、端盘子、开关门窗、整理房间等。

运动练习被看成是有助于儿童发育和健康，有助于儿童动作的灵活和协调，也有助于儿童意志锻炼和合作精神培养的活动。蒙台梭利设计了专门的器具，如攀登架、绳梯、跳板、摇椅等，用作对儿童进行肌肉训练。她还设计了有音乐伴奏的走步、跑步和跳跃练习以及徒手操，用以锻炼儿童的肌肉力量，发展儿童的节奏感。此外，蒙台梭利通过自由游戏，让儿童在玩球、铁环、棍棒、手推车等的过程中得到肌肉的锻炼。

感官训练是蒙台梭利课程的主要特点，旨在通过触、视、听、味、嗅等感官的训练，增进儿童的经验，让儿童在考察、辨别、比较和判断的过程中提高自己的能力。蒙台梭利设计了丰富的

---

① 杨影.蒙台梭利课程本土化的个案研究[D].吉林：东北师范大学，2015：29.

② 朱家雄.幼儿园课程[M].上海：华东师范大学出版社，2003：247.

教具，用于儿童的感官训练。在蒙台梭利的感官训练中，触觉训练最为主要，因为蒙台梭利相信幼儿常以触觉替代视觉或听觉。触觉训练有辨别物体光滑程度的训练、辨别物体冷热程度的训练、辨别物体轻重程度的训练，以及辨别物体大小、长短、厚薄和形体的训练等。触觉训练的教具有立体几何体、触觉板、温度筒、重量板、布盒等。视觉训练包括识别物体量度、形状和颜色的训练，视觉训练的教具有各种几何图形板、几何体、颜色板、圆柱体组、粉红塔、长棒等。听觉训练包括辨别音高、音响和音色的训练，听觉训练的教具有发音盒、音感铃等。味觉训练包括识别不同味道的训练，味觉训练的教具有味觉瓶。嗅觉训练包括提高嗅觉灵敏度的训练，嗅觉训练的教具有嗅觉筒。

初步的知识学习包括蒙台梭利认为的儿童可以学会的阅读、书写和算术。在算术教学方面，除了运用感觉教育的教具，蒙台梭利还设计了一套算术教学的教具，一起用于儿童的算术教学。例如，为了让儿童理解 0—10 的数字和数量，可运用的教具有数棒、砂数字板、纺锤棒和纺锤箱等；为了让儿童认识十进位的基本结构，可运用的教具有金色串珠、数字卡片等。在阅读和书写教学方面，书写的练习常常先于阅读的练习，通过触觉的训练，儿童可以自然地练习书写；蒙台梭利还设计了字母教具，让儿童通过练习，使视觉、听觉、触觉和发音结合起来，以学习辨别语音和拼音、阅读单词和理解短句。

3. 蒙台梭利课程的组织与实施

蒙台梭利课程以儿童的需要为出发点，以有准备的环境为基础，教学的组织方式是以混龄教育为主，即把不同年龄阶段的幼儿组织在一起，没有班别、性别限制，共同学习、游戏和工作。蒙台梭利认为把 3—6 岁的儿童安排在一起，有利于儿童之间的互相模仿、学习和交流，“理解大龄儿童所做的事情使小龄儿童充满了热情。大龄儿童很高兴能够传授他们所知道的事情。这样不仅不会产生自卑心理，而且每个人通过精神能力的相互交换都能获得健康的正常发展”①。蒙台梭利通过混龄教学组织方式，使儿童能够自由观察到其他所有儿童的行为，能够促进儿童多方面能力的培养。

蒙台梭利的教学方法从整体上来看可分为心理需要、自由活动和秩序引导三个环节，在具体的教学环节中可分为介绍教具、建立联系、亲手操作三个步骤。教学环节主要以自由活动为主，教师与儿童是相互独立的，儿童要以进行或完成能产生感官兴趣的教具工作或作业为主，教师要观察儿童的行为状态，以便在适当之时加以干预和引导。在具体的教学步骤中，蒙台梭利教学也以教育活动的认、知、玩为中心，形成其对事物的认知能力。②

（三）对蒙台梭利课程的评价

蒙台梭利的长处可以粗略地归纳为对儿童的爱、信任和尊重，细致而耐心地观察，机智又及时地指导。蒙台梭利课程迄今为止仍在世界范围内有相当的影响，说明该课程仍然有很强

---

① [意]蒙台梭利.蒙台梭利幼儿教育科学方法[M].任代文，主译校.北京：人民教育出版社，2001：92.

② 杨影.蒙台梭利课程本土化的个案研究[D].吉林：东北师范大学，2015：45.

的生命力，主要因为蒙台梭利课程强调了个别化的学习，特别是蒙台梭利设计的教具使个别化教学的实施成为行之有效的手段，以及蒙台梭利课程强调儿童主动学习和自我纠正，能使儿童身心的内在潜能得到充分的发展。但其总结的干预智力缺陷儿童的训练方案，在实际运用中也存在明显的局限。

一是蒙台梭利的教具缺乏变化，课程整体缺乏社会生活训练和社会关系锻炼。儿童的学习一般是独立进行的，每个儿童所关心的是他自己的活动，因而社会合作的机会比较少。

二是蒙台梭利非常强调感官训练，感官教育是蒙台梭利课程体系的核心部分。她精心为儿童设计了一套感官训练教具，并提出感官训练的方法和原则，具有重要的价值。但其感官训练并不完美，表现在① 孤立地感官训练——这对残疾的儿童可能适用。她设计的每一种教具都是专门针对某种特定的感官的。蒙台梭利的这种观点违背了儿童心理发展的一般规律，因为儿童在认识事物时，往往是把事物作为一个整体来感知的。② 感官训练的方法带有机械化和形式化的色彩。蒙台梭利对每一种教具的操作步骤和方法都做了详细的规定，儿童则按照固定的程序和方式反复练习，即便是穿衣服、擦桌子这样的日常生活练习也不例外。蒙台梭利一再强调自由的教育原则，却没有给儿童使用方法的自由，影响了他们自主建构、自主探究、自主发现的权利，不利于儿童主动性和创造性的发展。

三是过分强调读、写、算，偏重智力训练。虽然这在一定程度上有助于儿童理解力的发展，但与儿童的心理发展规律不符，尤其是语言的学习过于注重形式，忽视了语言作为交流工具的属性和对儿童的情感陶冶。

【观点讨论】

蒙台梭利课程的主要特色是什么？谈谈你对蒙台梭利课程教育内容的理解。

二、高宽课程

高宽课程是由美国著名的儿童心理学家戴维·韦卡特(D.P. Weikart)1962 年创立并逐渐发展起来的课程，它是一个以皮亚杰的认知发展理论为基础，吸取现代教育学和心理学的研究成果建立起来的一种颇具特色的幼儿认知发展课程方案。高宽课程也称高瞻课程、海恩/斯科普课程(High/Scope Curriculum)，是当今世界学前教育领域举足轻重的课程模式之一，也是全世界应用最为广泛的学前教育课程体系之一。

(一) 高宽课程的理论基础

高宽课程的主要理论基础是皮亚杰的认知发展理论。它起初大量吸取了皮亚杰及其同事开创的认知发展理论以及约翰·杜威的进步主义教育哲学的理论，后来根据不断出现的认知发展研究结果进行了更新，理论基础逐渐达到成熟。这个过程经历了以下三个阶段。

第一个阶段，高宽课程将关注点放在为儿童进小学做好准备的知识和技能方面。教师有明确的教学目标，这些目标都出自对课程内容相当传统的看法，最终实现提高儿童学业成绩的目的。课程编制者在前数学、前科学和前阅读等方面制订了有序的计划，鼓励儿童按程序进行学习。这一阶段以皮亚杰的认知发展理论为基础，注重如何发展儿童的认知和智力水平。

第二个阶段，高宽课程吸收了儿童处于不同发展阶段的观点，尝试把那些代表该发展阶段水平的技能教给儿童。即从原先强调对儿童前学业技能的训练，转变为强调根据每一个儿童的发展水平去促进其发展，并且第一次把主动学习和知识建构作为该课程的核心思想。① 但是在这一阶段，课程编制者运用的是皮亚杰式的任务的方法，通过提问那些已知答案的问题进行教学，儿童还没有获得真正意义上的主动。②

第三个阶段，皮亚杰的"儿童作为知识建构者"思想在课程中得到了体现。在这一阶段，高宽课程让儿童真正成为主动学习者，认为儿童能够自己计划，并在活动中获得较好的学习成效。儿童在与世界接触中主动建构知识，形成自己的思维。在成人看来，他们的思维不一定都是有意义的，但是却有自己的逻辑。

正是通过不断吸收新的理论知识，高宽课程不断获得新的发展，才让其成为世界范围内有影响力的课程模式。

（二）高宽课程方案介绍

1. 高宽课程的目标

高宽课程的目标主要是培养儿童广泛的技能，有效地促进儿童的智力和认知能力的发展，为今后的学习奠定基础。该课程通过为儿童提供学习材料、设备、时间进行他们所选择的活动，来激发儿童的创造力。同时，它也为教师提供用来指导儿童独立自主地开展活动的框架结构，帮助儿童实现一系列的学习目标。后期高宽课程的目标强调以主动学习为核心，促进儿童在认知、情感、社会性等方面的协调发展。

2. 高宽课程的主要内容

高宽课程的内容包括五个方面，即语言、读写和交流、社会性和情感发展、身体发展和身心健康、艺术与科学。其中艺术与科学又进一步分为数学、科学和技术、社会学习和艺术。总共有 58 条关键发展性指标③：

学习方法

（1）做出选择、计划和决定，并表达出来。

（2）解决游戏中遇到的问题。

① 王春燕.幼儿园课程概论(第 2 版)[M].北京：高等教育出版社，2014：230.

② 朱家雄.幼儿园课程的理论与实践[M].上海：华东师范大学出版社，2010：139.

③ [美]安・S.爱泼斯坦.学前教育中的主动学习精要：认识高宽课程模式[M].霍力岩，等译.北京：教育科学出版社，2012：16－17.

语言、读写和交流领域

(3) 向别人讲述对自己有意义的体验。

(4) 描述物体、事件和关系。

(5) 从语言的应用中获得乐趣：听故事和诗歌，编故事和儿歌。

(6) 用各种方式进行书写：画、涂、使用类似字母的符号、自创拼写以及正确拼写。

(7) 通过各种方式阅读：阅读故事书、标志和符号、自己的书写。

(8) 口述故事。

社会和情感发展

(9) 关照自身需求。

(10) 用语言表达情感。

(11) 与其他儿童和成人建立人际关系。

(12) 创造和参与合作游戏。

(13) 处理社会性冲突。

身体发展和身心健康领域

(14) 非移动性运动(原地运动：躯体、转体、扭转、晃胳膊)。

(15) 移动性运动(非原地性运动：跑、跳、踏步、爬)。

(16) 携物运动。

(17) 在运动中表现创造力。

(18) 用语言描述运动状态。

(19) 按指令运动。

(20) 感受和表达稳定的节拍。

(21) 按统一的节拍连续运动。

艺术和科学领域

数学

序列

(22) 对物体的各种属性(大/小、长/短等)进行比较。

(23) 将多个物体按序列或型式一个个地进行排列，并描述它们之间的关系(大/更大/最大、红/蓝/红/蓝)。

(24) 通过试误法将一组按序排列的物体与另一组按序排列的物体进行匹配(小杯子/小碟子、中杯子/中碟子、大杯子/大碟子)。

数字

(25) 比较两组物品的数量，判断谁多谁少或是不是一样多。

(26) 将两组物体一一对应。

(27) 计算物体的数量。

空间

(28) 填满和倒空。

(29) 拆装物体。

(30) 改变物品的形状和排列(包裹、弯曲、拉长、垒高和围绕)。

(31) 从不同的空间视角观察人、场地和物体。

(32) 在游戏场、楼房和社区中体验并描述物体的空间位置、方向和距离。

(33) 解释绘画、图片和照片中的空间关系。

科学和技术

分类

(34) 通过视觉、听觉、触觉、味觉和嗅觉来认识物体。

(35) 探索和描述事物的相同点、不同点及其属性。

(36) 辨认并描述形状。

(37) 分类和一一对应。

(38) 用多种方式使用和描述物体。

(39) 同时注意事物的多种属性。

(40) 区分“一些”和“全部”。

(41) 描述事物所不具备的特征或者它不属于的类别。

时间

(42) 按信号开始或停止动作。

(43) 体验和描述不同的运动速度。

(44) 体验并比较时间间隔的长短。

(45) 预测、记忆并描述事件的顺序。

社会学习

(46) 参与集体常规活动。

(47) 对他人的感受、兴趣和需要敏感。

艺术

视觉艺术

(48) 将模型、图片和照片与真实场景和事物联系起来。

(49) 用黏土、积木和其他材料造型。

(50) 绘画和涂鸦。

戏剧艺术

(51) 模仿各种动作和声音。

(52) 玩假装游戏和角色扮演游戏。

音乐

(53) 随着音乐活动。

（54）探索和辨认声音。

（55）探索歌声。

（56）自创旋律。

（57）唱歌。

（58）演奏简单的乐器。

3. 高宽课程的组织与实施

高宽课程的组织与实施由“计划—工作—回顾”三个环节以及其他一些活动组成。“计划—工作—回顾”这三个环节是课程实施最重要，也是最有特色的部分，通过这些环节，儿童有机会充分表达自己所参与活动的计划，也能使教师密切地参与整个活动过程。

在“计划时间”，儿童自己决定在工作时间干什么。他们把自己的计划告诉教师，教师则帮助他们思考和充实他们的计划，记录和帮助他们执行计划。“计划时间”一般为 10—15 分钟。

“工作时间”占日常活动的时间最多，在这段时间中，儿童进行他们计划的项目和活动，对材料进行探究，学习新的技能，尝试自己的想法，教师则是鼓励、指导和支持儿童的活动，设置问题情景，并参与儿童的讨论。那些完成了第一个计划的儿童可以重新开始另一个计划。“工作时间”一般持续 45—60 分钟。

“回顾时间”是最后一个环节，儿童把他们未完成的作品收起来，并把他们在工作时间用过的材料分类、整理和放回原处。整理收拾完毕后，儿童和教师在一起，回忆和讲述活动过程，重温工作中所遇到的问题。“回顾时间”一般为 10—15 分钟。

除了“计划—工作—回顾”三个环节的活动，高宽课程中还有一些其他的活动，包括小组活动、户外活动、团体活动及过渡环节。

小组活动由教师引发，教师根据儿童的兴趣或儿童的主要发展指标、未开发的材料、当地传统等设计活动。一般一位教师和 6—10 个儿童一组。儿童使用教师提供的材料来进行活动，在这些活动中，教师可根据特定的关键经验来观察和评价儿童。如一个小组活动可能给每个儿童一团泥，让他们一边操作一边观察所产生的变化；或给每个儿童一些盒子和积木，让他们探索物体的不同排列方式。小组活动是建立良好师幼关系的好机会，一般为 15—20 分钟。

户外活动是儿童和教师参加富有生气的体育活动，如跑步、投掷、荡秋千、攀爬、滚及喧嚣的活动，通常在操场的游戏区域进行。如果幼儿园没有自己的操场，也可以利用附近公园。户外活动时间一般为 30—40 分钟。

团体活动是全体儿童和教师聚集在一起，共同参加一个活动的时间，如唱歌、自编动作表演歌曲、演奏乐器、做律动、玩游戏，有时还讨论即将到来的一个特殊事件。团体活动中儿童可以分享各自的想法，相互学习。团体活动时间一般为 15—20 分钟。一天当中有几次这样的团体活动时间，具体开展取决于当天的计划。

过渡环节是发生在两个活动之间，包括到达和离开，以及一日常规活动各环节之间的空隙。除了涉及活动的变化，还包括未知的转移、材料的变化、穿着的变化、照顾者的变化或者玩伴的变化。有些儿童可以轻松地对待过渡环节，有的则会感到压力，如刚入园的儿童。但一旦体验到了一日活动带来的舒适感并适应内部控制时，儿童就不会再有压力。过渡环节没有具体的时间限制。

一般情况下，儿童一日安排作息表都贴在活动室一进门比较醒目的地方。表格的大小代表活动时间的长短，能帮助儿童清楚地了解环节之间的顺序和每个环节时间的长短，一般用文字和图画表示。通常可由教师根据自己的时间和程序表的情况来把这些环节安排成一日生活时间表。只要这几个环节都包含在内，具体如何安排并不重要，但计划时间、工作时间、打扫整理和回顾先后顺序不能变，而且工作时间应该是时间最长的一个环节。

延伸阅读

高宽课程方案中幼儿园一日生活常规安排

半日制幼儿园一日生活时间：

8:30—8:50 计划时间

8:50—9:45 操作活动时间

9:45—10:00 整理和打扫时间

10:00—10:30 回顾、点心和小组活动时间

10:30—10:50 户外活动时间

10:50—11:10 团体活动时间

11:10—11:20 离园

全日制幼儿园一日生活时间：

上午 7:30—8:30 当儿童进入教室后，教师和他们制订计划，帮助他们从事一个短时间的操作活动

8:30—9:00 早餐和刷牙

9:00—9:20 计划时间

9:20—10:30 操作活动时间和整理打扫

10:30—10:50 回忆时间

10:50—11:20 户外活动时间

11:20—11:45 团体活动时间和午饭准备

11:45—12:30 午餐

下午 12:30—1:30 午睡(儿童午睡或躺下来安静地看书)

1:30—2:15 小组活动和点心时间

2:15—4:00 有的儿童离园，教师和留下的儿童制订计划，这些儿童在活动区活动一直到离园

4. 高宽课程中教师的作用

高宽课程非常重视教师的作用，教师最突出的作用是鼓励儿童积极解决问题。具体体现如下。

（1）提供丰富的材料和活动，使儿童能对材料或活动进行选择。同时，高宽课程认为，儿童的主动学习不会自然发生，要促进儿童主动学习的发生，必须向儿童提供主动学习的环境。这个环境包括丰富的、能适应儿童不同发展需要的材料。

（2）明确要求儿童运用某种方式编定计划和制订目标，并在完成目标的过程中找到和评判解决问题的不同方法。

（3）提问和建议，为儿童的思维过程、语言发展和社会性发展有关的关键经验创造适宜的情景。

（4）对儿童的评价。高宽课程中对儿童发展的评估不是一次完成的，它包括一系列的工作：成人对幼儿的观察，对幼儿的活动做记录，与幼儿交谈。教师在每天的工作会上讨论他们观察的结果，分析记录所蕴含的信息，并运用评估工具——儿童观察记录表（COR，Child Observations Record）。COR 是一个全面的评估工具，包括主动性、社会交往、创造性表征、运动和音乐、语言和阅读、数学和科学六个方面内容的评估。教师通过这种全面的情境性评估，了解、分析儿童当前的发展水平，并以此为依据指导下一步的教育工作。

（三）对高宽课程的评价

高宽课程秉持促进儿童主动学习的理念，通过促进儿童自我意识、社会责任感、独立意识的发展和有目的的设计活动，让儿童自主、有目的地追随他们的兴趣，在帮助儿童发展其全部潜能方面取得了显著的成绩，在世界上引起了广泛的重视。在这个过程中，儿童发展了好奇、探索、机智、独立、合作、负责任等品行，这些品行作为一种心灵的习惯将伴随儿童的一生。

与其他一些课程模式不同的是，高宽课程不要求购置和使用特殊的材料。作为典型的教育方案，它的唯一花费在于为儿童设置学习环境。在发展水平较低、缺少资源的国家，材料可以来源于自然、家庭废弃物及其他一些“开发性”材料。对教师来说，虽然课程实施最初很难，但一经掌握，则会很轻松自如。研究人员长期追踪研究的结果表明，使用高宽课程的儿童，在成年后的综合评估中，其学前教育的长期效应较为显著。高宽课程是一种一直能高质量地服务于儿童的有系统、有组织的教育方案，也被认为是“适宜儿童发展的教育实践”的一个例证，可以为我国学前教育体系的完善和发展提供有益的借鉴和参考。

【观点讨论】

高宽课程的主要特色是什么？当前我们的幼儿园课程可以从中借鉴什么？

三、瑞吉欧幼儿教育体系

瑞吉欧·艾米利亚(Reggio Eminlia)是意大利北部的一个小镇,以洛利兹·马拉古兹(L. Malaguzzi)创建的瑞吉欧教育体系闻名于世。该体系拥有一些核心的观点和实践方法,适用于3个月到6岁的儿童。瑞吉欧教育体系成为继蒙台梭利后在意大利兴起的一种颇具世界影响力的幼儿教育实践方式。

(一)瑞吉欧幼儿教育体系的理论基础

瑞吉欧幼儿教育体系的形成,除了受意大利自身幼儿教育的传统影响,也与当地拥有的独特文化背景有关。该地区是艺术和建筑闻名的地方,环境优美,地方政府诚信有效。二战后,当地政府号召大家共同承担责任来关注儿童,这种观念是孕育瑞吉欧课程模式的土壤。该课程模式在教育实践中也深受欧美主流进步主义教育思想及皮亚杰、维果茨基(L. Vygotsky)等建构主义心理学的影响,此外,布鲁纳的教学思想、布朗芬布伦纳(U. Bronfenbrenner)的教育生态学观点、加德纳的多元智能理论等,也都是瑞吉欧教育的"营养源"。可以说,瑞吉欧幼儿教育体系是广纳多种理论营养后的一种生动实践。

1. 进步主义理论

19世纪末20世纪初,美国进步主义思想代表人物杜威的生活教育理论主张儿童"做中学"和尊重儿童,让儿童在生活中发现问题和解决问题,以及在课程设计和教材选择中应以儿童的兴趣和自由为导向,为瑞吉欧课程体系的建立提供了理论基础。同时瑞吉欧课程体系还受美国进步主义教育家克伯屈的"设计教学法"(project approach)(又称"单元教学法")的影响,主张发展以某个主题为核心的方案探索活动。

2. 建构主义理论

瑞吉欧幼儿教育体系除了受进步主义的影响外,还受皮亚杰的建构主义理论和维果茨基的社会建构主义理论的影响。皮亚杰主张学习是一个主动建构的过程,知识是由外部刺激与主体认知结构相互作用的结果,主张教育要关注儿童的需要和原有的知识水平。马拉古兹指出,维果茨基的思维与语言在形成想法,计划行动,然后去执行、控制、描述以及对行动进行讨论这些过程中共同起作用的观点很有价值。受社会建构主义影响,瑞吉欧教育体系进一步提出了关于个体和集体学习的关系问题。瑞吉欧幼儿教育体系吸收了维果茨基的集体学习观点内容,认为集体学习为个体创造了全新的机会,儿童在集体学习中不仅学会适应社会,而且通过这个社会化的过程,学会怎样成为不同的自我。

瑞吉欧教育体系也特别注重家庭、学校关系的建立和社区的参与。每个班级的家长、教师和社区其他人员会就他们认为对班级、小组特别的事件,举行单独的会议或者全班级的集体会议;很多家长经常在晚上或是周末一起为学校添置设备,或是做一些别的贡献。整个学校范围内的会议常集中讨论教育学的问题，以及与儿童发展有关的话题，或是与学校资金有关的问题，等等。

（二）瑞吉欧幼儿教育体系的介绍

1. 瑞吉欧幼儿教育体系的课程目标

瑞吉欧幼儿教育体系并没有确切的课程目标，但其并非没有目标，而是在过程中不断实现其课程目标和价值追求。“我们的目标，也是我们一直追求的，是创造一个和谐的环境，在此环境中的每一位幼儿、家庭及教师们都感到自在。”①“我们的目标是建立一所和谐的学校，幼儿们、教师和家长在那里感觉就像在家里一样。”②“教育的目标是要为幼儿带来更多的可能性去创新和发现，语言文字不应作为知识的捷径。”③

瑞吉欧幼儿教育体系中的课程目标是让儿童“更健康、更聪明、更具潜力、更愿学习、更好奇、更敏感、更具随机应变的适应能力、对象征语言更感兴趣、更能反省自己、更渴望友谊”④。由此可见，瑞吉欧教育体系是为了促进儿童健康成长和提高适应社会生活的能力，并强调对儿童进行主动性与创造性等品质的培养。

2. 瑞吉欧幼儿教育体系的课程内容

瑞吉欧没有明确规定好的课程内容，更没有预先设计好的教育活动方案。马拉古兹曾直言不讳地说：“我们是真的没有计划或课程，但是若说我们只依赖那种令人羡慕的技巧，像临时起意的课程，那也不正确，我们并不依赖机会，因为我们深信我们也可以期待某些我们尚未了解的事物。我们知道的是，与幼儿一起共事，是三分之一的确定，以及三分之二的不确定与新事物。三分之一的确定让我们了解而且也帮助我们去了解，我们想探讨学习本身是否有其变迁、时间与场合；如何组织及鼓励学习；如何准备良好的学习情境；值得支持幼儿何种的技巧与认知基模；如何让文字、图像、逻辑思考、身体语言、象征语言、幻想、描述及论证更上一层楼；如何游戏；如何扮演；友谊如何形成与消失；个人与团体的意识如何发展；差异性与相似性如何出现……我们可以确定的是，幼儿随时准备好要帮助我们，他们可以提供我们想法、建议、问题、线索以及遵循的途径……所有的付出，加上我们所给的情境，形成一个完美的资源。”⑤因此，瑞吉欧幼儿教育体系中的课程内容来自儿童生活中感兴趣的事物、现象与问题，来自他们的经验及所进行的活动。

3. 瑞吉欧幼儿教育体系的课程实施

项目活动是瑞吉欧教育体系的灵魂和核心，是对瑞吉欧学校课程和教学最全面、准确的概

① ［美］爱德华兹，等.儿童的一百种语言［M］.罗雅芬，等，译.台北：心理出版社，1998：69.

② ［美］爱德华兹，等.儿童的一百种语言［M］.罗雅芬，等，译.台北：心理出版社，1998：71－72.

③ ［美］爱德华兹，等.儿童的一百种语言［M］.罗雅芬，等，译.台北：心理出版社，1998：91.

④ ［意］马拉古兹.孩子的一百种语言——意大利瑞吉欧方案教学报告书［M］.张军红，等，译.台北：光佑文化事业股份有限公司，1998：24.

⑤ ［美］爱德华兹，等.儿童的一百种语言［M］.罗雅芬，等，译.台北：心理出版社，1998：99.

括。[①] 所谓项目活动是指一群儿童以小组形式，运用多种接近客观事物与主观经验的方式方法，对真实的生活事件和日常情景中的现象进行的长期而深入的探索活动。从课程的发生来看，一个项目，或视之为一次冒险的钻研活动，可来源于成人的一个建议、儿童的一个观点、一次突发的事件，如下雪或是一个客人的来访等。但每个项目探讨什么，怎么探讨，何时结束，都无法事先规定，它完全依赖于儿童与教师双方的互动、沟通与交流。当然，项目活动并不排斥成人依据教育目标所做的有意识的计划，但是每个项目都是基于成人对儿童言行举止的密切关注，成人要保证儿童有充分的思考和行动的时间。[②]

项目活动一般始于教师对幼儿的观察或者教师就某一主题对幼儿的询问，其起点是幼儿的自发性、兴趣和教师敏锐的判断，其过程充满了大量不期而至的偶然性，使幼儿能发现学习、自由的表达和创造性的问题解决。教师们常常同某一个小组的幼儿一起开展一个项目，此时其他幼儿可以从事一些常见的自选活动。瑞吉欧没有固定的课程计划，项目活动强调深入而富有实效的学习，绝不匆匆忙忙"走过场"，整个教育过程显得自然而流畅。[③]

延伸阅读

瑞吉欧教育体系中的项目活动"人群"[④]

学期快结束时，教师与一群四五岁的孩子讨论如何将他们在假期拥有的记忆与时间保存下来，最后每个孩子赞成在假期旅游时随身带一个空盒子，收集一次次的发现与充满情感经验的记忆。到了秋季孩子回来上学时，教师准备以提问题的方式帮助孩子回顾他们所带来的记忆：你们的眼睛看见了什么东西呢？你们的耳朵听到了什么声音呢？

教师期待听到孩子述说在海边看到的浪花、帆船或在山林里踏青的日子，结果这个班的孩子带来了非常特别的记忆。一个小男孩与大家分享了他的经验：有时候我们去码头，我们走过一条很长、很窄的街道，叫作羊肠街。那里的商店一家接一家，到了晚上，到处都是人挤来挤去的，你不能看见任何东西，只看到一大堆人的腿、手和头挤在一起。这时教师立刻抓住"人群"这个词，并询问其他孩子对这个词的理解，就这样，一段有关此话题的学习探索开始了。对孩子们而言，"人群"这个词语变成了一个丰富而奇妙，几乎具有爆炸性效果的意思。孩子们七嘴八舌地表达他所理解的"人群"：

"一个装满人而且全部都挤在一起的袋子。"

"一大堆人都粘在一起，而且每个人都靠得很近。"

"有人跳到你身上，也有人推你。"

"假日的时候，一个全都塞在一起的地方。"

---

① 朱细文，王海珊.瑞吉欧的项目活动(上)——项目活动的课程与教学特色[J].学前教育，2000(3)：24.

② 朱细文.最先进的幼儿学校：意大利瑞吉欧课程模式简述[J].教育导刊(幼儿教育)，1999(3)：44.

③ 朱细文.意大利瑞吉欧幼儿教育体系简介[J].学前教育，2000(2)：11.

④ [美]爱德华兹，等.儿童的一百种语文[M].罗雅芬，等，译.台北：心理出版社，1998：137－138.

"一大堆挤来挤去的人,就好像赶着要缴税。"

团体讨论后,教师请孩子们把他们对人群的想法都画出来。看了孩子们的作品后,教师发现孩子所画的与他们的语言文字表述有差异,于是过了两天又把前天孩子们说话的录音放给他们听,使他们对自己第一次的画作些反思。结果孩子第二次绘画呈现的内容变得更精细与详尽了。在活动的展开过程中,教师发现孩子有一个共同的愿望,就是希望学习如何画出人的背影和侧面。于是教师请一位小女生站在教室中间,其他小朋友围绕在她身旁,从不同位置观察她,由前、后、左、右四种角度画出她,这时孩子学到了不同观点的复杂概念。后来教师又带孩子们到市中心的广场,让他们观察并拍下来来往往的人流,再加入人群。回到教室后,孩子们高兴地看着自己所拍的人群录像,并画出了更多的画。这时使他们自豪的是自己能画出多种角度的人群。后来孩子们用剪下来的人像玩人偶游戏、戏剧游戏以及皮影游戏等。他们也用纸黏土做人像雕塑。最后孩子们对这次的探索做了总结,把所有的作品集合起来,放在一个盒子里,创造出了"人群"。

"人群"这个活动非常生动地体现了瑞吉欧幼儿教育体系中课程方面的特色。

项目活动的开展一般有以下两种方式。

(1) 弹性计划。

"弹性计划"应该说是瑞吉欧幼儿教育体系中课程方面的显著特色,"弹性计划"即所谓的生成课程。"弹性计划"在课程设计类型上属于过程模式,瑞吉欧强调的是过程中的设计:教师要教什么,怎样组织幼儿的学习活动,往往是在活动过程中被幼儿的表现和活动本身激发出来的(瑞吉欧教师的活动前的准备不是对活动具体目标、内容的规划,而是集中于对幼儿的了解,对教育目标的宏观把握,对活动可能出现的多种发展方向以及对教育情境的把握等)。在"人群"这一活动中,教师可能事先设想的是与孩子们一起讨论有关船只、海浪、日落的情况,然而由于孩子独到的眼光,也由于教师从幼儿的反应中及时捕捉到蕴含在其中的巨大的学习价值,"人群"这一主题就不期而至了。

(2) 集体学习与合作教学。

在教学方面,瑞吉欧幼儿教育体系中突出的特点在于强调师生集体对某一问题进行研究。瑞吉欧幼儿教育体系中的"集体"不仅仅是幼儿,还包括成人,如家长、教师、社区成员。在集体中,双方合作进行,离开任何一方,这个过程就无法继续下去。虽然合作双方的经验水平不对等,但瑞吉欧的教师从不因此而试图去控制、限制幼儿的行为,代替幼儿的研究探索,相反,他们非常强调幼儿自己主动的研究、探索和表达。因而,瑞吉欧的教师们更多的是通过一些试探性的提问或商谈式的建议,来引发幼儿自己的探索和表达。另外,在这种合作的过程中,作为对活动的结果有所期待、有更多自觉性的教师,其重要任务之一是将幼儿的兴趣和努力积聚在一个主题之上，使幼儿愿意继续下去。[①]

（三）对瑞吉欧幼儿教育体系的评价

当代教育心理学家布鲁纳在参观了瑞吉欧之后说："最打动我的地方是他们如何培养孩子的想象力……我参观时的第一个感受，那就是对人的尊重，无论是孩子、教师、家长还是学校的全体员工，都认真地看待每个人在世界中试图创造自身的价值所代表的意义。"[②]这份想象力和尊重"使瑞吉欧·埃米利亚的教师和教育工作者的工作与众不同……人人都致力于探索充满可能性的世界，都在建构充满可能性的世界，都在建构新的经验……我认为瑞吉欧·埃米利亚现在有责任向全世界更广泛地推广过去和现在的经验，必须开拓一种世界性的合作方案，支持这种对儿童、对童年和对教育的反传统思想"[③]。可以说，瑞吉欧对儿童以各种语言，尤其是艺术的语言，来创造性地表达自己的思维、情感、态度的鼓励和支持是其赢得如此声誉的主要原因。

"语言"是指儿童学习和表现的工具，是一种基本的认识、交流和表现手法。它不仅指文字语言，还包括许多非文字语言，如动作、绘画、建构、雕塑、光影游戏、拼贴画、戏剧表演、音乐等方式，而视觉艺术的语言作为教师"倾听"儿童的一种极佳方式，因其能够最大可能地把儿童的学习"可视化"并促进儿童经验的交流而备受推崇。一百种语言意味着儿童用多种不同的方式或多种不同的符号系统，在不断探索、不断形成假设并不断验证的过程中，记录、理解并表现自己在活动过程中经历的记忆、想法、预测、假设、观察和情感以及最终的问题的解决。[④]

案例研讨

来自瑞吉欧的案例——"鸟的乐园"

"鸟的乐园"(The Amusement Park for Birds)是瑞吉欧·艾米利亚市小木屋(La Villetta)市立幼儿园在1992年上半年开展的一个项目。该幼儿园一直与幼儿家庭及周边社区保持密切的合作。在开展这个项目之前，幼儿家长曾在幼儿园的花园里建了一个小池塘，还和孩子们一起为鸟儿们搭建了鸟窝。一段时间后，池塘和鸟窝都有些破旧了，他们便打算做些修缮。考虑到孩子们非常喜欢鸟儿们，而且对水的流动现象很感兴趣，很可能愿意和大人们一起参与修缮工作，马拉古兹等教育专家和小木屋幼儿园的教师们便打算把握这一教育契机。

教师先和对这项工作感兴趣的十几个孩子一起回顾了过去一年里他们一起为鸟儿们做过的事，包括为它们搭建屋子、浴盆以及给它们提供食物。然后，孩子们便自然而然地讨论到怎

---

① 朱细文，王海珊.瑞吉欧的项目活动(上)——项目活动的课程与教学特色[J].学前教育，2000(3)：24－25.

② [意]马拉古兹，孩子的一百种语言：意大利瑞吉欧方案教学报告书[M].张军红，等，译.台北：光佑文化事业股份有限公司，1998：16.

③ [意]马拉古兹，孩子的一百种语言：意大利瑞吉欧方案教学报告书[M].张军红，等，译.台北：光佑文化事业股份有限公司，1998：108－109.

④ 王春华.瑞吉欧幼教模式述评[J].比较教育研究，2001(10)：56.

样改造花园的环境才能令鸟儿们更加喜欢。

有个孩子提出为鸟儿们建造一座乐园的想法，这个想法得到了孩子们的一致认可。就这样，修缮池塘和鸟窝的项目便自然地延伸到了“建造鸟的乐园”主题上。孩子们开始讨论乐园的蓝图，他们提到要修缮池塘的管道以保证水质，要在草坪上建一座喷泉和一架水车供鸟儿们饮水和玩耍，要为鸟儿们建新的家、新的梯子，等等。

接着，孩子们来到幼儿园的艺术工作室，用绘画的形式表征他们所设想的鸟儿乐园所需要的各种设施。他们画了鸟窝，画了喷泉和水车，画了为年老的鸟儿设计的连接地面和鸟窝的电梯等，还画了在那里生活的鸟儿和其他小动物。

教育专家和教师一起分析和讨论了孩子们在活动中产生的各种兴趣和想法后，决定重点关注他们对喷泉的探究，一方面是因为孩子们在活动过程中表现出对喷泉的构造及水的流动和循环非常感兴趣，另一方面是因为瑞吉欧的城市中很多地方都有喷泉。所以，开展关于喷泉的探究活动或许是一个能将儿童与这座城市很好地联结在一起的机会。于是，教师决定带孩子们前往城市公园，实地考察那里的喷泉。教师并没有预设考察活动的流程，而仅仅是带着孩子们逛公园，但记录下了孩子们的观察、感受和想法，以便追随他们的问题和兴趣开展后续的活动。

在考察过程中，孩子们自发地对喷泉的形状和结构、水的流向、公园里的人和动物与喷泉的互动等进行了观察，并有了许多发现。他们看似走马观花，但始终在发现问题和解决问题，在观察的基础上反思自己已有的认识，以进一步完善自己的理论。乔治·福尔曼(G. Forman)教授认为，“学校应该是鼓励孩子从经验中反思的地方，而不是让孩了简单地拥有一些经验的地方；不仅是激发孩子观察的地方，也是激发孩子从观察经验中反思的地方”。这一点在“鸟的乐园”项目中得到了很好的体现。

在考察中，孩子们用相机拍下了喷泉，画了喷泉，聆听喷泉水流的声音，新的问题随之产生：喷泉里的水从何而来又流向何方？为此，他们又来到艺术工作室，用绘画的形式表达了自己的看法。他们还利用纸、黏土等多种材料来表现他们感知到的喷泉和水车，并与教师、同伴交流。为了支持孩子们进一步探究水的流动规律，教师在艺术工作室里提供了水池让他们探索，孩子们利用砖块、水管、水车、水壶等材料尝试建造喷泉。天气渐暖后，他们又把在艺术工作室中的尝试拓展到了花园里。

在这一过程中，不断有市民作为志愿者与孩子们一起参与到鸟的乐园的建设中。比如，城市公园里负责维修水管的工人非常乐意回答他们提出的各种问题，还主动向孩子们介绍如何使用各种工具。有个城市水利系统的工人来到幼儿园帮助孩子们安装了一根单独的主水管，用于给喷泉装置供水。这根水管从屋子里引出来，经过院子，一直连接到位于花园小坡上的喷泉装置底部。工人没有将水管埋在地下，而是特意让它露在外面，以便孩子们看到水是如何供给喷泉装置的。显然，教师和孩子将“鸟的乐园”项目视为一个对所有市民开放、由所有市民共建的项目。

最终，在教师、家长及一些社区志愿者的协助下，孩子们在花园里建造了许多精妙的设施，真正将花园打造成了“鸟的乐园”。比如，孩子们建造的喷泉和水车由木条、水管、自行车轮、风车、雨伞、玻璃、彩旗、塑料球等各种材料构成，设计精美，结构复杂，不仅体现了孩子们对水流动的规律及喷泉和水车结构的掌握，对美的感知和理解，也体现了孩子们对城市、对生活的热爱。其实，儿童与城市是互利共赢的关系。儿童并不是只能一味索取和使用城市的资源，他们还会把自己在学习中获得的经验回馈给城市。儿童和城市在这一项目中持续互动且各有收获。

分析：为鸟建造一座乐园的主题来源于儿童的兴趣和意愿，而不是由教师设定的，教师只是抛出话题，并给予儿童充分表达想法的机会，倾听和记录儿童的思考和发现，从中捕捉教育机会。儿童从项目伊始就在思考自己能够为生活在城市里的动物朋友做些什么，以关怀城市、建设城市为项目的出发点。“鸟的乐园”项目一直在真实的城市场所中开展，教师和儿童从未将幼儿园与城市割裂来看待，而是将它们视作互通的空间。教师根据项目进展灵活地选择儿童与城市联结的方式，既可以发挥幼儿园作为公共空间的功能，邀请市民来园参与项目，也可以带儿童前往城市开展探索活动。两种方式的活动可能以不同的顺序和频次出现在项目开展过程中，但儿童始终与城市保持密切的联系。通过这种与城市、与市民的不断互动，儿童尝试理解自我与世界的关系，认同自己的公民身份，并学习发挥公民的作用。如此，公民意识的种子便在儿童的心中萌芽。

（资料来源：李叶青、张桢、任丽欣.《幼儿教育·教育教学》2022年第4期，选用时有修改。作者单位：华东师范大学教育学部学前教育学系）

【观点讨论】

如何理解瑞吉欧幼儿教育体系没有规定的课程内容？

四、华德福幼儿教育课程

华德福教育又称斯坦纳教育，是由鲁道夫·斯坦纳（R. Steiner）创立的一种教育模式。华德福教育旨在认识人的本质、认识人与世界的关系、顺应人的发展规律，并通过教育培养身体、心灵、精神协调发展的人。华德福幼儿教育课程是华德福教育的重要组成部分。2004年中国成都创立了第一所华德福幼儿园，十几年来，华德福幼儿园在中国不断发展壮大，受到广泛关注，华德福幼儿教育作为一种新的理念与实践也在影响着当代的中国学前教育。

（一）华德福幼儿教育课程的理论基础

1. 哲学基础——人智学

20世纪初，工业革命迅速发展，欧洲大地上发生的战争撕裂了整个社会，人们对中世纪的基督教教会感到无比的失望，精神上感到空虚，人类面临困境。斯坦纳认为，解决人类困境的关键在教育。必须有一种能照顾儿童身体、心灵、精神整体发展的教育，来唤醒每个人的内在潜能，拓展个体的生命视野，为一个更美好的人类未来奠基。斯坦纳广泛吸收当时的各个学科的知识内容，以及当时社会和教育变革思潮，创立了华德福教育的理论基础——人智学(Anthroposophy)。

斯坦纳认为，人智学(anthroposophy)这个词来源于希腊语：anthro表示“人”，sophia是“智慧”的意思，人智学指导人们重新认识人体和精神世界。它探究人类智慧、人类以及宇宙万物关系之奥秘，其任务在于引导人以正确、客观的观察方法走进灵性世界，启发人对自然界、宇宙间的一切产生感恩与敬虔之心，从而帮助人更清楚地认识自己和人类精神的存在，认识物质世界和宇宙现象，建立人与宇宙的正确关系。人智学打通了哲学、艺术和神学的藩篱，以深刻的洞察力和原初的灵性帮助现代人通过觉知，发现了一条回到过去又通向未来的道路。①

斯坦纳认为，人的发展是一个整体过程，由身体、心灵、精神三部分组成，并通过这三个部分与世界联系。人通过身体与周围的环境接触，通过心灵把对世界的印象保存在心里，通过精神认识到事物的本质。

2. 心理学基础——七年发展周期

在人智学的观点中，儿童的身体、心灵和精神的发展是以七年为周期渐次成熟的。在出生前，物质身体包裹在母体中。出生后(0—7岁)这一阶段物质身体得以解放，这个阶段儿童的生命力，主要用于建设、健全和平衡身体的发展，这一时期身体成长极其迅速，也是儿童物质身体的关键期。在这一阶段，模仿是儿童在这一阶段最主要的学习方式，他们会倾向于通过模仿来学习周围的事物。如果过早地开发儿童的智力就会透支其生命力，会直接影响到其身体器官的发育，从而影响儿童身体的健康成长与整体平衡的发展。因此这一阶段对幼儿来说非常重要，合适的教育环境尤其必要，这样幼儿的身体器官才能以最好的状态来促进儿童身心得到快乐健康的发展。7岁至14岁，儿童的生命力主要体现在情感的发展方面，儿童通过感觉来学习，生命体渐次成熟。青少年时期(14—21岁)，感知体从滋养生命体的任务中解放出来并渐次发展。这时儿童抽象思维和独立思考能力迅速发展。

斯坦纳根据不同时期儿童发展的特点，发展出华德福教育应该根据儿童发展的不同阶段，为儿童提供适合他们发展需要的教育，使儿童获得身、心、灵全面和谐发展，进而释放人的内在潜能，成为自由发展的人。②

(二) 华德福幼儿教育课程介绍

1. 华德福幼儿教育课程的目标：滋养心灵的多层次发展

华德福教育反对传统教育通过各种手段向幼儿传授知识和概念，忽视幼儿内在精神的发展。

---

① 王春燕.幼儿园课程概论(第2版)[M].北京：高等教育出版社，2014：257.

② 王新文.华德福教育：历史谱系与本真意义[D].福州：福建师范大学，2018：25.

它强调在滋养儿童心灵的基础上寻求儿童的全面发展，包括身体、心灵和精神各个层面的全面发展。所谓的全面发展，不仅仅是指智力发展，也指所有能力的平衡发展，比如社交发展、情感发展、精神发展、身体发展、智力发展等。具体来说，幼儿智力的发展需要教师提供丰富、刺激的环境，激励儿童去探究问题，发现知识；身体的发展需要运动的机会，加强锻炼，促进身体各项机能的正常运行；精神的发展需要在对儿童充分理解和尊重的基础上，通过榜样的力量，点滴渗透宝贵的精神品质，如对他人的关爱、对社会的责任等；情感的发展需要幼儿与事物和他人互动等。

总之，华德福教育通过培养幼儿健康的身体、敏感的情绪、社会能力、智力发展以及丰富的想象，引导幼儿不断追求生活中的真、善、美，帮助幼儿寻找有意义的抱负和理想。除此，华德福教育还重视培养有个性的儿童，因为斯坦纳认为教师需要认识到儿童彼此间存在的差异，并根据差异给予不同的教育。另外，教师需要关注儿童的个性特点，发挥儿童特长，从而使其个性化的艺术和个人的创造行为得以发挥，只有这样才能培养出儿童的创造力。

2. 华德福幼儿教育课程的内容：创造性游戏与艺术化教育

华德福教育尊重儿童的身体、灵魂和精神的完整性。基于此，华德福课程内容的设置丰富多彩，比如模仿、游戏、故事、艺术活动、手工活动等。其中，模仿和游戏尤被重视。本着在第一个七年周期发展身体的原则，华德福教育中所涉及的这些活动都是非学业的，以促进幼儿的自然发展为主，重视幼儿的游戏活动和自由活动。

（1）重视游戏活动。

斯坦纳十分重视游戏在儿童发展中的作用，他强调儿童玩耍和成人工作只有一点不同，就是成人的工作由外界决定，游戏则由儿童自己决定，依照儿童的想法展开。幼儿从游戏中得到的满足感，就像成人通过工作找到自我价值。儿童在创造出的世界里不断加深对自己及对周围事物的了解，同时肢体协调能力、角色意识、人际交往能力、应变能力等方面均有良好的发展。在游戏中，每个儿童都有机会自我表现及自我引导，提升自信心与自尊心。

在一日生活安排上，华德福幼儿园充足的游戏时间为幼儿自由游戏的质量提供了保证。幼儿上午入园后有一个小时的自由玩耍时间，午餐前有一个小时的户外自由游戏时间。自由游戏几乎占到整个上午时间的三分之二。两个时间段中间的晨圈，也以诗歌、手指谣、游戏为内容，类似于在教师的带领下进行集体游戏。整个上午都是在游戏的氛围中度过。华德福幼儿园游戏具备以下特征。① 幼儿自主的游戏。华德福教育中因为没有固定的课程要求，教师不会因为教学的原因阻止幼儿完成游戏，所以幼儿游戏的时间比较自由。在幼儿自由游戏的时间内，教师并不介入，只让幼儿发挥自己的想象力与创造力，完全将主导权交还给幼儿。幼儿可以选择翻看图书、荡秋千、玩水玩沙子等活动。另外，幼儿可以在自由游戏中选择玩具和游戏材料，并按照自己喜欢的方式完成游戏，教师一般不做过多的干预。华德福教育认为，幼儿在玩的过程中，感官受到刺激，通过对周围环境的模仿形成意志。② 低结构的游戏材料。在游戏材料的选择上，华德福教育不为幼儿提供艳丽、精美的玩具，他们希望幼儿能够“制造”玩具。华德福教育为幼儿提供低结构的游戏材料，如石头、树根、贝壳等，请幼儿自己制作玩具，幼儿很喜欢自己做的玩具，并将自己做的玩具带入游戏之中。另外，教师也会根据幼儿游戏的需要帮助幼儿做一些简单的玩具，或者与幼儿一起走进大自然，帮助幼儿寻找他们游戏所需要的玩具。华德福教育为幼儿提供的低结构的游戏材料有助于幼儿创造力的培养。

（2）艺术化的教育。

华德福教育十分注重艺术化，艺术课程是其艺术化教育的一个方面。其艺术化的课程特色更多体现在艺术的教育方法贯穿于整个教学环境中。墙上的图画，建筑的色彩，教师的动作、说话的方式等，所有这些因素源自审美思考，起作用的不仅是学科内容，而且还有体验的总和。华德福教育认为，儿童本身就是艺术家，一个拥有自发的“意志”不断完善自己身体和能力的艺术家。

低年龄段的儿童在环境中碰到的一切都会转变为内心的图像，都会引发其内心奇妙的建构与想象。因此教师必须用艺术的而不仅是智力的方式作出回应。华德福教育认为想象力是孩子智力发展的关键，艺术的活动给予孩子发挥想象力的机会，希望通过艺术化的教育方式发展儿童本性中存在的“真善美”，保持儿童作为“天生的艺术家”的灵感与创造性，为儿童意志力、感受力及思考能力的发展提供所需的平衡。艺术教育的内容具体体现在以下几个方面。① 童话故事。讲述童话故事在华德福幼儿园中是一个非常重要的部分，因为童话故事不仅分享了智慧，还会帮助幼儿体会到勇敢、善良的品质。幼儿聆听故事或者表达故事会对其注意力、语言表达能力有很大的提升。② 水湿画和蜡块画。水湿画是用水彩颜料在湿水彩纸上进行绘画的一种方式。它能够带给幼儿丰富的色彩体验。在绘画过程中，教师引导幼儿看到画纸与水的重叠和调和，感受到心灵的调和。画画的重要功能之一是表现幼儿自己内在的感觉，而不是绘画技能的训练。③ 音乐教育。华德福教育认为，幼儿的体内蕴含着音乐力量，教师要保护这股力量不被破坏。所以，在华德福幼儿园中，音乐活动随处可见，幼儿的每个生活环节都以音乐活动开始并以音乐活动结束。另外，幼儿需要学习五声音阶，提高对音乐的感受力。④ 韵律游戏。韵律游戏也是华德福幼儿园主要进行的活动之一，教师将幼儿的歌谣转化成有节奏的动作，并配合歌曲或语言，用身体把诗表演出来，表演的主题包括四季的变化以及童话等，表演的方式以幼儿手拉手围成圆圈为主。⑤ 手工艺术。手工艺术是华德福特色课程之一，在手工活动中，华德福教育认为，幼儿通过自己的手指将自己的感受力和意志力糅合在一起，使幼儿的感受力和意志力在艺术创作中得以发展。在制作的同时，他们懂得如何去爱；在完成的同时，他们懂得如何去珍惜。手工课的内容联系实际生活，并且随着季节及节庆的变化适当做出调整。安排好的手工时间，教师一定会“做”，手工的内容主要包括毛线编织、缝绒布玩具、编篮子、做木工等。

3. 华德福幼儿教育课程的实施：依循榜样与遵守节律

（1）依循榜样。

斯坦纳在《人智学启迪下的儿童教育》一书中提到：“有两个神奇的词汇足以说明孩子如何与周围环境建立关系，那就是模仿与示范。”5 岁以下的幼儿对于周围环境的模仿学习并不是教出来的，而是自然而然的行为。这种学习方式尊重幼儿的本性，能激发其主动学习的愿望，为其今后良好学习品质的形成奠定基础。由于幼儿尚没有分辨是非、对错的能力，环境中任何人都可能成为其模仿的“榜样”，他们所看到的一切都会成为他们的一部分，这就意味着教师和父母承担着巨大的责任。

（2）遵循节律。

华德福教育尊重万物皆有时的原则，如尊重童年、节律、重复、连续性等。因而，任何教育活动都应该适时、适度、适宜，通过为幼儿提供规律性、重复性的活动，为幼儿提供安全的心理环境。规律活动本身就具有权威性。幼儿在一个有秩序的环境中容易获得安全感，其情绪可以在这种氛围中受到潜移默化的影响，逐渐变得有序。

华德福幼儿园依据日、周、月、年做出短、中、长期规划，并规律地重复这些活动，让幼儿能够很快对环境产生安全感。斯坦纳在第一所华德福学校与教师的谈话中多次提到让儿童的生活具有自然“呼吸”的特质。“规律”的定义之一，是指内化阶段（尽情学习/吸气）与外放阶段（尽情发挥/吐气）的交替。在内化阶段，不论是休息、冥想或阅读，都是在回归本我，蓄积力量，重新找到自我意识以及自我“中心点”。而在外放阶段，则是与世界接触，展现社交技巧、团体生活。这种内化与外放的规律保证了幼儿“内向”自我发展与“外向”社会交往的平衡，避免了幼儿过分沉溺于自我的世界或过分关注外部世界的倾向。外放的时间以幼儿自主的活动为主，内化时间则是由教师主导。在幼儿目前的发展阶段，外放时间所占比重较高。华德福幼儿园上午的活动模式如下：9:00—10:00 创意游戏：外放——幼儿尽情发挥；10:00—11:00 团体活动：内化——幼儿尽情学习；11:00—12:00 户外游戏：外放——幼儿尽情发挥；12:00—12:30 说故事：内化——幼儿尽情学习。

除了日常规律活动，教师会从日常活动中挑选特定项目作为每周规律活动，并在创意游戏时进行。教师每日、每周的课程安排都会考虑到季节的特征，教师选择的儿歌、诗词、故事、活动主题以及环境布置等，都蕴含着当时的季节特征。户外空间的设计也尽可能让幼儿体验到季节性变换。季节性活动如用薰衣草做薰衣袋、野玫瑰果做糖浆等都具有明确而规律的重复性特点，年复一年在相同的季节里开展。

幼儿园活动的季节性特点基于华德福教育“亲近自然”的教育理念，幼儿在深刻感受自然的过程中，获得对外部世界真实的情感体验，容易产生自我与大自然的连接感与一致感。除了幼儿园的活动安排具有规律性特点，幼儿园生活中的很多细节都有规律可循，如提醒幼儿进行团体活动的方式、说故事时间的开始与结束方式、幼儿的操作材料摆放的位置、教师针对常见的情况对幼儿作出回应的方式等。这种有序的环境使幼儿逐步建立信任感，使他们更有效地学习与生活。

4. 华德福幼儿教育课程对幼儿评价：遵循个别化、发展性和多面性

华德福教育尊重每个幼儿的个体差异，确保幼儿的健康、自然成长，绝不会以考试分数和过度竞争压抑幼儿的自然成长。华德福教育对幼儿的评价坚持个别化、发展性和多面性原则，其最终目的是更好地促进幼儿发展。华德福幼儿园多数是混龄班，幼儿年龄从 3 岁到 6 岁不等，因而，华德福幼儿园的期末，教师要和家长一起对幼儿进行评价，并鼓励家长评价方式多元化。教师对幼儿的评价亦是根据幼儿的不同情况采取不同的方式，或文字描述，或图画呈现。

华德福教育的评价着眼于幼儿的一生发展，其中对幼儿的评价依据主要来自教师每日的观察，涉及幼儿每日在园生活的各个方面。在每月一次的家长会中，教师与家长根据各自对幼儿的观察进行交流，幼儿在活动中的成果、作品等也会与家长进行分享，与家长共同关注幼儿的成长。①

（三）对华德福幼儿教育课程的评价

华德福幼儿教育课程以幼儿自由发展为宗旨，尊重幼儿的身体、灵魂和精神的完整性，顺应幼儿的自然生长，平衡幼儿的全面发展，以此为基础构建课程，并成为课程实践的典范。

尽管华德福教育赢得越来越多人的赞同和感叹，但华德福幼儿教育课程仍需我们理性看待和借鉴。首先，华德福教育具有宗教色彩。华德福教育过分地强调史坦纳的人智学的基础，存在一定的神秘主义色彩和宗教倾向。其次，虽然华德福幼儿教育的艺术课程能够促进幼儿的发展，但是华德福教育对教师的要求很高。一个好的华德福教师需要漫长的学习和等待，所以华德福课程在推广时有一定的局限性，难以大规模开设。②

【观点讨论】

学习了以上的国外幼儿园课程经典方案，请对比它们的共同点和不同点，并说一说你认为它们能为当前我国幼儿园课程发展提供哪些启示。

① 霍力岩，孙蔷蔷.华德福教育方案的形成动因和基本理念[J].福建教育(学前)，2017(1)：26－29.(略有修改)
② 霍力岩，孙蔷蔷.华德福教育方案的特点和实践运用[J].福建教育(学前)，2017(3)：30.

模块二 我国幼儿园课程经典方案

情境导入

一谈起幼儿园的课程模式，大家便想到蒙氏课程、高宽课程、瑞吉欧课程……好像国外的幼儿教育课程模式就是先进的、时髦的，国内的幼教课程模式都是落后的。你的看法是什么？

本模块主要介绍我国经典的幼儿园课程方案。

知识演绎

一、陈鹤琴“五指活动课程”

“五指活动课程”是由我国著名的幼儿教育家陈鹤琴先生创立的。1923年陈鹤琴先生以自己住宅的客厅为园舍，成立南京鼓楼幼稚园，开始了他探索中国化幼儿教育的改革之路。他以鼓楼幼稚园的课程实验为基础，提出了“五指活动课程”：课程的内容由五方面组成，即健康活动、社会活动、科学活动、艺术活动和语文活动，它们犹如人的五个手指头，是活的、可以伸缩的，但却是整体的、连通的、互相联系的。“五指活动”在儿童生活中结成一个教育的网，有组织、有系统，合理地编织在儿童的生活上。

（一）“五指活动课程”的基本观点

陈鹤琴先生曾留学美国，深受以杜威为代表的实用主义哲学思想的影响，反对当时国内幼稚园“外国化”和传统专制的教育，主张“做中学”。他针对当时幼稚园课程的主要弊病，如与环境的接触太少，在游戏室内的时间太长；功课太简单；团体动作太少；没有具体的目标；儿童在一室内太多，教师少训练，设备太简陋等[①]，提出了适合当时中国幼稚园发展的15条主张：① 幼稚园是要适应国情的；② 儿童教育是幼稚园与家庭共同的责任；③ 凡儿童能够学而又应当学的，我们都应该教他；④ 幼稚园的课程可以以自然、社会为中心；⑤ 幼稚园的课程须预先拟定，但临时可以变更；⑥ 幼稚园第一要注意的是儿童的健康；⑦ 幼稚园要使儿童养成良好的习惯；⑧ 幼稚园应当特别注重音乐；⑨ 幼稚园应当有充分而适当的设备；⑩ 幼稚园应当采用游戏式教学法；⑪ 幼稚生的户外生活要多；⑫ 幼稚园多采用小团体教学法；⑬ 幼稚园的教师应当是儿童的朋友；⑭ 幼稚园的教师应当有充分的训练；⑮ 幼稚园应当有种种标准可以随时考察儿童的成绩。[②]

这15条主张基本概括了陈鹤琴先生幼稚园课程的思想。同时，他以自己的实验研究为基础，提出了“活教育”的理论体系，作为其课程编制的基础。陈鹤琴先生的“活教育”理论体系包括三大方面，即活教育的目的论、活教育的课程论、活教育的方法论。

1. 活教育的目的论

陈鹤琴先生指出，活教育的目的就是“做人、做中国人、做现代中国人”[③]。那么这样的人应该具备什么条件呢？第一，要有强健的身体；第二，要有建设的能力；第三，要有创造能力；第四，要有合作的态度；第五，要有服务的精神。抗战胜利后，随着形势的发展，他又进一步提出了“做人、做中国人、做世界人”[④]的目标。

2. 活教育的课程论

针对传统教育书本万能、课程固定、教材呆板的现象，陈鹤琴提出“大自然、大社会都是活教材”的观点。他认为，大自然、大社会才是活的书、直接的书，应该向大自然、大社会学习。

3. 活教育的方法论

“做中教、做中学、做中求进步”[⑤]是活教育的基本方法。活教育非常重视直接经验，强调以“做”为中心，主张儿童在学校里的一切活动，凡是儿童自己能够做的，就应当让他们自己做，因为做了就与事物发生直接接触了，就能得到直接经验，就知道做事的困难，进而认识事物的性质。

（二）“五指活动课程”介绍

1. “五指活动课程”的目标

陈鹤琴先生认为，课程是达到目的的工具，而确定目的，首先要确立儿童是主体的思想。他指出儿童、教师和教材是教育的三大要素。作为教师，首先要了解儿童的个性，希望他们达

① 北京市教育科学研究所.陈鹤琴全集(第二卷)[M].南京：江苏教育出版社，1989：83.
② 张凤琴.世界著名教育思想家：陈鹤琴[M].北京：北京师范大学出版社，2012：140－144.
③ 中国教育史编写组.中国学前教育史资料选[M].北京：人民教育出版社，1989：344.
④ 北京市教育科学研究所.陈鹤琴全集(第五卷)[M].南京：江苏教育出版社，1991：70.
⑤ 中国教育史编写组.中国学前教育史资料选[M].北京：人民教育出版社，1989：344.

到怎样的目的，然后选择最适宜的教材，使用最适宜的方法，以达到所希望的目的。“五指活动课程”的目标有：① 做人：要有合作的精神、同情心、服务的精神；② 身体：要有健康的体格，养成卫生习惯，并有相当的运动技能；③ 智力：要有研究的态度，充分的知识和表意的能力；④ 情绪：能欣赏自然和艺术美，养成快乐精神，打消惧怕的情绪。

2. “五指活动课程”的内容

对课程内容的选择，陈鹤琴先生一贯倡导“活教材”的观点，要求幼儿园的课程内容要与幼儿的实际生活相结合，以“五指活动”来规定课程的内容。五指“是生长在儿童的手掌上的，是指要注意儿童心理和生理的发展，但是不离社会实际，领导儿童作合理的活动，予以适当的教养”①。“五指，是活的，可以伸缩，互相联系。”②五指活动的五个方面是：① 儿童健康，包括饮食、睡眠、早操、游戏、户外活动、散步等；② 儿童社会，包括朝夕会、周会、纪念日集会、每天的谈话及政治常识等；③ 儿童科学，包括植物的培植、动物的饲养、自然现象的观察、当地自然环境的认识等；④ 儿童艺术，包括音乐（唱歌、节奏、欣赏）、图画、手工等；⑤ 儿童语文，包括故事、儿歌、谜语、读法等。

陈鹤琴先生认为，“幼稚园的课程全部包括在五指活动中，并采用单元制，各项活动都围绕着单元进行教学”③。即便如此，儿童能够学和应该学的东西也还是很多的。他提出，选择幼儿园课程内容应遵照三条标准④：① 凡儿童能够学的东西，就有可能作为幼稚园的教材，但有时在“能学”的标准之下，还要有点限制，比如，有些东西小孩子虽然能学，但学习会妨碍他身心的发育，那就不必勉强他学习；② 教材须以儿童的经验为依据；③ 凡能使儿童适应社会的就可取为教材。

3. “五指活动课程”的组织

陈鹤琴先生在幼儿园课程组织上反对分科教学，认为儿童的生活是整个的，教材也必定要是整个的，互相连接，不能四分五裂。他主张幼稚园的课程应打成一片，应依儿童身心的发展，使“五指活动”在儿童生活中结成一个教育的网，有组织、有系统、合理地编织在儿童的生活上。但这种有系统的组织应以什么为中心呢？“这当然要根据儿童的环境。”他认为，儿童的环境不外乎两种：一种是自然环境，包括动植物和自然现象；一种是社会环境，包括个人、家庭、集社、市廛等类的交往。

可确定的中心如节日，包括中秋、重阳、元旦、端午等；自然界的应时物，包括秋菊、冬雪、春桃、夏荷等；社会性事件，包括纪念日、庆祝会、恳亲会等。自然和社会这两种环境是儿童天天接触到的，应当成为幼稚园课程的中心。幼稚园的课程可以从这两大类环境中选择儿童感兴趣的而且又适合儿童的人、事、物作为中心，以单元主题来组织，各项活动都围绕单元进行，使

① 北京市教育科学研究所.陈鹤琴全集（第二卷）[M].南京：江苏教育出版社，1989：613.
② 北京市教育科学研究所.陈鹤琴全集（第二卷）[M].南京：江苏教育出版社，1989：613.
③ 唐淑.中国学前教育史[M].北京：人民教育出版社，1993：280.
④ 北京市教育科学研究所.陈鹤琴全集（第二卷）[M].南京：江苏教育出版社，1989：114.

各科之间构成内在联系，形成整体。这种课程内容组织的方法，陈鹤琴先生称为“整个教学法”，即把儿童所应该学的东西整个地、有系统地教给儿童。

4. “五指活动课程”的编制与实施

关于幼稚园课程的编制，陈鹤琴在《幼稚园的课程》一文中提出适合我国国情的幼儿园课程编制十大原则。① 课程的民族性：课程应是民族的，不是欧美的。② 课程的科学性：课程应是科学的，不是封建迷信的。③ 课程的大众性：课程应是大众的，不是资产阶级的。④ 课程的儿童性：课程应是儿童化的，不是成人化的。⑤ 课程的连续发展性：课程应是连续发展的，而不是孤立的。⑥ 课程的现实性：课程应符合实际需要，而不能脱离现实。⑦ 课程的适合性：课程应适合儿童身心发展，促进儿童健康。⑧ 课程的教育性：课程应培养儿童五爱、国民公德、团结、勇敢等优良品质。⑨ 课程的陶冶性：课程应陶冶儿童性情，培养儿童情感。⑩ 课程的言语性：课程应培养儿童说话技能，以表达自己的情感和思想。

其中，陈鹤琴先生重点阐述了民族性、适合性和教育性三条原则。陈鹤琴先生把民族性作为幼稚园课程编制的首要原则。他对当时中国幼稚园课程完全美国化提出了严厉批判。他认为，在当时的幼稚园，幼稚生听的故事是美国的，唱的歌是美国的，玩的玩具是美国的，教学方法也是美国的。两国孩子生活的历史背景和环境都不同，这不符合中国的国情。因此，中国应该用自己国家的教育资源。陈鹤琴先生认为，课程编制要注重儿童的需要，要考虑儿童的心理特点以及兴趣爱好等。课程设置一定要适合幼儿的学习特点，如好玩、好模仿、喜欢被表扬等。这样才能满足儿童的身心特点和发展需要。同时，他强调课程编制要遵循教育性原则，他认为课程编制的出发点是培养具有优良品质的儿童，因此，幼稚园课程要紧紧围绕教育目标来展开。

根据以上十大原则，陈鹤琴提出了三种具体的课程编制方法：① 圆周法，即各班课题相同而要求由浅入深；② 直进法，即各班课题和要求均不相同；③ 混合法，即课题和要求有相同或不同。在编制课程时，通常运用混合法为最多。

在课程的实施方面，“五指活动课程”遵循以下几方面。

（1）“做中教、做中学”为课程实施的途径。

陈鹤琴先生认为“做”是教学的基本原则。因为“一切学习，不论是肌肉的，不论是感觉的，不论是神经的，都是靠做的”[①]。他认为，幼儿通过“做”，不仅能直接接触到直接经验，而且能认识事物的性质，更能理解做事的困难。同时，陈鹤琴先生主张“凡是儿童自己能够做的，应当让他自己做”[②]，教师要给幼儿提供实践的机会，更要给幼儿提供思考的机会。

（2）游戏法和小团体法为课程实施的具体方法。

陈鹤琴先生认为，游戏是儿童生来喜欢的，儿童以游戏为生活。幼儿园应当采用游戏式的教学方法去教导儿童，要以自动代替被动，使儿童在游戏中、在活动中学习，往往会收到事半功倍

---

① 北京市教育科学研究所.陈鹤琴全集(第五卷)[M].南京：江苏教育出版社，1989：76.

② 北京市教育科学研究所.陈鹤琴全集(第五卷)[M].南京：江苏教育出版社，1989：75.

的效果。由于幼儿的年龄参差不齐，智力各不相同，兴趣又不一致，教师讲得再动听，也不能引起所有人的注意。因此在教学时应采用小团体式，将幼儿按智力或者年龄分为不同的小团体，教师则按照各个团体不同的水平施以相应的教育，使处于不同发展水平的幼儿都有所长进。

延伸阅读

整个教学法及其列举①

什么叫作“整个教学法”？整个教学法就是把儿童所应该学的东西整个地、有系统地去教儿童学。这种教学法是把各科功课打成一片，所学的功课是无规定时间学的；所用的教材是以故事或社会或自然为中心的，或是做出发点的；但是所用的故事或关于社会自然的材料，总以儿童的生活、儿童的心理为根据的；这种教材最好一个教师教，(若)一个教师不能教，两三个教师也可，不过时间稍难支配罢了。现在试举“龟兔赛跑”一例来表明这种教学法(列举一些教法，不完全呈列)：

(一) 先以实物引起儿童的兴趣：教师须预备一只乌龟、一只或两只兔子。

(二) 研究龟兔的生理特点……(自然常识)

(三) 讲故事：《龟兔赛跑》，若儿童有别的龟兔故事尽管可以先讲。(故事内容略)

讲故事的时候可以用有关龟兔赛跑的挂图，这种挂图，须放大且须着色，以引起儿童的兴趣。故事讲后，教师可以把下面的各种手工图、剪贴图、描画图、拼图、排列图、着色图、穿线图，一种一种地拿出来，给儿童拼看，让儿童做。

(四) 表演：儿童可以把这个故事表演一下。

(五) 画图：可以叫儿童把这个故事画出来。

(六) 课文：课文是绘图的，就是把上面印的故事一节一节地画成图，使儿童读起来更加有兴趣。

总结：看了上面的例子，整个教学法是有组织、有系统的，是合乎儿童心理的，处处要儿童自己参加的，所以儿童就很高兴学，很高兴做。但有几点要声明的：① 这种教材很难编，就如这个例子中间没有音乐，理应有歌曲谱词，可以教儿童唱的舞的，但是我没有能力编得起来；② 整个教学法所用的各种教材若无相当材料，不必勉强东凑西拉联合起来，以减少儿童的兴趣；③ 教起来是很难的，就是教师对于各种技能都有相当的程度，不然，就不能教了。

(三) 对“五指活动课程”的评价

陈鹤琴先生立足于本国的国情和优秀传统文化，在早期教育理论和实践领域进行了探究，以独立思考的实践精神，辩证地融合了东西方文化的精华，为寻找适合国情的中国化的幼稚教育做出了杰出贡献。“适合中国国情”和“适合幼儿身心发展特点”是陈鹤琴先生创建“五指活

① 北京市教育科学研究所.陈鹤琴全集(第二卷)[M].南京：江苏教育出版社，1989：225－230.

动课程”的两大基本原则。陈鹤琴先生关于幼儿园课程的目的、内容的选择与组织、编制、实施等思想是非常宝贵的，它们对于指导我们当前的幼儿教育改革，建立具有中国特色的学前课程体系有重大价值。①

当然，“五指活动课程”也有一些局限性。比如，理论层面上，虽努力避免课程中的知识中心倾向，力求课程向幼儿靠拢，但在实践层面上仍然比较注重教材而对幼儿反应的注意程度不足。又如，尽管陈鹤琴先生一再强调“五指活动课程”中“五指”不是五个学科，应整合成一个整体进行施教，但在推行时，有时仍被误解而分科进行。

【观点讨论】

陈鹤琴的“五指活动课程”对我国当前的学前课程实践有哪些启示？

二、张雪门“行为课程”

幼稚园行为课程是由我国著名的幼儿教育家张雪门先生创立的。张雪门(1891—1973)，浙江宁波人，20 世纪 30 年代，与陈鹤琴先生有“南陈北张”之称。他于 1917 年在家乡创办星荫幼稚园，1929 年起，任北平幼稚师范学校校长。抗战后，在中国台湾创建台北育幼院，组织幼儿教育研究会，出版幼教月刊。他一生潜心研究学前教育，特别是幼儿园教育，经过长期的实践和理论研究，撰写了《幼稚园研究集》《新幼稚教育》《幼稚园课程编制》《幼稚园行为课程》《实习三年》等论著。这些著作被收入戴自俺主编、北京少年儿童出版社 1994 年出版的《张雪门幼儿教育文集》(上、下卷)。另外，张雪门还为幼稚师范编写了整套教科书，培养了大批幼儿教师。针对当时幼稚园以教材为中心的状况，他提倡幼稚教育生活化，幼儿生活教育化。经过长期的实践和理论研究，形成了完整的幼稚园课程理论——行为课程及其方案。

（一）幼稚园行为课程的基本观点

什么是行为课程？张雪门先生是这样解释的：“生活就是教育，五六岁的孩子们在幼稚园生活的实践就是行为课程……这份课程，完全根据于生活，它从生活而来，从生活而开展，也从生活而结束。”②行为课程中的“行为”就是指“行动”“活动”“做”，强调儿童必须通过行为来学习，在“做中学”。行为课程以生活为基础，以实际行动为中心。幼稚园实施的行为课程应注意幼儿实际行为，举凡扫地、抹桌、养鸡、养蚕、种植花草蔬果等，只要幼儿能自己做的，都应该给幼儿机会去做。唯有“从行动中所得的认识，才是真实的知识；从行动中所发生的困难，才是真实的问题；从行动中获得的胜利，才是真正制驭环境的能力”③。

---

① 虞永平.论陈鹤琴的幼儿园课程思想[J].山东教育，2003(6)：8.

② 戴自俺.张雪门幼儿教育文集(下卷)[M].北京：北京少年儿童出版社，1994：1088.

③ 戴自俺.张雪门幼儿教育文集(下卷)[M].北京：北京少年儿童出版社，1994：1089.

（二）幼稚园行为课程方案介绍

1. 行为课程的目标

张雪门先生在具体分析了心身与环境、个人与社会、现在与将来的关系之后，从幼稚教育“应完全以儿童为本位，成就儿童在该时期内心身的发展并培养其获得经验的根本习惯，以适应环境”[①]入手，提出“幼稚园课程的目的，在于联络孩子们的旧观念，以引起其新观念，更谋其旧经验的打破，新经验的建设”[②]。他认为，成人的需要不能等同于儿童的需要，成人的经验也不能作为儿童的经验。因此，幼稚园的课程目标就是要满足儿童身心发展的需求，使其具备获得更多经验的基础，培养其生活的能力与意识。

2. 行为课程的内容

张雪门先生认为，幼稚园课程内容主要来源于幼儿直接的活动，也就是从幼儿的生活环境中搜集、选择和组织材料。可以构成幼稚园课程内容的直接活动有：儿童的自发活动；儿童与自然界接触而产生的活动；儿童与人事接触而产生的活动；人类智慧活动而产生的合乎儿童需要的经验。但是，幼稚园课程虽来源于儿童直接的活动，却需经过精选，符合客观标准。

教材是课程的支柱，是课程目标的具体实现手段。课程确定以后，选择和编写教材就成为非常关键的因素。根据这四种活动及其要求，张雪门先生把幼儿园课程划分为具体内容，这些具体内容就形成了幼儿园的教材。他认为，教材应该从儿童的直接经验中选择有价值的部分，加以合理的组织。但是仅仅这样，显然还是不够的。真正适合儿童发展的教材，应该符合以下四个条件：① 必须适合现实社会生活的需要；② 必须符合社会普遍生活的标准；③ 必须适合儿童目前生长阶段的需要；④ 必须适合儿童目前的学习能力。这四个条件不是各自分裂的，而是互相联系的。选择教材，应进行全面的思考。

3. 行为课程的组织

张雪门先生认为，幼稚园课程应密切联系儿童的生活经验。据此，他确定了三条原则。第一，整体性原则。幼稚园的课程与中小学的课程有所不同，它不应是分科的，而应是整体的，是“一种具体的整个活动”。“幼稚生对于自然界和人事界没有分明的界限；他看宇宙间的一切的一切，都是整个儿的。花开、鸟啼、客人来，凡能够引起他注意的，没有一样不当作自己的生活看待。”[③]第二，偏重于儿童个体发展原则。张雪门先生认为，教育既要适合儿童身心发展的需要，也要培养儿童成为社会需要的人，而在幼稚园阶段，教育则应注重儿童个体的发展。第三，注重儿童的直接经验原则。张雪门先生认为，直接经验具有生动、切实的特点，与间接经验相比，显得零碎和低层次。中小学课程多偏重于间接经验的传递，而幼稚园课程应以直接经验为主。

---

① 戴自俺.张雪门幼儿教育文集(上卷)[M].北京：北京少年儿童出版社，1994：25.
② 戴自俺.张雪门幼儿教育文集(上卷)[M].北京：北京少年儿童出版社，1994：128.
③ 戴自俺.张雪门幼儿教育文集(下卷)[M].北京：北京少年儿童出版社，1994：342.

另外，张雪门先生在其20世纪70年代出版的《中国幼稚园课程研究》一书中，对其几十年幼稚园课程实践研究又做了进一步的总结，提出了组织幼稚园课程的一些标准："课程须和儿童的生活联络。是有目的、有计划的活动。事前应有准备，应估量环境，应有相当的组织，且须有远大的目标。各种动作和材料，全须合于儿童的经验能力和兴趣。动作中须使儿童有自由发展创作的机会。各种知识、技能、兴趣、习惯等全由儿童直接的经验中获得。"①

4. 行为课程的实施

张雪门先生指出，行为课程的要旨是"以行为为中心，以设计为过程。只有行为没有计划、实行和检讨的实际步骤，算不得有价值的行为；只有设计没有时间的行为是空中楼阁"②。所以，行为课程的教学法应当是始于活动而终于活动的有计划的设计；根据设计精选有助于儿童发展的自然而良好的行为，并进行指导；在进行中必须把握住远大而客观的标准，并注意劳动中亦需劳心的原则。行为课程教学法采取单元教学，即先根据幼儿的学习动机决定学习目的，再根据目的估量行为的内容。内容包括幼儿的工作、游戏、音乐、故事、儿歌以及常识等科的教材，但实施时，则应彻底打破各学科的界限。在活动进行中，教师应在各教材中选择与学习单元有关的材料加以运用，适当配合幼儿实际行为的发展，使各科教材自然地融合于幼儿生活中。采用行为课程教学法，教师在课程进行前要准备教材、布置环境、详拟计划；在课程进行中，教师要随时巡视指导，不重讲解，而着重指导幼儿行为的实践，使幼儿在活动中养成负责守法、友爱互助等基本习惯。

5. 行为课程的评价

行为课程的教学结束后，评价与检讨也是重要的一环，教师可就此了解幼儿在知识、思考、习惯、技能、态度、理想、兴趣等方面的成就，作为改进教学的参考。至于单元的选择，则必须配合教育宗旨、教育政策、社会需要及幼儿的能力。课程实施后有四个方面的评价内容。

(1) 对幼童的行为应有检讨。

张雪门先生指出："行动终了，接着便须检讨，不论做得好做得坏，都应像审判一样的来考察：好的在哪一点？坏的在哪一点？为什么好？更为什么坏？幼童如果明白了好或坏的所在和好或坏的原因，然后才能将成功失败的原因组织在自己经验中，更可以加强下次活动趋避的倾向。"③所以，教师在一次活动结束后就要通过言语及实物对照对儿童的行为作出恰当的评价，尤其要鼓励他们做自我批评，从而使儿童了解自己好或坏的原因。

(2) 对幼童行为应有继续的注意。

张雪门先生认为，行为是永远不停的，动机时时会在行动中产生，所以教师要对儿童的行为进行观察、注意，以便引导儿童的行为进入下一个活动阶段。

(3) 对幼童行为应有记录。

张雪门先生强调教师应把每天活动中儿童的重要行为按着次序详细地记下来，这样不但

---

① 王春燕.幼儿园课程概论(第2版)[M].北京：高等教育出版社，2014：218.

② 卢美贵.幼儿教育概论[M].台北：五南图书出版股份有限公司，1988：114.

③ 戴自俺.张雪门幼儿教育文集(下卷)[M].北京：北京少年儿童出版社，1994：1100.

可以供将来考察,而且可以发现自己教学失败及成功的地方。

(4) 对幼童行为经验应有估计。

张雪门先生反对一个大单元活动结束之后,教师仅仅把教过的故事、手工、游戏及唱歌等简略作个统计,或只列出各科分数,而忽略行动所获的智能及建设、思考、欣赏、练习等心理活动,以及独立合作、坚持到底、自己立法自己遵守等美德。他要求教师根据事实,对儿童在活动中产生的经验做细致的分析,从中选择其价值与行为预定的目标做对照,确立有否达到,及在哪一个程度达到,这才是从行动中所获得的真实成绩。①

(三) 对行为课程的评价

张雪门先生依据杜威"教育即生活"的理论和陶行知的"知行合一"思想,兼采传统思想,创立了行为课程,其幼稚园行为课程的基本思想是"生活即教育""行为即课程",其目标兼顾个体与社会的发展需要,其内容来自周围生活环境,其方法采用单元设计教学法,通过"做学教合一"的手段,使儿童获得基本经验,从而为进一步发展奠定坚实的基础。行为课程重视儿童的主体地位,立足时代与本地特色,兼顾儿童与社会的需求,其课程理念符合儿童身心发展特点,对当前的幼儿园课程实践仍然有借鉴价值与启发意义。

【观点讨论】

张雪门的"行为课程"对我国当前的幼儿园课程实践有哪些启示?

案例研讨

"煤火"主题课程②

张雪门先生组织学生设计的"煤火"主题课程,主要从动机如何引起、动作如何进行、动作要用何种材料三个方面出发,体现了儿童本位、以儿童为中心、课程从儿童生活出发的特点。

(一) 动机如何引起

(1) 领儿童看工友摇煤球。

(2) 领儿童去煤厂参观他们做煤球。

(3) 送煤球来时,带儿童参观。

(4) 看用煤球在泥炉里生火。

(二) 动作如何进行

(1) 参观引发儿童模仿的观念。做煤球应用何种材料,应如何做,全可以计划一段进行一段。

---

① 王春燕.幼儿园课程概论(第2版)[M].北京:高等教育出版社,2014:221.

② 方晨瑶.张雪门幼儿行为课程及时代价值[M].南京:南京师范大学出版社,2018:197.

(2) 用煤来推究，如煤的来源种类以及开掘的经过，或用图面解说，或用动作表演，可使儿童的经验格外深刻。

(3) 有了煤球，还不能直接生火，现在可介绍一些劈柴及火池子。

(4) 火的发现及木头的年轮，短的可以谈话的形式介绍，长的可以故事的形式讲述，而伐木的动作又可以表演的形式展现。

(5) 火池子完成了，碎砖之上，稍加劈柴，火发之后，又放上煤球，既可以取暖，又添兴味，于是土风舞便可以被介绍。

(6) 火熄了，重新收拾，再用来烧水煮粥。火有利有弊，可给儿童讲火的故事。儿童听着有味，故事就可以表演，否则就借故事引起消防的动机。

(7) 消防活动中，救火人的帽子和车可做手工，表演救火是游戏，救火歌是音乐。

(8) 算术、文字和习惯，随着儿童活动，教师要注意寻找机会随时介绍。

(三) 动作要用何种材料

(1) 语言(计划讨论、谈话、演讲、批评)。

(2) 工作(做煤球、做火池子、劈柴、煮水熬粥、做消防队的帽子和水车)。

(3) 游戏(矫正游戏、表演游戏、节奏游戏)。

(4) 音乐(摇煤球歌、救火)。

(5) 文学(故事、歌谣)。

(6) 算术(用数、用量)。

(7) 文字(消防队帽子上的字或号码、消防队旗上的字、火池子旁边的“小心火啊!”的字样、在标本上标明各种煤的名称)。

(8) 习惯(摇完煤球要洗手、离火不能太近、水壶的水不要喷到身上、救火要按照次序)。

(9) 常识。

分析:煤火是当时幼儿园中常见的一种生活必备事物，儿童的生活，尤其是冬天的生活离不开煤火。通过参观工厂、围观送煤、观察摇煤球和用煤球生火这些真实的活动，无需特别考虑引发儿童动机的方法，儿童自然而然会产生对煤火的兴趣。产生对煤火的兴趣后，张雪门先生特列“动作如何进行”一项，从了解煤开始，再认识柴、火池子，再到完成煤火，最后讨论火的利弊，从儿童动作的角度计划层层深入。从主题课程网络的角度看，张雪门先生通过要素分析法，将“煤火”主题分为煤球的做法、煤的来源、煤的作用、火的利弊四个部分，再展开具体活动。活动所需材料则围绕活动所需，依照语言、工作、游戏、音乐、文学、算术、文字、习惯、常识九大课程类别提供材料，而不是简单地将课程分裂为九种课程。通过行为将发展目标综合融入课程活动，促进儿童身心全面发展。[①]

① 方晨瑶.张雪门行为课程的发展及其现实意义[M].南京：南京师范大学出版社，2016:49－51.

【实践项目】

走进一家幼儿园，选择一个班级，了解并记录幼儿园一日活动内容，分析其如何组织和实施这些内容。

延伸阅读

1. 我国幼儿园课程改革特点与发展趋势①

我国学前课程百年发展与变革的历程也是受各种教育文化流派的影响的。清末民初，学前课程受从日本传来的欧美的学前课程思想影响，到陈鹤琴、陶行知、张雪门等学前教育专家通过自己的实验研究，结合中国的学前课程实际进行不断地探索，逐渐形成与中国本土文化相结合的幼儿园课程特点。② 随着我国经济社会的发展，我国的幼儿教育理论和实践工作者变得越来越理性、越来越善于思考。

尤其是近三十年来，我国幼教工作者在不断学习、不断反思的基础上，清楚地认识到：构建和发展幼儿园课程，要综合考虑社会文化、知识的性质和儿童发展三个方面的要素。通过研究和尝试，他们不仅对儿童发展、儿童游戏、发展与教学的关系、教师的角色与作用、师生的互动、幼儿教育机构的组织和管理、幼儿园环境的创设与运用、幼儿园课程设计与评价、家长和社区的参与等一系列微观和中观层面上的幼儿教育问题有了深层次的认识和理解，而且开始对幼儿教育的全球化和多元化、教育公平与正义、幼儿教育的文化生态环境等宏观层面上的幼儿教育问题有了思考。③

幼儿园课程是幼儿教育的核心。当前幼儿教育也是以幼儿园课程的变革为基础。幼儿园课程变革的根本目的是完善幼儿园课程，解决幼儿园课程中最核心的问题，使其真正适合本园幼儿发展的需要，适合本园发展的实际，适合本园的资源和条件，更有效地促进幼儿的发展，促进教师的专业成长。④ 随着社会和时代的发展，我国幼儿园课程表现出一些明显的变化和发展的新趋向。

（一）关注传承和发扬中华优秀文化传统

当今，在全球化和多元化的大背景下，在坚持改革开放的政策下，从文化建设和文化安全等视角出发，我国幼儿园课程变革在吸取外来文化中有价值的东西的同时，应当更多关注传承和发扬中华优秀文化传统的问题，并要求将能反映中华优秀文化传统的教育、教学内容编入幼儿园课程。我国幼儿园课程可以从国外的幼儿教育中获取诸多有价值的东西，但是最终不可能与西方国家运用的课程趋同。例如，我国的社会和文化对共同利益和集体精神

---

① 朱家雄.幼儿园课程的理论与实践[M].华东师范大学出版社，2010：236－239.

② 王春燕.中国学前课程百年发展与变革的基本特点[J].学前教育研究，2003(10)：25.

③ 朱家雄.幼儿园课程的理论与实践[M].上海：华东师范大学出版社，2010：224.

④ 王春燕，等.新中国成立七十年来幼儿园课程变革：发展历程、成就与趋势[J].幼儿教育(教育教学)，2019(10)：20.

赋予极高的价值，教育以极大的热情关注集体主义精神和共性的培养，这与西方社会崇尚个人及其发展的价值观截然不同。由此，幼儿园课程从目标、内容到评价，都必须反映出与此相一致的取向。

关注传承和发扬中华优秀文化传统，并不排斥来自其他文化中的有益于我国幼儿园课程建设的成分，为的是实现幼儿教育的社会价值，为的是培养认同和适应自己文化的中国未来一代合格的公民，为的是培养能将中国五千年优秀文化传统继续发扬光大的接班人，也为的是改变因盲目引进西方文化而导致的负面影响。

（二）关注生命教育

从终身教育的视角看，儿童的生命质量决定着国家和民族的前途和命运。从整体提高国民素质的基本要求出发，我国幼儿园课程变革应更多关注对幼儿进行生命教育。以适合幼儿的方式，让幼儿认识生命、体验生命、珍惜生命、尊重生命和热爱生命，提高生存和自我保护能力，促进幼儿身心健康发展。

对幼儿实施的生命教育，课程内容包括情绪表现表达、人际沟通、冲突的解决、应付环境的变化，等等。生命教育体现在幼儿园课程的方方面面，包括显性的和隐性的，与幼儿的日常生活和活动紧密结合。通过幼儿园各种各样的活动，在教师与家长的合作中，解决幼儿在现实生活中所面对的各种问题。

（三）在倡导教育公平的原则下使幼儿园课程走向多元化

当今，我国正在大力建设民主法治、公平正义、安定有序、人与自然和谐相处的和谐社会，消除我国社会目前所存在的一些不和谐因素（如城乡差距和地区差距的扩大、公共教育资源分布的不均衡、分配不公矛盾凸显等）。在倡导教育公平的原则下，我国的幼儿园课程变革应将“天平”更多地倾向于“弱势群体”，更多地关注缺少幼儿教育机会的幼儿及其家庭。

（四）在强调课程有效性的前提下使幼儿园课程走向平衡化

幼儿园课程的价值取向取决于幼儿教育的目的，社会的现状和社会变革的需求决定了幼儿教育的目的。幼儿园课程的变革，为的是适应社会变革的需求。变革往往会是矫枉过正的，往往会因为过分强调需要变革的方面而不能平衡地思考和处理问题。待到课程变革开始出现问题，人们思考问题的方式才会从“二元对立”的模式逐渐走向妥协和平衡。

具体地说，当人们在享受幼儿园课程变革的成果所带来的欢乐时，也开始品尝由此带来的问题和烦恼。在这样的情况下，人们会改变“非此即彼”的模式，而采用“亦此亦彼”的思维方式，在儿童本位与社会本位、儿童经验与知识逻辑、儿童主体与教师主导以及过程导向与目标导向之间进行协调，进行兼容和平衡。当然，幼儿园课程走向平衡化不是没有原则和标准的，其原则和标准就是幼儿园课程实施的有效性，即既有益于幼儿的发展，又有益于有效地将幼儿的发展纳入社会需要的轨道。

（五）0—6 岁学龄前儿童教育课程一体化

在我国，幼儿园课程历来被认为是为 3—6 岁在幼儿园接受教育的儿童设计的课程。近些年来，幼儿园课程开始向下延伸，为 3 岁以下的儿童和家长服务，使 0—6 岁儿童的教育出现了一体化的趋向。

出现 0—6 岁学龄前儿童教育课程一体化的发展趋势，其主要原因：一是脑科学研究的新进展，让人们认识到 0—3 岁是人一生发展最为迅速和关键的时期，是开发人的潜能的最佳时期；二是世界上不少国家都有协调主管 0—6 岁儿童的保育和教育的各种机构，出现了使 0—6 岁儿童的保育和教育能得到一体化管理的趋向；三是由于出生率的下降、幼儿教育服务功能的扩大等因素，一些幼儿园开始招收 3 岁以下的儿童，并以亲子学苑、家长学校等形式服务于幼儿及其家庭。

（六）幼儿园课程与社区教育和服务相融合

我国幼儿园的发展有逐渐依托社区的发展趋向。社区的服务功能正在扩大和加强，社区资源的综合运用正在受到关注。幼儿园依托社区，融入社区，其价值不只是限于运用社区资源，更重要的是在宏观的层面上加强了对幼儿及其家庭的教育和服务，而这种教育和服务是全方位的、多层次的和多功能的。幼儿园课程与社区教育和服务相融合，会给我国幼儿园课程变革带来新的思路和发展契机。

（七）重视教师专业水平的提高

我国幼儿园课程变革在实践层面上出现的种种问题，与师资水平有很大的关联。可以说，在一定程度上，师资水平已经成了决定幼儿园课程变革成败的关键因素。这是因为，幼儿课程变革所追求的目标，最终是要通过教师教育行为的实施才能得以体现。重视幼儿园教师专业水平的提高，虽然不是幼儿园课程变革本身的问题，却是我国幼儿园课程变革所亟须解决的问题。随着时间的推移，我国的幼儿园课程变革会伴随着教师素质的提高而发生期望中的改观。

当今，在幼儿教育理论和实践的研究中，观察、记录、参与、解释、对话、反思、叙事、话语系统、自然主义、教育真实情景、行动研究、实践性知识、研究型教师、教师专业成长等词汇的使用频率越来越高。这说明幼儿园课程变革正在改变“自上而下”的模式，走向“自下而上”的道路。

2. 中外经典幼儿园课程活动方案（扫码阅读）

主题自测

一、简答题

1. 简述瑞吉欧幼儿教育体系的课程对我国幼儿园课程的启示。

2. 结合幼儿年龄特点，谈谈你对华德福幼儿课程实施的理解。

3. 简述“五指活动课程”与“行为课程”的异同点。

二、案例分析

1. 某幼儿园引入了蒙台梭利教育法，并在日常课程中设置了丰富的工作区(如感官区、数学区、语言区等)。教师注重培养幼儿的独立性，但家长反馈孩子在家中较少主动参与家务活动，缺乏实际操作能力。

根据材料，请回答以下问题：

(1) 尝试评价蒙台梭利课程。

(2) 分析该幼儿园在实施蒙台梭利教育法时可能存在的问题。

(3) 针对案例中的问题，提出改进建议。

2. 某幼儿园引入瑞吉欧教育理念，通过“项目学习法”设计了一项关于“社区环境”的主题探究活动。幼儿分组对社区中的建筑、植物和道路进行观察与记录。部分家长反馈活动耗时较长，影响了孩子其他课程的学习。

根据上述材料，请回答以下问题：

(1) 简述瑞吉欧教育理念的核心原则及其课程特点。

(2) 分析案例中幼儿园在开展项目学习活动中的优点与不足。

(3) 针对家长反馈，提出调整建议。

三、论述题

1. 走进一家有蒙台梭利教具的幼儿园，观察了解蒙台梭利课程内容，尝试对蒙台梭利课程进行评价。

2. 选择高宽课程中你熟悉的内容，思考如何组织和实施，体会该课程中教师的作用。

参考文献

著作类

[1] 虞永平,原晋霞.幼儿园课程[M].北京:高等教育出版社,2014.

[2] 施良方.课程理论——课程的基础、原理与问题[M].北京:教育科学出版社,1996.

[3] 郑金洲.教育通论[M].上海:华东师范大学出版社,2000.

[4] 袁振国.当代教育学(2004年修订版)[M].北京:教育科学出版社,2004.

[5] 张华.课程与教学论[M].上海:上海教育出版社,2000.

[6] 吕达,等.独木桥?阳关道?——未来中小学课程面面观[M].北京:中信出版社,1991.

[7] 李森,陈晓端.课程与教学论[M].北京:北京师范大学出版社,2015.

[8] 王春燕,王秀萍,秦元东.幼儿园课程论[M].杭州:浙江工商大学出版社,2018.

[9] 戴自俺.张雪门幼儿教育文集(上、下卷)[M].北京:北京少年儿童出版社,1993.

[10] 北京市教育科学研究所.陈鹤琴全集(二)[M].南京:江苏教育出版社,1989.

[11] 刘焱.幼儿园游戏教学论[M].北京:中国社会出版社,1999.

[12] 李季湄,肖湘宁.幼儿园教育[M].北京:北京师范大学出版社,1997.

[13] 上海辞书出版社.辞海:教育学·心理学分册[M].上海:上海辞书出版社,1987.

[14] 顾明远.教育大辞典[M].上海:上海教育出版社,1990.

[15] 李季湄.幼儿教育学基础[M].北京:北京师范大学出版社,1999.

[16] 冯晓霞.幼儿园课程[M].北京:北京师范大学出版社,2001.

[17] 刘立民.幼儿园课程概论[M].大连:大连理工大学出版社,2021.

[18] 联合国教科文组织.教育——财富蕴藏其中[M].北京:教育科学出版社,1996.

[19] 李季湄,冯晓霞.《3—6岁儿童学习与发展指南》解读[M].北京:人民教育出版社,2013.

[20] 张晓辉,倪志明.幼儿园课程[M].北京:北京师范大学出版社,2012.

[21] 吴振东.幼儿园主题课程实务指导[M].福州:福建人民出版社,2021.

[22] 杨晓萍,何孔潮,杨雄.幼儿园课程理论与实践[M].重庆:西南大学出版社,2021.

[23] 孔起英.幼儿园美术领域教育精要:关键经验与活动指导[M].北京:教育科学出版

社，2015.
[24] 赵旭莹，周立莉.幼儿园综合主题活动：设计技巧与优秀案例[M].北京：中国轻工业出版社，2014.
[25] 仓桥惣三.幼儿园真谛[M].李季湄，译.上海：华东师范大学出版社，2013.
[26] 王春燕，王秀萍，秦元东.幼儿园课程论[M].杭州：浙江工商大学出版社，2018.
[27] 陈华文.幼儿园课程论[M].北京：科学出版社，2010.
[28] 王怡.幼儿园课程[M].南京：南京大学出版社，2019.
[29] 裘指挥.幼儿园课程与活动设计[M].天津：南开大学出版社，2017.
[30] 虞永平.生活化的幼儿园课程[M].北京：高等教育出版社，2010.
[31] 虞永平.学前课程价值论[M].南京：江苏教育出版社，2002.
[32] 李季湄.国外学前课程模式种种[M] //黄人颂.学前教育参考资料.北京：人民教育出版社，1991.
[33] 朱家雄.幼儿园课程(第 2 版)[M].上海：华东师范大学出版社，2011.
[34] 陈静，杨己洁，朱静芸.生活取向的幼儿园班本课程[M].南京：南京师范大学出版社，2010.
[35] 石筠弢.学前教育课程论[M].北京：北京师范大学出版社，2014.
[36] 王春燕.给幼儿园教师的 101 条建议 · 幼儿园课程[M].南京：南京师范大学出版社，2009.
[37] 黄甫全.现代课程与教学论[M].北京：人民教育出版社，2015.
[38] 蔡春美，张翠娥，陈素珍.幼儿教育体系与运作[M].台北：心理出版社，2012.
[39] 王财印，吴百禄，周新富.教学原理[M].台北：心理出版社，2019.
[40] 蔡清田.50 则非知不可的课程学概念[M].台北：五南图书出版股份有限公司，2016.
[41] 陈淑敏.幼儿游戏[M].台北：心理出版社，2016.
[42] 黄瑞琴.幼儿园游戏课程[M].台北：心理出版社，2018.
[43] 卢美贵，黄月美，黄秋华.幼儿园课程设计[M].台北：五南图书出版股份有限公司，2021.
[44] 简楚瑛.幼儿园课程发展理论与实务[M].台北：心理出版社，2019.
[45] 舒怀.课程与教学[M].台北：千华数位文化股份有限公司，2019.
[46] 周淑惠.游戏 VS 课程[M].台北：心理出版社，2013.
[47] 李生兰.幼儿园课程新论[M].北京：北京大学出版社，2018.
[48] 钟启泉.现代课程论[M].上海：上海教育出版社，2006.
[49] 于泽元.课程变革与学校课程领导[M].重庆：重庆大学出版社，2006.
[50] Anderson L W, Krathwohl D, Cruikshank K, et al. A Taxonomy for Learning, Teaching, and Assessing: ARevision of Bloom's[M]. London: Pearson, 2014.

[51] Van Hoorn J, Monighan－NourotP, Scales B, et al. Play at the Center of the Curriculum[M]. London: Pearson, 2013.

[52] Smith P L, Ragan T J. Instructionaldesign[M]. Oxford: Wiley, 2005.

[53] 冯伟群,徐慧,罗娟.跨越围墙的幼儿园课程[M].南京:江苏人民出版社,2020.

[54] 王坚红.学前教育评价[M].北京:人民教育出版社,2010.

[55] 王坚红.学前教育评价:理论·方法·实践[M].北京:人民教育出版社,1994。

[56] 上海市教育委员会教学研究室组.幼儿园课程图景[M].上海:华东师范大学出版社,2013.

[57] 虞永平,张辉娟,钱雨,蔡红梅.幼儿园课程评价[M].南京:江苏教育出版社,2009.

[58] 肖远军.教育评价原理及应用[M].杭州:浙江大学出版社,2005.

[59] 玛拉·克瑞克维斯基.多元智能理论与学前儿童能力评价[M].李季湄,方钧君,译.北京:北京师范大学出版社,2002.

[60] 张亚军.幼儿园课程[M].南京:南京大学出版社,2012.

[61] 吴振东.幼儿教师教学基本策略(修订版)[M].福州:福建教育出版社,2019.

[62] 周淑惠.幼儿园课程与教学——探究取向之主题课程[M].台北:心理出版社,2006.

[63] 王春燕.幼儿园课程概论[M].北京:高等教育出版社,2007.

[64] 简楚瑛.方案教学的理论与实务[M].上海:华东师范大学出版社,2005.

[65] 周淑惠.具STEM精神之幼儿探究课程纪实"一起创建游戏乐园"主题[M].台北:心理出版社,2018.

[66] 上海市教委教研室.幼儿园探索型主题活动实施与案例[M].上海:上海科技教育出版社,2001.

[67] 浙江师范大学杭州幼儿师范学院幼教集团.故事在主题中开始——蛛网式幼儿园主题活动案例集[M].杭州:浙江大学出版社,2011.

[68] 陈福静.幼儿园主题活动的设计与实施策略[M].北京:中国轻工业出版社,2016.

[69] 李建军.幼儿园课程概论[M].南京:南京师范大学出版社,2018.

[70] 叶俊萍.幼儿园课程资源建设新思路——"宝宝博物馆"建设的理念与实践[M].福州:福建人民出版社,2016.

[71] 林意红.鸽子:幼儿科学知识的建构[M].南京:南京师范大学出版社,2004.

[72] [意]蒙台梭利.蒙台梭利幼儿教育科学方法[M].任代文,译.北京:人民教育出版社,2001.

[73] [美]安·S.爱泼斯坦.学前教育中的主动学习精要:认识高宽课程模式[M].霍力岩,等译.北京:教育科学出版社,2012.

[74] [意]马拉古兹.孩子的一百种语言——意大利瑞吉欧方案教学报告书[M].张军红,译.台北:光佑文化事业股份有限公司,1998.

[75] 张凤琴.世界著名教育思想家:陈鹤琴[M].北京:北京师范大学出版社,2012.

[76] 中国教育史编写组.中国学前教育史资料选[M].北京:人民教育出版社,1989.

[77] 北京市教育科学研究所.陈鹤琴全集(第五卷)[M].南京:江苏教育出版社,1991.

[78] 唐淑.中国学前教育史[M].北京:人民教育出版社,1993.

论文类

[1] 陈浪华.张雪门科学教育思想述评[J].宁波大学学报(教育科学版),2022(1).

[2] 崔允漷,夏雪梅."教-学-评一致性":意义与含义[J].中小学管理,2013(1).

[3] 范蔚.三类教学目标的实践意义及实现策略[J].教育科学研究,2009(1).

[4] 高敬.过程取向下的幼儿园课程目标解读[J].幼儿教育(教育科学),2009(9).

[5] 公燕萍、吴振东.科学活动应是幼儿的探究之旅——优质幼儿科学活动的特征分析[J].教育与教学研究,2015(1).

[6] 顾荣芳,王艳.3—6岁儿童健康领域的关键经验与实施路径[J].学前教育研究,2015(10).

[7] 何玲.发挥主题活动中墙饰的教育功能[J].基础教育研究,2009(11).

[8] 和学新,庞丽娟,岳辉.课程设计:相关概念的辨析与厘定[J].天津师范大学学报(基础教育版),2019(3).

[9] 和学新,张丹丹.论学校课程制度[J].全球教育展望,2011(2).

[10] 侯莉敏.幼儿园学习环境创设的变迁、审思与再定义[J].学前教育(幼教版),2022(6).

[11] 候一欣,高新建.课程实施在推广中的意涵与革新体现:课程史观点[J].教育科学研究期刊,2018(2).

[12] 霍力岩,孙蔷蔷.华德福教育方案的特点和实践运用[J].福建教育(学前),2017(3).

[13] 霍力岩,孙蔷蔷.华德福教育方案的形成动因和基本理念[J].福建教育(学前),2017(1).

[14] 嵇辉.三种理性下的儿童阶段存在价值观的嬗变[J].四川教育学院学报,2004(12).

[15] 康丹.幼儿园课程内容的文化透视与构建[J].教育导刊·幼儿教育,2008(3).

[16] 康琪,丁邦平.关于教育目的与教育目标、教学和课程目标关系的再思考[J].北京教育学院学报,2016(4).

[17] 赖光真.课程实施观点新论[J].台北教育评论月刊,2017(11).

[18] 李臣之.课程实施:意义与本质[J].课程·教材·教法,2001(9).

[19] 李季湄.关于幼儿园课程的几个问题——幼儿园教育目标、课程目标及其课程模式[J].学前教育研究,2001(1).

[20] 李云淑.幼儿园主题活动中的拼盘问题及其解决[J].上海教育科研,2011(2).

[21] 廖辉.学校课程制度建设的三重向度[J].教育理论与实践,2013(29).

[22] 林晓丰.幼儿园班级主题墙创设的教育价值及其优化策略[J].湖北广播电视大学学报,2012(10).

[23] 刘丽.反思：从自己的经验中学习[J].学前教育，2021(12).

[24] 刘霞.幼儿园主题教育课程中主题网的功能与基本类型[J].学前教育研究，2011(3).

[25] 施良方.简论课程目标的三种取向[J].课程·教材·教法，1995(6).

[26] 孙娓娓.当前幼儿园课程内容选择存在的主要问题及思考[J].当代学前教育，2008(2).

[27] 汪霞.课程开发的过程模式及其评价[J].外国教育研究，2003(4).

[28] 汪霞.课程开发的目标模式及其特点[J].外国教育研究，2002(6).

[29] 王春华.瑞吉欧幼教模式述评[J].比较教育研究，2001(10).

[30] 王春燕，舒婷婷，张传红.新中国成立七十年来幼儿园课程变革：发展历程、成就与趋势[J].幼儿教育，2019(10).

[31] 王春燕.中国学前课程百年发展与变革的基本特点[J].学前教育研究，2003(10).

[32] 王润，张增田.研学旅行：价值取向与问题探视[J].河北师范大学学报(教育科学版)，2017(6).

[33] 吴荔红.浅论幼儿园课程目标的确定[J].学前教育研究，2007(3).

[34] 于开莲.两种学前教育评价新方案的对比——多彩光谱评价方案与作品取样系统[J].学前教育研究，2009(8).

[35] 虞永平，张帅.从模仿借鉴到规范创新——新中国成立70年来幼儿园课程的发展[J].南京师大学报(社会科学版)，2019(6).

[36] 虞永平.高质量发展背景下的课程、学习与教师发展[J].幼儿教育(教育教学)，2021(3).

[37] 虞永平.论陈鹤琴的幼儿园课程思想[J].山东教育，2003(6).

[38] 虞永平.幼儿园教育环境创设与利用的问题和思路[J].早期教育(教育教学)，2021(3).

[39] 袁爱玲，冯丽娜.幼儿园课程内容膨胀现象剖析[J].幼儿教育(教育科学版)，2007(7).

[40] 赵亚，李立.美国幼儿园课程档案袋评价对我国幼儿园的启示[J].教育导刊(下半月)，2011(3).

[41] 甄丽娜.我国幼儿园主题式教育组合课程实践模式研究[J].陕西学前师范学院学报，2014(6).

[42] 朱家雄.幼儿园园本课程再议[J].教育导刊(幼儿教育)，2006(5).

[43] 朱细文，王海珊.瑞吉欧的项目活动(上)——项目活动的课程与教学特色[J].学前教育(幼教版)，2000(3).

[44] 朱细文.意大利瑞吉欧幼儿教育体系简介[J].学前教育(幼教版)，2000(2).

[45] 朱细文.最先进的幼儿学校：意大利瑞吉欧课程模式简述[J].教育导刊(幼儿教育)，1999(3).

[46] 庄春梅.漫谈主题活动课程[J].幼儿教育导读(教育教学)，2013(1).

[47] 陈俊梅.M幼儿园大六班班级主题活动内容选择现状的研究[D].重庆：重庆师范大学，2016.

[48] 方晨瑶.张雪门行为课程的发展及其现实意义[D].南京：南京师范大学，2016.

[49] 王春燕.中国学前课程百年发展、变革的历史与思考[D].南京：南京师范大学，2003.

[50] 王满霞.安吉"游戏故事"作品分析及其课程价值[D].福建师范大学，2017.

[51] 王新文.华德福教育：历史谱系与本真意义[D].福州：福建师范大学，2018.

[52] 杨影.蒙台梭利课程本土化的个案研究[D].长春：东北师范大学，2015.

[53] 张海花.幼儿优势智能带动弱势智能发展的个案研究——基于多彩光谱方案[D].济南：山东师范大学，2018.

[54] 张慧.作品取样评价系统在幼儿园的实践运用研究[D].北京：首都师范大学，2011.

[55] 张莉萍.运用档案袋法评价小班幼儿发展的行动研究[D].兰州：西北师范大学，2009.